政治经济学新连线·学术研究系列

历史唯物论与马克思主义经济学

孟 捷 / 著

社会科学文献出版社
SOCIAL SCIENCES ACADEMIC PRESS (CHINA)

政治经济学新连线丛书

丛 书 主 编　孟　捷（中国人民大学）

丛 书 顾 问　史正富（复旦大学）
　　　　　　　白暴力（北京师范大学）
　　　　　　　张晖明（复旦大学）
　　　　　　　吴　栋（清华大学）

丛书支持单位　中国政治经济学年会秘书处

出版说明

"政治经济学新连线丛书"现由中国政治经济学年会秘书处策划出版。丛书在秉持古典经济学和马克思以降的分析传统的同时，力图展现当代政治经济学研究与时俱进的品格与风貌。2014年，丛书的第一批书目陆续出版，赢得了学界的好评。2016年推出第二批书目，敬希读者垂注。

目 录

第一章 生产方式的结构与生产关系的两重功能 ……………… 1

第一节 楔子：所谓"生产力 – 生产方式 – 生产关系原理" ………………………………………………………… 3

第二节 巴里巴尔对生产方式的结构分析 …………………… 6

第三节 张闻天论生产关系的两重性 ………………………… 9

第四节 作为目的论活动的生产方式：以卢卡奇晚年本体论思想为借镜 …………………………………………… 14

第五节 生产力和生产关系之间两种可能的因果关系 ……… 22

第二章 科恩对生产力一元决定论的辩护：一个批判的考察 …… 30

第一节 评科恩的发展原理 …………………………………… 31

第二节 评生产力首要性原理及所谓功能解释 ……………… 38

第三节 科恩与布伦纳：一个比较 …………………………… 41

第三章 有机生产方式的变迁及其动力：迈向马克思主义的制度变迁理论 …………………………………………………… 49

第一节 历史因果性概念和有机生产方式的变迁 …………… 50

第二节 阶级斗争和国家间竞争作为有机生产方式变迁的动力 ………………………………………………………… 68

第三节　戈德利耶的概念重构与国家在制度变迁中的作用 ………… 79
　　第四节　马克思主义和新制度主义：对诺思和阿西莫格鲁等人的
　　　　　　批判性评论 …………………………………………………… 85
　　第五节　尾论 ……………………………………………………………… 97

第四章　经济人假设与马克思主义经济学 …………………………… 101
　　第一节　古典经济学的经济人概念 …………………………………… 102
　　第二节　马克思论资本主义生产当事人 ……………………………… 110
　　第三节　追逐剩余价值和追逐利润的不同意义：从谢克
　　　　　　对两类竞争标准的区分谈起 ………………………………… 118
　　第四节　利润最大化假设和不确定性：来自演化经济学的批评
　　　　　　 ……………………………………………………………… 125
　　第五节　制度多样性与人的行为和动机模式的多样性：
　　　　　　兼评马克思关于人的三个命题 ……………………………… 131
　　第六节　尾论 …………………………………………………………… 140

第五章　马克思主义经济学与演化经济学 …………………………… 143
　　第一节　什么是"演化经济学" ………………………………………… 146
　　第二节　新事象标准与马克思主义经济学的研究对象 ……………… 151
　　第三节　如何看待生物学和经济学的关系 …………………………… 156
　　第四节　协调以及创新的内生性：演化经济学的核心议程及其意义
　　　　　　 ……………………………………………………………… 160

第六章　演化马克思主义的竞争理论：一个方法论的探讨 ………… 182
　　第一节　"竞争一般"与马克思主义竞争理论 ………………………… 183
　　第二节　知识的分立与企业的代谢竞争 ……………………………… 196
　　第三节　《资本论》中存在熊彼特意义上的企业家吗？ …………… 210
　　第四节　竞争的两重性与市场经济的协调 …………………………… 216

第七章　资本占有剩余价值在什么意义上是符合（或不符合）正义的
——试论马克思的三种正义概念 ………………………… 230
第一节　与既定生产方式相适应的正义 ………………………… 231
第二节　超越历史的正义三原则 ………………………… 234
第三节　基于历史唯物主义的第三种正义 ………………………… 245
第四节　剩余价值占有的主体与正义 ………………………… 252
第五节　沟通三种正义概念的可能性 ………………………… 254

参考文献 ………………………………………………………… 260

后　记 …………………………………………………………… 281

图表索引

图1-1 生产方式及其下属的两类目的论活动 …………………… 19
图3-1 有机生产方式的变迁 …………………………………… 55
图3-2 制度的成本-收益分析 ………………………………… 70
图3-3 美国的剩余价值率 ……………………………………… 77
图5-1 演化经济学的分类和甄别 ……………………………… 149
图5-2 三种经济理论对市场经济能否达成协调的不同看法 …… 164
图5-3 关于创新内生性的几种观点及其综合 ………………… 180
图7-1 1946~2008年美国非金融类企业部门税后利润率和积累率 ………………………………………………… 252

表1-1 两种生产关系及其双重功能：四种组合 ………………… 12
表6-1 以集体谈判和工资增长为中介的垄断竞争 …………… 194
表6-2 两类竞争及其划分标准 ………………………………… 226

第一章　生产方式的结构与生产关系的两重功能

生产力一元决定论长期以来一直被奉为历史唯物主义的核心思想。普列汉诺夫在其《论一元论历史观之发展》一书中提出，用财产关系或生产关系解释政治、法律等上层建筑的起源，其实并不是马克思的发明，法国波旁王朝时期的历史学家，如基佐和梯也尔，已在相当程度上认识到这一点；马克思的独到贡献在于，将财产关系或生产关系进一步归结于生产力的发展水平，将生产力发展视为社会发展的根本动力。用普列汉诺夫的话来说，马克思的这一发现，将对于社会历史发展的解释唯物主义地置于一个统一的基础上，即形成了所谓"一元论历史观"。[①] 自第二国际成立以来，生产力一元决定论在其运用中还有如下特点：它将生产力在塑造一种生产方式或经济社会形态时所具有的归根结底的作用，等同于生产力的发展在历史过程中的直接决定作用。这样一来，生产方式及生产关系的任何发展和变革，都被看作生产力发展的直接结果；而上层建筑和意识形态的变化又被看作生产关系或经济基础变化的结果。这种意义上的生产力一

[①] 参见普列汉诺夫《论一元论历史观之发展》，博古译，上海三联书店，1961，第2章；也可参见王荫庭编《普列汉诺夫读本》，中央编译出版社，2008。

元决定论，在斯大林的《辩证唯物主义和历史唯物主义》中被进一步法典化，最终成为所有教科书一致采用的标准理论。然而，在马克思主义外部或内部的批评者看来，这种片面的生产力决定论或经济决定论，其实难以解释历史发展的全部复杂情况。[①] 自恩格斯以来，尽管不同时代的马克思主义者一直在申辩，认为历史唯物主义既然承认生产关系对生产力、上层建筑对经济基础的反作用，就不同于生产力决定论或经济决定论，但这些申辩似乎并不足以让批评者们信服。还有一些马克思主义者，如阿尔都塞，力图通过其多元决定的观点克服历史唯物主义的一元决定论，但最终又与韦伯式的强调各种社会权力具有同等重要性的观点做了妥协。

　　本书的前三章试图在回顾既往理论的基础上，对生产力和生产关系的相互关系提出一种新的解释。为此我们特别倚重于卢卡奇晚年的本体论著作，其中的核心思想，即社会存在的最终不可分割的要素是人的目的论活动，为我们重释生产方式及其结构奠定了基础。我们将生产方式定义为以榨取剩余为目的的生产活动，并在此前提下，批评了科恩对历史唯物主义的功能解释——这是对第二国际以来一直流行的生产力一元决定论的最为晚近且颇有影响的解释。科恩（或者生产力一元决定论）的关键失误，在于忽略了生产关系（或所有关系）不只具有适应或促进生产力的发展这一种功能，生产关系还具有另一种功能，即帮助统治者榨取更多的剩余。生产关系的这两重功能并不总是协调一致的，这一点意味着，生产关系的变化并不总是服从于生产力发展的需要，某种来自生产力以外的

[①] 生产力一元决定论和经济决定论是内在地相互联系的。根据经济决定论，生产关系（其总和构成经济基础）是脱离上层建筑而自主地变化的，这一变化可以解释上层建筑随之发生的改变。而生产力决定论则解释了生产关系的这种相对于上层建筑的自主变化植根于生产力的发展。如果生产力决定论不成立，则生产关系变化的原因就需另作解释，这意味着，上层建筑的改变将有可能成为生产关系变化的直接原因，这样一来，经济决定论就随之失效了。因此，在逻辑上，生产力决定论和经济决定论共同构成了对历史唯物主义的决定论解释的两个互相关联的部分。

因素，也会造成生产关系的改变。然而，不管最初造成生产关系变化的原因是什么，只有当一个生产方式趋向于将剩余的榨取越来越多地建立在生产力发展的基础上，才会促成该生产方式在整体上不可逆转的变革，即本书所说的有机生产方式的变迁。有机生产方式的变迁包含着新的历史过程因果性的概念，根据这种概念，生产力作为历史发展的根本动因，不必一定在"事先"的意义上，也可以在"事后"的意义上体现出来。笔者希望，上述极为扼要地加以解释的这些观点，在保留了生产力一元决定论的合理内容的同时，也为兼容历史唯物主义批评者的意见预留了空间。

本章在结构上安排如下，第一节由文本分析出发，简略地讨论了马克思的"生产力－生产方式－生产关系原理"，透过这一原理，我们可以发现马克思本人和通常所说的生产力一元决定论其实保有某种距离。第二节至第四节对生产方式做了一个较为精细的结构分析，在张闻天的理论贡献的基础上，我们区分了生产关系的两重性，并以卢卡奇晚年的本体论思想为借镜，从目的论活动的角度解释了生产方式概念。第五节简略地讨论了生产力和生产关系之间两种可能的因果关系。从内容及其与后两章的关系来看，这一章可以看作重释历史唯物主义的一个预备性讨论。

第一节　楔子：所谓"生产力－生产方式－生产关系原理"

1980年，马家驹、蔺子荣发表了《生产方式和政治经济学的研究对象》一文，他们提出，按照马克思在《资本论》中的规定，政治经济学的研究对象应当是人类社会各个历史阶段上特定的生产方式以及与之相应的生产关系；更为重要的是，在他们看来，马克思所讲的生产方式并不是生产力和生产关系的统一，而是介于这两者之间从而把它们联系起来的一个范畴,即两者之间的中介。① 在发表于1997年的一篇论文中,吴易风进一步重申了这种观点,提出在马克思那里存在着所谓"生产力－生产方式－生产关系原理",而不是生产力和生产关系直接相互作用的原理。② 为了证实这种观点,吴易风进行了详细的文本考证,根据他的梳理,从1846年12月28日致安年柯夫的信开始,在《哲学的贫困》、《资本论》(德文版)、《资本论》(第一卷法文版)等一系列论著中,马克思多次强调了这一原理。譬如,在致安年柯夫的信里,马克思这样写道:"随着新的生产力的获得,人们便改变自己的生产方式,而随着生产方式的改变,他们便改变所有不过是这一特定生产方式的必然关系的经济关系。"③ 再如,马克思在《资本论》(第三卷)中写道:"对资本主义生产方式的科学分析却证明:资本主义生产方式是一种特殊的、具有独特历史规定性的生产方式;它和任何其他一定的生产方式一样,把社会生产力及其发展形式的一定阶段作为自己的历史条件,而这个条件又是一个先行过程的历史结果和产物,并且是新的生产方式由以产生的现成基础;同这种独特的、历史规定的生产方式相适应的生产关系,——即人们在他们的社会生活过程中、在他们的社会生活的生产中所处的各种关系,——具有独特的、历史的和暂时的性质。"④

出版于1859年的《政治经济学批判》(第一分册)的序言,一般被看作马克思对历史唯物主义基本结论的经典表述。也唯独在这篇序言中,马克思没有提到"生产力－生产方式－生产关系原理",而只谈到生产力和生产关系的直接相互作用。不过,吴易风指出,一般研究者所

---

① 马家驹、蔺子荣:《生产方式和政治经济学的研究对象》,《经济研究》1980年第6期。
② 吴易风:《论政治经济学或经济学的研究对象》,《中国社会科学》1997年第2期;该文收录于张宇、孟捷、卢荻主编《高级政治经济学——马克思主义经济学的最新发展》第一版,经济科学出版社,2002。
③ 马克思、恩格斯:《〈资本论〉书信集》,人民出版社,1976,第17页。
④ 马克思:《资本论》第三卷,载《马克思恩格斯全集》第二十五卷,人民出版社,1974,第993页。

忽略的是，在1867年问世的《资本论》（第一卷）和1872年出版的《资本论》（法文版）里，马克思对这篇序言做了征引，但在征引的同时，马克思也对序言里的表述做了重大修改，即把"同他们的物质生产力的一定发展阶段相适合的生产关系"，分别修改成"一定的生产方式以及与它相适应的生产关系"，以及"一定的生产方式以及从这种生产方式中产生的社会关系"。① 通过上述细致的文本分析，吴易风提出，《政治经济学批判》序言的表述事实上是一个孤证，在绝大多数的其他场合，马克思的表述都具有如下特点："不是生产力直接决定生产关系，也不是生产力和生产关系的统一构成生产方式，而是生产力决定生产方式，生产方式决定生产关系即经济关系"。②

吴易风和马家驹等人的观点在方法论上具有重要意义，不过，在他们的观点中也存在可以商榷的地方：第一，他们把生产方式作为生产力和生产关系的中介，与作为生产力和生产关系的统一（这是教科书里通常采用的关于生产方式的定义，因斯大林的倡导而流行）对立了起来。而在笔者看来，这两种定义在某种意义上是可以相互沟通的；第二，他们依然按照决定论的方式解释生产力、生产方式、生产关系这三者的联系，例如，用吴易风的话来说："生产力－生产方式－生产关系原理的基本内容是：第一，生产力决定生产方式。……生产力的变化引起生产方式的变

---

① 参见《马克思恩格斯全集》第二十三卷，人民出版社，1972，第99页；《资本论》第一卷法文版，中国社会科学出版社，1983，第61页。
② 引自张宇、孟捷、卢荻主编《高级政治经济学——马克思主义经济学的最新发展》，经济科学出版社，2002，第53页。在上述讨论的基础上，吴易风还进一步考察了政治经济学的研究对象，他提出，第一，按照马克思在《资本论》第一卷第一版序言里的规定，政治经济学的研究对象是资本主义生产方式以及与之相适应的生产关系，而不单纯是生产关系；第二，马克思对生产方式的研究包括了对资源配置的研究，不同的生产方式和生产关系下有着不同的资源配置方式，不存在超历史的资源配置的合理性。这些观点同时意味着对两个阵营的批判，一方面，吴易风指出，传统政治经济学有违马克思的定义，把研究对象仅仅规定为生产关系，这就把生产方式排除在外，同时也排除了生产关系范畴所包容不了的资源配置问题；另一方面，针对新古典经济学，他提出应该研究具体生产方式和生产关系下的具体的资源配置方式，而非局限于研究资源配置一般。

化，新的生产力要求产生和它相适应的新的生产方式。第二，生产方式决定生产关系。……生产方式的发展引起生产关系的发展，生产方式的改变导致生产关系的改变。"[1] 显然，这种诠释并没有克服主张生产力决定生产关系的传统理论所固有的弊端。

重新发现马克思的"生产力－生产方式－生产关系原理"，为我们摆脱对历史唯物主义的决定论的理解提供了一个契机。将生产方式作为生产力和生产关系的中介的观点，可以用来发展一种不同于生产力一元决定论的解释。譬如，生产方式作为劳动和分工的特定组织方式，自然要以某种生产力水平为前提，但生产力与生产方式之间未必是决定论的关系，因为劳动和分工的组织也受到生产关系以及其他制度因素的制约，在生产力水平相同的条件下完全可能表现出不同的形态。在下一节里，我们将以不同于吴易风等人的方式重新诠释生产方式作为中介的含义，并将它与斯大林倡导的"统一"说（即生产方式作为生产力和生产关系的统一）相结合。依照我们的解释，生产力和生产关系是通过将这二者统摄在内的生产方式这一整体而互相联系的，我们将生产方式界定为以占有剩余为目的的生产活动，生产力的一切变化都必须有利于扩大这一剩余，另一方面，生产关系的改变也要服务于对剩余的更大规模的占有，在此意义上，生产力和生产关系的相互联系是以实现生产方式的这一目的为中介的。

第二节 巴里巴尔对生产方式的结构分析

法国哲学家巴里巴尔在他与阿尔都塞合著的《读〈资本论〉》一书里对生产方式提出了一种结构分析。依照他的观点，生产方式是由三种因素和两重关系构成的，这三种因素是：劳动者、生产资料和非劳动者；两重

---

[1] 引自张宇、孟捷、卢荻主编《高级政治经济学》，经济科学出版社，2002，第54页。

关系是：所有权关系、现实的或物质的占有关系。巴里巴尔将所有这些构成因素和关系称作"一切生产方式的……各个不变要素"。①

巴里巴尔详细讨论了第二种关系，即他的所谓现实或物质的占有关系。在他看来，马克思曾在两种不同意义上使用过"占有"一词，有时用它指所有权关系，有时又用它指占有关系。例如，根据他的引证，马克思在《资本论》（第一卷）曾有以下两种表述：

"当他（指劳动者——引者注）为了自己的生活目的对自然物实行个人占有时，他是自己支配自己的。后来他成为被支配者"；

"资本占有这部分剩余劳动"。②

巴里巴尔认为，在这两处，占有一词所表达的分属不同含义，第二句话里的占有表达的是所有权关系（即剩余劳动的占有关系），第一句里的占有则不表现所有权关系，用他的话来说，"它属于马克思所说的'劳动过程'的分析"，而劳动过程在马克思那里指的是人对自然的占有，在这里马克思没有让资本家作为占有者出现，只有劳动者、劳动资料和劳动对象。

巴里巴尔进而讨论了生产力和构成生产方式的所有组分（即三种因素和两重关系）之间的关系。他提出，生产力并不是对生产方式的所有构成因素的罗列，只有在第二种关系中，即在人对自然的占有中，生产力才能体现出来。他还认为，在劳动过程中，单纯依靠劳动者并不能推动生产资料，非劳动者或资本家的监督和指挥是使劳动者推动社会生产资料，使个别劳动成为社会劳动，并使劳动过程具有合目的性的必要条件。

在巴里巴尔看来，生产方式是一个复杂的整体，其中各个因素不是一次性地被联系在一起，而是"被两种不同的关系联系在一起"，换言之，

---

① 巴里巴尔：《关于历史唯物主义的基本概念》，载阿尔都塞、巴里巴尔《读〈资本论〉》，李其庆译，中央编译出版社，2001，第261页。
② 马克思：《资本论》第一卷，载《马克思恩格斯全集》第二十三卷，人民出版社，1972，第555、557页。

这些要素的结合"不是一切生产的各个'因素'之间的简单关系，而是这两种关系的关系以及它们之间相互依存的关系"。构成生产方式的三种因素（劳动者、生产资料和非劳动者）一方面通过所有权关系相互联系起来，另一方面，也通过巴里巴尔界定的第二种占有关系联系起来。在巴里巴尔看来，后一种联系对于理解什么是生产力是关键的，因为生产力不是孤立的要素，而是占有自然的整体方式，他甚至认为：生产力不是要素，不是物，而是一种生产关系。①

巴里巴尔关于生产力也是生产关系的主张，在内容上虽有其合理性，但在表述上毕竟显得突兀。英国学者里格比在评论这一观点时，就对他提出了批评。参照里格比的评论，被巴里巴尔视作生产力的生产关系，其实是劳动关系，也就是在劳动过程中的协作和分工关系，这种劳动关系应该和作为剩余劳动占有关系的生产关系（或生产的社会关系，也可称为所有制关系或所有关系）区分开来。②

把劳动关系和生产的社会关系或所有关系相区分，这在历史唯物主义研究中是一个重要步骤，后文还将继续讨论这一区分在理论上的意义。值得一提的是，对劳动关系的重视，在西方马克思主义者中间还曾引发了一场争论，里格比在概括这场争论时提出，围绕劳动关系的定义，出现了三种不同的观点：其一是将劳动关系视为生产的社会关系，其二是将劳动关系看作有别于生产力和生产的社会关系的独立概念，其三是将劳动关系作为生产力（这是巴里巴尔的观点）。里格比赞同第三种观点，理由是："生产的劳动关系在本质上不同于生产的社会关系，后者涉及的是对剩余劳动的占有问题。劳动关系是劳动组织过程的内在组成部分，会对劳动生

---

① 巴里巴尔：《关于历史唯物主义的基本概念》，载阿尔都塞、巴里巴尔《读〈资本论〉》，中央编译出版社，2001，第261、289页。
② 里格比：《马克思主义与历史学》，吴英译，译林出版社，2012年第29页。里格比的这部著作较全面地介绍和评析了20世纪70~80年代西方学者围绕历史唯物主义的争论，具有重要的文献价值。

产率产生重要影响。似乎没有什么理由能够说明,为什么不应该将劳动关系包括在社会生产力范畴之内,像那些在生产过程中使用的要素一样。"[1] 笔者认为,在定义劳动关系时,其实可以在里格比提到的这几种观点之间达成某种妥协。劳动关系自然具有属于生产力的维度,但劳动关系也镌刻着社会生产关系的烙印,将其完全归结为生产力或生产关系,都是不妥当的。劳动关系在概念上的这种特点意味着它是一种中介,但承认这种中介地位并不意味着要取消其作为概念的独立性。接下来我们在介绍中共早期重要领导人、著名理论家张闻天的观点时,还将涉及这里的问题。

第三节 张闻天论生产关系的两重性

1963年,张闻天撰写了《关于生产关系的两重性问题》一文。1979年,该文正式刊发于《经济研究》杂志。[2] 在这篇文章里,张闻天系统地表达了他对历史唯物主义基本原理的新阐释。张闻天的理论工作,不仅代表了中国学者对历史唯物主义研究的真正改进,而且在当时的世界范围内,也是十分新颖而深刻的。从写作时间来看,张闻天的这篇著作要远早于科恩、巴里巴尔等西方马克思主义者关于历史唯物主义的著作,他在近乎封闭的研究环境下,提出了自己的理论创见。

张闻天将马克思《雇佣劳动与资本》里的一段论述作为研究的出发点。[3] 在他看来,参照马克思的这段论述,可以对生产力、生产关系、

---

[1] 里格比:《马克思主义与历史学》,吴英译,译林出版社,2012,第31页。
[2] 张闻天:《关于生产关系的两重性问题》,《经济研究》1979年第10期。
[3] 张闻天征引的这段话如下:"人们在生产中不仅影响自然界,而且也互相影响。他们如果不以一定的方式结合起来共同活动和互相交换其活动,便不能进行生产。为了进行生产,人们便发生一定的联系和关系;只有在这些社会联系和社会关系的范围内,才会有他们对自然界的关系,才会有生产。"有趣的是,在这段话里,马克思定义的生产关系,其实只是劳动关系,马克思在这里并没有提出有别于劳动关系的所有关系或生产的社会关系的定义。马克思:《雇佣劳动与资本》,载《马克思恩格斯全集》第六卷,人民出版社,1961,第486~487页。

生产方式等范畴的含义及其相互关系做出如下解释。

第一，生产关系可以划分为两类，一类是直接与生产力相联系的生产关系，或用他的话来说，是"直接表现生产力的生产关系"，这种生产关系是"人们为了进行生产，依照生产技术（即生产资料，特别是生产工具）情况和需要而形成的劳动的分工和协作的关系"。在文中，张闻天曾建议将这种生产关系称作"生产关系一般"，在个别地方，他还曾以"直接生产关系"代指这种生产关系。张闻天认为，在马克思的笔下频繁出现的生产方式概念，指的也就是"生产关系一般"。在他看来，上述生产关系一般并不能独立存在，而需要和一定社会形态里特殊的生产关系或所有关系相结合，"这种特殊的生产关系，即一定社会形态中的生产资料和生产品的所有关系。任何生产关系一般，都必须在所有关系的形式中表现出来。生产关系一般是内容，而所有关系是形式。"他还指出，所有关系事实上是"包摄所有这些生产、分配、交换和消费关系的总的形式"，是作为总体的生产关系，而不只是对生产资料的所有关系。

第二，生产力和生产关系的矛盾，表现为上述两种生产关系的矛盾，"生产关系内这两方面的对立统一关系，这种一般和特殊的关系，内容和形式的关系，这就是我们所说的生产关系的两重性。""在一定的历史条件下，所有关系对生产关系一般的发展，起促进的作用；但是到一定的发展阶段，这种所有关系又阻碍这种发展。""显然，这里被消灭的是生产关系的特殊，即所有关系，而不是生产关系一般；那表现生产力的生产关系一般不但不能消灭，而且还要继续保存和发展下去，不过要在另一种所有关系……中表现出来而已"。

第三，上述两重生产关系之间的矛盾，还进一步表现为不同阶级之间的矛盾。从事直接生产的阶级，在生产关系内总是代表生产力的；而剥削阶级，在生产关系内总是代表所有关系。

第四，不能把生产力等同于技术；不能把生产力和生产关系的矛盾看作人和生产技术的矛盾，而不是生产关系内部的矛盾；不能把生产力最后决定生产关系,看作生产技术最后决定生产关系。张闻天在论及这个问题时毫不吝惜笔墨,他指出,技术本身并不等同于生产力,因为技术只有同人的劳动相结合,为人们所掌握、所推动,才能成为生产力的重要的物的因素。所以,马克思把生产力看作劳动的生产力,"任何生产力,一定要表现为劳动的生产力,才是名副其实的生产力。""生产技术的作用,也只有在人的生产关系中,才能表现出来,脱离了生产关系的生产技术,不过是一堆无用的死东西。"这样一来,"生产技术的发展过程,完全要受到它所在社会的生产关系的内在矛盾的制约,是很自然的了。"①

张闻天主张生产关系具有两重性,以及生产力和生产关系的矛盾转化为两重生产关系的矛盾,给人留下深刻的印象。他对生产关系两重性的界分,实质上暗示了后文还将详细讨论的问题:①生产关系实质上具有两重功能;②某种所有关系在特定时期的流行,并非必然由生产力水平所决定,而可能只是服从于剩余榨取的需要。

张闻天就劳动关系、生产力和所有关系的相互关系的讨论,大体属于前文介绍的西方马克思主义者的第二类观点,即把劳动关系作为有别于生

---

① 在上述观点的基础上,张闻天对斯大林的生产关系定义展开了批判,其要旨是认为斯大林的定义使生产关系变得片面而狭窄。鉴于他的这一批判极为独到而深刻,值得引述如下:"(1)由于它(指斯大林的定义——引者按)排除了政治经济学研究表现生产力的生产关系方面,而只研究所有关系,它就使所有关系只有形式而没有内容,同时也就使生产关系失去了内在矛盾的动力。这样,生产关系就被人为地简单化和片面化了。(2)它把所有关系看作是生产关系的一个组成部分、一个因素,而不承认所有关系是生产关系的总和,它是包摄所有表现生产力的生产关系,即生产、分配、交换、消费关系的所有关系。这样,它就缩小了所有关系,即全社会经济结构的意义。(3)它把阶级关系(或社会集团的关系)看作是生产关系的另一个组成部分,而不知所有关系即阶级关系,阶级关系即是生产关系的总和。这样,它也就缩小了阶级关系的意义。(4)它把生产关系的一个方面,即分配关系同所有关系和阶级关系并列起来。殊不知所有关系,阶级关系,不但在生产资料的所有制中而且也在产品的分配中表现出来,不但在产品的分配中,而且也在生产、交换和消费的关系中表现出来。生产关系如果没有生产、分配、交换和消费的四个方面,不但是片面的,而且是不可能存在的。(5)它把阶级关系和人们在生产中'互相交换自己的活动'混淆在一起,并且把生产中人们'互相交换自己的活动'同产品的交换、即社会内劳动置换关系混淆在一起了。"张闻天:《关于生产关系的两重性问题》,《经济研究》1979年第10期,第42页。

产力和所有关系的独立概念。这种观点的缺陷，是在强调劳动关系的独立性的同时，相对忽略了劳动关系作为中介的地位。除此之外，张闻天的理论还有如下两点缺失。第一，他偏重强调劳动关系和所有关系（或生产的社会关系）的区别，相对忽略了所有关系对劳动关系的影响。20世纪70年代，美国学者布雷弗曼发展了资本主义劳动过程的理论，详细考察了后面这种影响。[①] 考虑到这一点，像张闻天那样以生产关系一般来代指劳动关系，便是不适当的，因为在劳动关系中可能包含着反映特定所有关系即特定社会权力的内容。为此，就应该以直接生产关系（这也是张闻天使用过的概念）代替生产关系一般，作为劳动关系的同义词。第二，在张闻天那里，表现生产力的生产关系仅限于劳动关系，他在此忽略了，某些所有关系也有表现生产力，或者更准确地来说，适应和促进生产力的功能。例如，《资本论》里谈到的对铁路建设起到重要推动作用的股份公司，作为一种特定的所有关系，就发挥了这种功能。[②]

基于上述讨论，劳动关系和所有关系事实上都有两个功能，即一方面表现、适应和促进生产力，另一方面服务于对剩余的占有。为此，可以提出表1-1所概括的四种组合：①表现生产力的劳动关系；②表现生产力的所有关系；③服务于剩余占有的劳动关系；④服务于剩余占有的所有关系。在这四种组合中，只有①和④是张闻天认可的。

表1-1　两种生产关系及其双重功能：四种组合

	表现、适应和促进生产力	服务于对剩余的占有
劳动关系	①	③
所有关系	②	④

---

① 布雷弗曼：《劳动与垄断资本》，方生等译，人民出版社，1979。
② 马克思："假如必须等待积累去使某些单个资本增长到能够修建铁路的程度，那末恐怕直到今天世界上还没有铁路。但是，集中通过股份公司转瞬之间就把这件事完成了。"《资本论》第一卷，载《马克思恩格斯全集》第二十三卷，人民出版社，1972，第688页。

在转入下一节的讨论之前，还需就生产力、劳动关系、所有关系这几个基本概念的含义做一番说明。

（1）生产力：从其构成来看，生产力涉及劳动者、劳动资料、劳动对象，甚至地理空间诸要素。[①] 从劳动过程的角度看，生产力是依循特定的劳动关系对这些要素进行开发、组合和利用的能力，在此意义上，劳动关系也在一定程度上是生产力的组成部分。与此相应，生产力还包含着各种可以直接运用于生产的科学技术知识，以及用于协调或组织劳动关系的"组织知识"。[②]

（2）劳动关系：是生产中的协作和分工关系，它不仅直接表现生产力，而且在某种程度上也是生产力的一部分。[③] 另一方面，劳动关系的形成也受着剩余占有关系，即所有关系的制约。因此，在劳动关系中，既有表现生产力、属于生产力的部分，也有表现所有关系、属于所有关系的部分。劳动关系在此意义上体现为一种概念的中介或过渡。

（3）所有关系（或生产的社会关系）：是与剩余劳动和剩余产品的占有直接相关的权力关系。依照科恩的定义，"生产关系是对人和生产力的有效的权力关系，而不是法律上的所有权关系。"[④] 大致来说，所有关系涉及如下三个方面的内容：①对生产资料及其他资源的支配权力；②对他人劳动力的支配权力；③决定产品分配的权力。这些权力关系也会对劳动关系的形成和变化发挥直接的影响。

---

① 科恩在讨论生产力的要素时，将空间也列入其中。参见科恩《卡尔·马克思的历史理论：一种辩护》，段忠桥译，高等教育出版社，2008，第69~70页。
② 哈贝马斯曾将"技术知识"和"组织知识"相区分，并将两者列入生产力的构成要素，见哈贝马斯《重建历史唯物主义》，郭官义译，社会科学文献出版社，2000，第148页。
③ 经典作家肯认，劳动关系可以直接形成生产力，例如："一定的生产方式或一定的工业发展阶段始终是与一定的共同活动的方式……联系着的，而这种共同活动方式本身就是'生产力'"；"受分工制约的不同个人的共同活动产生了一种社会力量，即扩大了的生产力。"见马克思、恩格斯《德意志意识形态》，载《马克思恩格斯全集》第三卷，人民出版社，1960，第33、38页。
④ 科恩：《卡尔·马克思的历史理论：一种辩护》，段忠桥译，高等教育出版社，2008，第81页。对生产关系作为一种权力关系而非权利关系的详细论述，见该书第8章。

现实的生产，是生产力、劳动关系和所有关系的某种结合，这种结合导向生产方式的概念。在以下的讨论中，我们将在匈牙利思想巨匠卢卡奇的晚年本体论思想的基础上，发展一个新的关于生产方式的结构分析，即把生产方式看作由两类目的论活动组成的有机整体。

第四节　作为目的论活动的生产方式：以卢卡奇晚年本体论思想为借镜

20世纪70年代初，卢卡奇在去世以前，一直致力于《关于社会存在的本体论》一书的写作。在这部巨著中，卢卡奇提出了如下核心论点：社会存在的最终不可还原的要素，是人的目的设定以及实现这一目的的活动。他这样写道："我们迄今的阐述使我们得出这样的结论，就其基本的本体论结构而言，社会存在乃是某种统一的东西：社会存在的最终'要素'是人的目的论设定"。①

在经济领域存在着两种类型的目的论活动，第一种类型是劳动，即人与自然之间的物质变换。卢卡奇提出："劳动作为经济领域的最后的、无法再予分割的要素，乃是基于目的论设定……就这个基础的方面而言，经济领域同其他社会实践领域根本没有区别。……因此，从这个角度来看，整个社会存在的构造在本体论上是统一的。"② 谈到劳动与目的设定的关系，读者大概立即会记起马克思就蜜蜂的劳动和建筑师的劳动加以比较的

---

① 《关于社会存在的本体论》下卷，白锡堃、张西平、李秋零等译，重庆出版社，1993，第411~412页。遗憾的是，该书在卢卡奇生前并未竣稿，因而具有未完成著作所有的一些缺点，如重复、冗余、叙述线索往往不够清晰等。自其问世以来，该书也一直为卢卡奇研究者所轻视。但在笔者看来，如果撇开这本书表面的缺陷，细读下去，便会在其中发现大量思想的珍珠。卢卡奇的难能可贵之处在于，他对马克思的经济学著作，尤其是《资本论》及其卷帙浩繁的手稿极为熟悉，并从中提炼、汲取了大量思想资源，以形成和丰富他的哲学思想，这一点是许多当代马克思主义哲学家所不及的。也正是由于这个原因，他的许多观点往往可以直接在经济学分析中加以运用。

② 《关于社会存在的本体论》下卷，第392页。

那段名言，马克思是这样说的："最蹩脚的建筑师从一开始就比最灵巧的蜜蜂高明的地方，是他在用蜂蜡建筑蜂房以前，已经在自己的头脑中把它建成了。劳动过程结束时得到的结果，在这个过程开始时就已经在劳动者的表象中存在着，即已经观念地存在着。他不仅使自然物发生形式变化，同时他还在自然物中实现自己的目的，这个目的是他所知道的，是作为规律决定着他的活动的方式和方法的，他必须使他的意志服从这个目的。"①

卢卡奇对劳动中的目的论设定及其实现做了细致的分析。他指出，一方面，在劳动过程中，由观念产生的目的论设定，在本体论上先于其物质的实现。另一方面，劳动中的观念因素与其物质的实现，是只有在思维中才能相互隔离开来的活动。目的论设定，只有通过物质的实现过程，才能成为真正的目的论活动，否则只能是一种意愿。在劳动过程中，有两个重要的环节，第一个环节是设定目的，另一个环节则是确定手段。一个成功的劳动过程，必须扬弃目的和手段之间的异质性，促成"设定的目的"和"设定的因果性"之间的"同质化"，也就是"造成某种自身同质的东西：劳动过程以及最终的劳动产物"。卢卡奇就此写道，"人们不应忽略这样一个朴素的事实，即设定的目的能否实现，这仅仅取决于在确定手段时究竟在多大程度上把自然的因果性转变成了——本体论意义上的——设定的因果性。目的的设定产生于社会的人的需要；然而为了使它成为一种真正的目的设定，对于手段的确定，即对于自然的认识，必须达到一定的与这些手段相适应的水平；如果这些手段尚未获得，那么目的的设定就仅仅是一项乌托邦工程，一种梦想。"②

卢卡奇的上述分析，有助于我们加深对生产力概念的理解。正如前文提到的，谈论生产力，绝非只是对生产力的要素加以罗列，从劳动过程的

---

① 《马克思恩格斯全集》第二十三卷，1972，第202页。在《1844年经济学哲学手稿》中，马克思已经强调了人的劳动和动物的劳动的区别。
② 《关于社会存在的本体论》，下卷，第16、19页。

目的论设定的特点来看，生产力归根结底意味着促成"设定的因果性"，并使之达成"设定的目的"的能力。这种能力一方面体现在目的的设定上，另一方面体现在手段的确定上，而无论是在哪个环节，观念形式和知识都起着重要作用，都是生产力的重要的组成要素。①

除了劳动之外，在经济领域中还存在第二种目的论设定。卢卡奇指出："目的论设定的这种第二种形式在非常低级的社会阶段上就已经出现了，在这种设定中，主体所设定的目的直接就是让别人进行目的的设定。"② 第二种目的论设定与第一种目的论设定是相联系的，或者说，是为了促成第一种目的论设定："这种第二性的目的设定的对象不再是某种纯自然物，而是一群人的意识；这种目的设定的意图已不再是直接改变一个自然对象，而是促成人们做出一种当然是以自然对象为准的目的论设定；同样，实现目的的手段也不再是直接影响自然对象，而是要在他人那里实现这样的影响。"③

卢卡奇笔下的第二种目的论设定包括不同的类型，其中一个类型是社会化生产所需要的协调和控制活动。④ 在经济生活中，一切包含协作和分工的社会化生产都要以这种类型的目的论设定为条件。中国古代思想家柳宗元在《梓人传》里就曾观察到，那位在生产中专门负责协调和管理的梓人，已经无须从事直接生产活动，而只需对他人发号施令，即进行指挥和协调。另一方面，第二种目的论设定与统治和隶属关系的形成是联系在一起的。卢卡奇指出，"这类目的论设定可以自发地或者以制度的形式为

---

① 法国人类学家、马克思主义者戈德利耶强调了这一点，即思想、表象是生产力的重要组成部分。见 Godelier, M., *The Mental and the Material* (London: Verso, 1986), pp. 131–137。
② 《关于社会存在的本体论》下卷，第51、364页。
③ 《关于社会存在的本体论》下卷，第51页。
④ 在卢卡奇笔下，交换活动是第二种目的论活动的另一个类型。卢卡奇写道："商品交换也是通过实际的目的论的活动把某种观念的东西变成实在的东西，在这一点上，商品交换的充满活力的全过程和劳动的全过程是相同的。"《关于社会存在的本体论》下卷，第365页。

了对被统治者进行统治服务。"① 在这种情况下，第二种目的论设定就发展成为监督和控制活动，它不仅要改变他人的意识，而且要支配或占有他人的意志，唯此才能形成对他人的统治关系。② 在中国古代的《诗经》里，就有一首《七月》，记录了类似农奴的西周村社农民，每天在里宰的监督下，进行大规模的集体耕作。

卢卡奇曾结合人类向阶级社会的过渡，谈到第二种目的论活动得以发展的动因，他将这一动因归于剩余的占有。人类社会一旦产生超过必要需要的剩余，就出现了谁占有剩余这一问题。只有某种被垄断的合法化的暴力才能确保并扩大对剩余的占有，在此意义上，对剩余的占有必然导致社会阶级的分野和国家的形成。卢卡奇甚至把剩余的占有对于社会存在的结构性影响，与劳动范畴本身的出现对社会存在的决定性影响相类比，他写道："劳动中对某种新东西的生产本身，就使社会存在超越了自然界；这标志着人与自然界的物质变换的一种具有新品质的形式，这一事实本身就突出了劳动所具有的新的特殊性。如果劳动以及从劳动中产生的分工发展到更高的水平，从而再次创造出某种同样具有新的品质的现象，即人能够生产出比自身再生产所需要的更多的价值，那么这种新产生的经济现象就必然在社会中造成全新的结构，即阶级结构以及从其中产生的一切。"③ 以第一种目的论设定即劳动为前提的剩余的生产，推动了第二种目的论设定的发展，后者反过来影响和型塑了第一种目的论设定即直接劳动本身的发展。

卢卡奇的这些理论观点，有助于我们从一个新的角度发展对生产方式的结构分析。首先，两类目的论设定在物质生产领域的相互影响、相互渗

---

① 卢卡奇：《关于社会存在的本体论》下卷，第163页。
② 马克思："占有他人的意志是统治关系的前提。因此，没有意志的东西，例如动物，固然能服劳役，但这并不使所有者成为领主。"《马克思恩格斯全集》第四十六卷上册，第503页。
③ 卢卡奇：《关于社会存在的本体论》下卷，第261~262页。另可参见该书第254~257页的讨论。

透，界定了生产方式的概念。① 生产方式是由上述两类目的论活动构成的有机整体，它自身也是一种目的论活动，笔者将其定义为以扩大统治阶级对剩余的占有为目的的生产活动。生产方式下属的两类目的论活动在实际中难以分离，但在概念上可以分别加以考察。其中第一类目的论活动是以人和自然的物质变换为内容的直接劳动；第二类目的论活动则可被称为协调－控制活动，即对直接劳动者的指挥、役使和监督。从这个角度看，在分析上将生产方式还原为三种生产力要素和两重生产关系（如巴里巴尔）就是不适当的，这些要素和关系并不能脱离目的论活动而获得自主的存在。生产力的个别要素（如机器或劳动对象）一旦脱离目的论活动的整体来考察，事实上就不再属于社会存在，而倒退为无机或有机物。正像卢卡奇在批判了布哈林时所说的，"只有基本的充满活力的经济整体才能被当作经济领域的范畴加以考察；而布哈林就曾经宣扬过的、如今仍然很流行的观点，即似乎可以把技术视为经济的基本'要素'，乃是根本站不住脚的。"② 根据这个观点，对生产方式的进一步分析，应该以下探到两种目的论活动的水平为限，而不能还原到个别要素。图1-1表达了生产方式的结构及其下属的两种目的论活动的关系，由于两种目的论活动是相互渗透的，因此图中的两个系统互有交叉，劳动关系作为生产力和生产关系的中介，恰好处在这个交叉位置。

在《资本论》里，马克思经常在不同意义上使用生产方式概念。笔者认为，在上述讨论的基础上，可以把马克思笔下这些不同含义统一起来。生产方式的第一种用法是指生产的物质方式，用科恩的话来说，"这是指人们运用他们的生产力劳动的方式，他们安排的各种物质过程，他们的专业化的形式和分工。" 生产方式的第二种用法是指生产的社会方式，科恩认为，这一含义涉及以下三个方面，即生产的目的、剩余劳动的形式

---

① 生产方式或可区分为两个亚种，即微观意义的生产方式和宏观意义的生产方式，前者指的是在奴隶主庄园或资本家企业内进行的生产活动，后者则是指的整个社会生产。
② 卢卡奇：《关于社会存在的本体论》下卷，第368页。

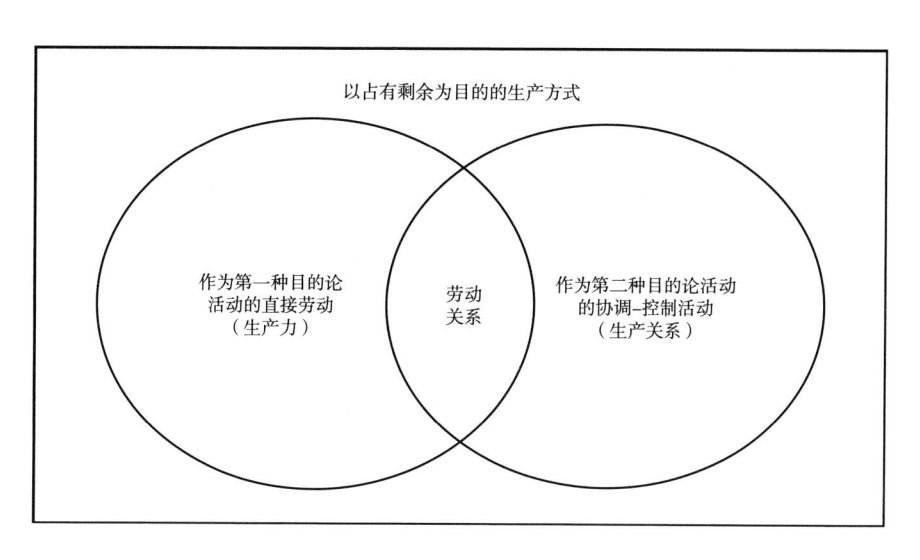

图 1-1　生产方式及其下属的两类目的论活动

以及剥削方式。生产方式的第三种用法则是前两种用法的结合，即将生产方式看作生产的物质方式和社会方式的统一。① 从前述目的论活动的角度看，生产方式的这三个用法是相互补充的，其中第一种用法和第二种用法分别对应的是第一和第二种目的论活动，第三种用法则可以视为由两种目的论活动构成的有机整体即生产方式本身。

卢卡奇对两种目的论设定的论述，还有助于我们从一个新的角度理解生产关系。生产关系（包括劳动关系和所有关系）实际上是促成两种目的论活动的制度条件，其中劳动关系横跨了两种目的论活动，即在直接劳动和协调-控制活动中都发挥作用，而所有关系则大体对应于第二种目的论活动，并作为一种权力关系促成和调节这种活动。卢卡奇指出："这些设定（指第二种目的论设定——引者注）同劳动本身的一个很重大的差别只是在于，它们所引起并予以实现的目的并不是直接针对社会同自然界的物质变换的某一具体情况，而是旨在影响他人，使之完成设定者所希望

---

① 科恩：《卡尔·马克思的历史理论：一种辩护》，段忠桥译，高等教育出版社，2008，第 98~105 页。

19

的劳动活动。……在这方面,各种目的和手段是很不相同的(**从奴隶制到农奴制时直接使用暴力手段到今天使用控制手段**)"。① 卢卡奇在此谈到的暴力和控制手段,对应于历史上不同类型的生产关系,后者作为一种权力关系,不仅包含了暴力或强制,而且是与所谓共识(consent)联系在一起的,这种联系使得生产关系不同程度地表现为某种合约关系。在本书第三章,我们还将结合法国人类学家、马克思主义者戈德利耶的观点正式讨论这一问题,并与新制度主义经济学加以比较。

20世纪七八十年代,戈德利耶对历史唯物主义进行了十分重要的概念重构,他的理论贡献大致可以归结为以下三个命题:其一,包括生产关系在内的一切社会关系都包含所谓"精神成分"(Mental Part,或译思想成分);其二,在人类历史上,政治、宗教、血族等不同制度型式都曾起到生产关系的作用,并因此成为各自社会中最为显著的决定力量;其三,具有统治和剥削功能的生产关系在不同程度上表现为统治者和被统治者之间交换服务的关系,即合约关系。上述第二个和第三个命题将留待本书第三章再作讨论,这里先来看第一个命题。

根据戈德利耶的解释,第一个命题还可换作如下表达:思想和表象是社会关系的"内在成分",是"社会关系的形成(以及再生产)的必要条件"。② 这种稍显晦涩的表达,如果结合以卢卡奇的本体论思想,其实并不难了解。首先,和第一种目的论活动一样,第二种目的论活动顾名思义也是以目的设定及其实现为特点的,因而也要依靠各种表象、原理和规则来组织这种活动;其次,在第二种目的论活动中,这些表象、原理和规则还被用于改变他人的观念和意志,故而具有将既定生产关系合法化(或去合法化)的功能。基于思想或表象的这种双重作用,戈德利耶提出,每一种社会关系都包含着精神成分。

---

① 卢卡奇:《关于社会存在的本体论》下卷,第364页(重点标识为笔者添加)。
② Godelier, M., *The Mental and the Material*, (London: Verso 1986), p. 151, p. 170.

戈德利耶的这些观点为马克思主义意识形态理论增添了新的内容，依照这种观点，观念形式或意识形态不仅是对社会关系的反映，而且构成了社会关系的内在成分。由此出发，前述有关生产关系具有两重功能的观点，也可得到进一步的丰富和发展。既然任何生产关系都包含着"精神成分"，即对应着一套规则、原理和表象，那么具有不同功能的生产关系，自然也对应着不同的规则、原理和表象。生产关系的两重性及其矛盾，就会因此转化为两套不同的"精神成分"乃至意识形态之间的矛盾，而解决后一矛盾，便成为克服两种生产关系的矛盾的先决条件。在现代经济学家的著作里，我们可以找到一些现成的例子，作为这种思想的具体的、尚无充分自觉的运用。卡萝塔·佩蕾丝是一位演化经济学家，因提出技术-经济范式变迁的理论而知名，在她那里，技术-经济范式"由一套普遍的、通用的技术原则和组织原则所构成，代表着一场特定的技术革命得以运用的最有效方式，以及利用这场革命重振整个经济并使之现代化的最有效方式。一旦得到普遍采纳，这些原则就成了组织一切活动和构建一切制度的常识基础"。[①] 她指出，新的技术-经济范式通常会与旧范式形成冲突，为了促成一场技术革命，其先决条件是以新范式代替旧范式。[②] 从戈德利耶的观点来看，这种技术-经济范式事实上正代表着生产关系（以及生产力）之中的精神成分；佩蕾丝所说的两种技术-经济范式的冲突，则可看作两种经济关系的矛盾的表现形式。

生产方式下属的两种目的论活动，分别对应于两种获取剩余的方法：其一是在第一种目的论活动的范围内提高生产力，以更有效率的方式利用他人劳动；其二是改变第二种目的论活动赖以进行的生产关系，以更野蛮

[①] 佩蕾丝：《技术革命与金融资本》，第21页（译文略有修改）。另见 Perez, C., "Technological Revolutions and Techno-economic Paradigms", *Cambridge Journal of Economics*, 2010, Vol. 34, No. 1, p. 186, p. 194。

[②] 参见佩蕾丝《技术革命与金融资本》，田方萌等译，孟捷校，中国人民大学出版社，2007，第165页。

而残酷的方式役使他人劳动。① 这两种方法虽然彼此之间互有联系，但它们作为两种并列的取得剩余的方法，意味着在涉及生产方式的改变时，两种目的论活动的任何一方都有可能是率先造成变化的动因。

第五节　生产力和生产关系之间两种可能的因果关系

从上一节的讨论出发，我们可以对生产力和生产关系之间可能形成的因果关系作一个类型学分析，即将这些因果关系归纳为以下两种类型。

第一种类型的因果关系：第一种目的论活动及其相对应的生产力系统首先发生变化，这一变化涉及生产力要素品质的提高，直接构成生产力的那一类劳动关系的改变，以及进入第一种目的论活动系统的科学技术知识存量的增长。② 当这一变化在给定生产方式内部积累到一定程度，可能引起第二种目的论活动和所有关系的变化。在这种情况下，因果关系遵从由生产力发展到生产关系改变的顺序。

在国内，自20世纪50年代以来，一直有一些学者主张生产力发展的根据或动力来自生产力内部。平心大概是主张这类观点的最为知名的早期

---

① 在《资本论》里，马克思将这两种方法分别命名为相对剩余价值生产和绝对剩余价值生产。正如本书第二章还将讨论的，这种区分在理论上可以一般化，并推广到资本主义以外的其他生产方式。

② 要注意的是，并非一个社会的所有发明或科学技术知识的增长，都体现为生产力的变化，此处的衡量标准是这些知识存量的增长是否能为直接生产活动所接纳。那些未能引入物质生产领域，或者为后者所排斥的知识存量的增长，并不造成生产力的变化。我们可以在马克思那里找到一个例子来说明这一点。马克思曾关注过一个非常有趣但极为深刻的现象，即在奴隶制盛行的古代社会，有些技术（较为复杂的机械）在当时的军队中得到了运用和发展，却无法在生产中采纳。造成这一现象的原因在于，古代社会的生产依靠的是奴隶，后者往往会破坏性地使用工具，而军队主要是由自由人组成的，因而不存在奴隶劳动所造成的那些限制。（见《马克思恩格斯全集》第四十六卷上册，人民出版社，1979，第47页。）这个例子提醒我们，当生产力在发展，而生产关系尚未改变的时候，后者事实上"默许"了生产力的发展，因而，在第一种类型的因果关系中，生产力虽然是率先变化的，但也要以生产关系的"在场"为前提。

代表。董辅礽也主张这种观点，在他看来，生产力自身包含着推动其发展的内在矛盾，如生产工具与劳动力的矛盾、生产工具与劳动对象的矛盾、生产工具与生产工具的矛盾，这些矛盾的产生和解决，推动着生产力的发展。近年来，卫兴华教授也力主这种观点，并试图对生产力发展的根据何以在生产力内部作进一步的论证。[①] 这一类观点的问题在于，它将第一种类型的因果关系无条件地普遍化了。但问题是，并非生产方式的一切变革都可归于这一类型。

在历史上，符合第一种因果关系的实例比比皆是。以中国上古史为例，耦耕曾是一种长期流行的劳动关系，它和相当于土地所有制关系的井田制、村社制度结合在一起，构成"三位一体"的生产关系，历经夏商周三代，直至战国才最终衰落。根据历史学家李根蟠等人的研究[②]，耦耕，即两人一起进行翻土的耕作，是伴随黄河流域原始沟洫农业的发展而出现的。为了在同一地块上连年种植庄稼，产生了翻土的需要，翻土工具即耒耜也应运而生。耒耜起初是木石工具，后来虽逐步在耜上施金，但仍沿用了两人并耕的形式。之所以如此，除了因为耜的尺寸很窄之外，还因在田间挖掘沟洫时，两人并作是最合适的形式。易言之，只有在两人并耜挖沟的条件下，才产生了耦耕的概念。迟至春秋，耦耕以及与之相适应的井田制和村社制度仍然相当流行。只是到了战国，由于新兴生产力即牛耕和铁制工具的发展，耦耕才最终式微。牛耕和铁制工具的普及为个体家庭开展独立经营提供了便利，独立的自耕农经济因此得以发展，以井田制和村社制度为核心的领主封建制所有关系也随之衰落，并

[①] 平心：《再论生产力的性质》，《学术月刊》1959 年第 9 期；董辅礽：《关于生产力的几个问题》，载《论生产力》下册，吉林人民出版社，1980，第 252 页。均转引自卫兴华《科学把握生产力与生产关系研究中的唯物史观》，《清华政治经济学报》第 2 卷，社会科学文献出版社，2014，第 12～13 页。卫兴华的观点亦见此文，尤见第 14 页，后文还将涉及对其观点的评价。

[②] 李根蟠：《耦耕纵横谈》，《农史研究》1983 年第 1 期；陈振中：《青铜生产工具与中国奴隶制社会经济》，中国社会科学出版社，2007，第 11 章。

因农民的分化而向新兴的地主封建制过渡。① 在这个故事里，生产力的变革，即铁制农具和牛耕的普及，是造成劳动关系（耦耕）以及以井田制和村社制度为代表的所有关系消失的直接动因，因而是第一种关系的一个典型例证。

现在来看第二种类型的相互关系，此时生产方式的变革是以生产关系尤其是所有关系的质变居先，生产力的根本改变居后。在这种情况下，因果关系遵从了从生产关系的变化到生产力变化的顺序。

戈登·柴尔德是 20 世纪杰出的马克思主义考古学家，在讨论苏美尔和古埃及的青铜革命时，他曾指出，冶金业的这一革命，是以剩余在一个社会里的集中为前提的，否则便无法供养冶金业的发展所需要的职业或半职业工匠。换言之，生产关系的改变，是这场技术革命的前提。他写道："事实上，埃及和美索不达米亚青铜时代的开始与一项我们称之为'城市革命'的社会变革相一致。我称之为极权主义的确立。它系统而有序地从农民那里获取剩余物品，并集中到王室和庙宇。"可以设想，"极权的经济方式是冶金业诞生的必要条件。相对庞大的剩余财产必须积累起来并吸引人们去从事勘探、采矿、熔炼、分配、铸造这些具有风险的职业。这样的一笔剩余财产确实首先在极权经济体制下聚集在法老宫廷和苏美尔庙宇里。"②

一个更为重要的例证来自马克思、恩格斯的著作。在讨论资本主义的历史起源时，他们明确谈论过这种类型的相互关系。卢卡奇在 20 世纪 20 年代撰文批评布哈林的技术决定论观点时，就引用了马克思《资本论》

---

① "由于铁器和牛耕的发明及普遍应用，生产力大为提高，人们开辟了荒地，逐渐占为私有财产，这就破坏了'井田'制度，使土地渐可买卖。"《童书业古代社会论集》，中华书局，2006，第 180 页。

② 柴尔德：《青铜时代》，收录于柴尔德《考古学导论》，上海三联书店，2013，第 108、110 页。柴尔德接下来还论及，在埃及和两河流域，何以"建立起冶金工业的生产关系也束缚了它进一步的发展"，见该书第 110 页。

里的观点,以说明生产关系相对于生产力或技术的首要性。① 在国内,自20世纪50年代以来也有一些学者持有生产关系决定生产力的观点,并与上文提到的主张生产力的发展根源完全来自生产力内部的观点相对立。②

生产关系,尤其是所有关系的变化,大致属于第二种目的论活动的改变,从生产方式变革的整体来看,这种改变必然带来剩余占有方式和剥削方式的改变。在《德意志意识形态》和《资本论》等著作里,经典作家结合资本主义工场手工业的兴起,讨论了资本主义历史起源,其中涉及生产力、生产关系的变化及其相互关系,根据笔者的阅读和整理,可以将他们的观点概括为以下几点。

第一,在西欧封建社会晚期,城市之间的商业联系扩大,甚至在各个城市之间出现了生产的分工,每一个城市都有自己的特殊的工业部门占据优势,城市经济的地域局限性开始消失。

第二,不同城市之间的分工的直接后果就是工场手工业的产生,即超出行会制度范围的生产部门的出现。在不同国家,工场手工业的初步繁荣具有不同的历史条件,在意大利和法兰德斯,工场手工业的初步繁荣的历史前提,是同外国各民族的交往。在英法两国,工场手工业的最初发展是依靠国内市场出现的。人口增长和资本积累的程度也影响着工场手工业的初步发展。

第三,随着工场手工业的产生,各国之间开始了竞争,即展开了商业斗争,这种斗争是通过战争、保护关税和各种禁令的方式来进行的。商业自此以后具有了政治的意义。

第四,随着工场手工业的出现,工人和雇主的关系也发生了变化。行

---

① Lukács, G., "N. Bukharin: *Historical Materialism*", in R. Livingstone, ed., *Political Writings: 1919–1929* (London: New Left Books 1972), pp. 134–142.
② 代表这一派观点的有李洪林和胡钧等人,参见李洪林《只有生产关系才能成为生产力发展的动力》,《光明日报》1957年1月23日;胡钧《论生产力发展的根本动力》,《经济纵横》2011年第3期。

会中的帮工和师傅之间的宗法关系，被工场手工业中的工人和资本家之间的金钱关系代替了。

第五，美洲和东印度航路的发现扩大了交往，从而使工场手工业和整个生产的发展有了巨大的高涨。商业和工场手工业的扩大，加速了资本积累，进一步提高了工场手工业相对于传统行会的优势。

第六，自17世纪中叶以后，商业和航运相对于占次要地位的工场手工业发展得更快，殖民地开始成为巨大的消费者；各国经过长期的斗争，瓜分了已经开辟的世界市场。新形成的世界市场是推动工场手工业发展的重要因素。马克思在《资本论》里曾就此指出，"世界市场的扩大和殖民制度"，"二者属于工场手工业时期的一般存在条件"。① 最强大的海上强国英国凭借其海军的霸权，在商业和工场手工业方面也占据了优势。在17世纪，商业和工场手工业不可阻挡地集中于一个国家即英国，这种集中逐渐使英国占据了世界市场的最大份额。对英国工场手工业产品的需求，超过了既有的工业生产力所能满足的程度，"这种超过了生产力的需求正是引起中世纪以来私有制发展的……动力，它产生了大工业"。②

从马克思、恩格斯的以上论述中可以看出，在这一过程中首先发生变化的，是城市之间贸易和分工的发展，以及交往关系（既包括分工协作关系，也包括交换关系）在空间上的扩大。这种变化改变了生产的目的

---

① 《马克思恩格斯全集》第二十三卷，人民出版社，1972，第392页。
② 笔者的概括主要依靠的是《德意志意识形态》里的论述，见《马克思恩格斯全集》第三卷，人民出版社，1960，第60~67页。在《资本论》里，则有以下几处重要段落代表了马克思的意见，在谈论从绝对剩余价值生产向相对剩余价值生产的过渡时他说："而现在，对于由必要劳动变成剩余劳动而生产剩余价值来说，资本只是占有历史上遗留下来的或者说现存形态的劳动过程，并且只延长它的持续时间，就绝对不够了。必须变革劳动过程的技术条件和社会条件，从而变革生产方式本身，以提高劳动生产力。"另外还有："资本起初是在历史上既有的技术条件下使劳动服从自己的。因此，它并没有直接改变生产方式。""就生产方式本身来说，例如初期的工场手工业，除了同一资本同时雇用的工人较多而外，和行会手工业几乎没有什么区别。行会师傅的作坊只是扩大了而已。"因此，起初只是量上的区别。分别见于《马克思恩格斯全集》第二十三卷，第350、344、358页。

和剩余占有的方式,即使其越来越服从于交换价值和利润动机的支配。劳动对资本的形式隶属正是在这种条件下出现的,它发生在传统的行会制度以外。以这种方式组织起来的手工工场进一步扩大了生产,满足了日益增长的需要。此后,伴随殖民地的开辟和世界市场的不断扩大,对工场手工业产品的需要超过了既有的工场手工业所具有的生产能力,从而诱发了生产力的根本变革,促成了马克思所谓"特殊的资本主义生产方式"(即建立在机器大工业基础上的生产方式)的兴起,以及生产力在世界历史上前所未见的革命性跃迁。

劳动对资本的形式隶属之所以发生,是以社会生产方式的整体变化为前提的。在形式隶属出现以前,生产力也有所发展[①],与此同时,劳动关系和交往关系也在变化。但和生产力以及行会手工业生产方式的这种渐变相比,劳动对资本的形式隶属是生产关系的一个质变,在这一质变的前提下,才进一步诱发了生产力的根本变革。正因为如此,与资本主义起源相关联的这个例子才被看作第二种类型因果关系的代表。

"分析的马克思主义"的代表人物、牛津大学哲学家科恩作为生产力一元决定论的辩护者,也在某种意义上承认这里存在着第二种类型的因果关系,即劳动对资本的形式隶属在时间上要早于生产的技术方式或生产力的根本变革。但科恩认为,这一现象并不违背生产力一元决定论。在科恩的理论中,生产力一元决定论被转换成"生产力在解释上(相对于生产关系)的优先性"(详见第二章的讨论),即生产关系的性质要以生产力的发展水平来解释,而非相反。据他看来,生产力的这种"解释上的优先性"并不要求具有资本主义特征的生产力一定先于资本主义生产关系而出现,而只要求"新生的生产力不能在前资本主义生产关系中使用和发展,以及资本主义结构是生产力的进步所必须的。"劳动对资本的形式

---

① 马克思曾提到,劳动对资本的形式隶属,要求生产力"只需要发展到使劳动在形式上从属于资本的程度"。见《直接生产过程的结果》,载《马克思恩格斯全集》第四十九卷,人民出版社,1982,第126页。

隶属一旦出现，就会催生具有资本主义特征的生产力的革命，这在科恩看来反过来证明了他的观点，即一种生产关系之所以流行，在于促进了生产力的发展。[①]

科恩的这种观点虽然有助于说明资本主义生产关系何以成为流行的生产关系，但对于这种生产关系最初何以出现，不是一个令人满意的解释。正如英国学者里格比指出的，科恩的上述辩护实质上是向对手做了让步，即在一定意义上承认了生产关系在推动生产力发展中的决定作用。[②] 要在生产力一元决定论的前提下解释形式隶属的出现，唯一可利用的论据是形式隶属要以生产力的一定程度的发展为前提。但正如前文业已提及的，在发生形式隶属的时候，生产力的发展水平和以往相比并没有产生质变，因此，要将形式隶属的产生这一生产关系的突破性变化完全归因于具有渐变特点的生产力，是非常困难的。生产力在一定程度上的发展更应看作造成形式隶属的必要条件，而非充分条件。

虽然在历史唯物主义的架构里，上述两种类型的因果关系都存在，第一种类型的因果关系却成了最为流行的解释。在这种情况下，诺思（或译诺斯）提出对马克思的下述诘难就不难理解了，他写道："马克思模型的局限性，在于没有一个理论解释技术变革率，还在于在忽视其他变革原因的情况下对技术的强调。"[③] 诺思的第一个意见，即认为马克思的理论模型没有解释技术变革率（或变革速度），体现了他对马克思的误解。回顾一下《资本论》就能发现，这部著作实在堪称技术变革的政治经济学，其中几乎所有重要理论都是以技术变革为前提的，马克思分析了资本主义技术变革的动因、它所采取的特定发展形式以及这种发展的界限。如果这还不算技术变革率的分析，真不知在诺思的心目中马克思的模型究竟为何

[①] 科恩：《卡尔·马克思的历史理论：一种辩护》，段忠桥译，高等教育出版社，2008，第210页。
[②] 里格比：《马克思主义与历史学》，译林出版社，2012，第138页。
[③] 诺思：《经济史上的结构与变迁》，商务印书馆，1993，第29页。

物了。一个反证是，即便科恩——作为生产力一元决定论的当代代表——也曾提出，生产关系透过其反作用，在影响生产力发展所采取的特殊形式和速度上起着重要作用。①

诺思的第二点意见，即马克思具有技术决定论倾向，是对马克思最为常见的批评，这种批评不仅来自非马克思主义者，也来自马克思主义者。② 在回应这一批评时，应注意林岗教授在比较诺思和马克思的理论时曾经提出的一点，即马克思和诺思所考察的经济变迁分属不同的类型，马克思所关注的是经济社会形态的变迁，或社会基本制度框架的变革，生产力和技术的发展自然是其根本前提；诺思所关注的则不仅包括基本制度框架的根本变革，还包括一定基本制度框架内的制度的边际调整，后者未必与生产力或技术的变化相关。③ 林岗的这一看法是相当中肯的，触及历史唯物主义的要害之处，后文在涉及有机生产方式变迁的问题时还将有进一步的讨论。

---

① 科恩：《卡尔·马克思的历史理论：一种辩护》，高等教育出版社，2008，第195页。值得一提的是，在一篇写于20世纪60年代初的手稿里，美国著名马克思主义经济学家巴兰和斯威齐强调指出，生产关系对于生产力发展潜力的限制作用是生产力和生产关系的矛盾的主要表现，他们写道："重要的并不是生产力在一个给定的经济与社会秩序中是否发生某种增长，而是这种增长的可实现潜能在这一秩序的架构中得以实现的程度。这些潜能本身的出现取决于多种因素：科学知识的推进、新的技术机会的开辟、人类能力和技能的改良范围的扩大以及许多其他因素。核心的问题是，流行的生产关系是促进还是阻碍、鼓励还是压抑这些潜能的真正实现。因此，若以生产力的发展为一方，既定的生产关系为另一方，两者之间冲突的产生，并非必然以经济增长的消失为征兆，而是反映为以下事实，即无论增长是否发生，都表现为这种增长与可见的、触手可及的、可实现的增长潜能之间的不成比例上面。这一现象以及在所实现的增长和增长潜能之间的鸿沟的加深，表明了现存财产关系以及依赖于这种财产关系的经济、社会和政治的制度业已转变为实现增长潜能的明显障碍。"见 Baran, P., and P. Sweezy, "Some Theoretical Implications", *Monthly Review*, 2012, Vol. 64, No. 3, pp. 26-27.
② 马克思的思想总体上是复杂的，足以容纳不同的解释。英国学者里格比就认为，在马克思那里存在两种理论，即生产力决定论和在与之对称的生产关系决定论。见里格比《马克思主义与历史学》，吴英译，译林出版社，2012，第8章。
③ 林岗：《马克思主义与经济学》，经济科学出版社，2007，第208页。

第二章
科恩对生产力一元决定论的辩护：一个批判的考察

在这一章里，我们将通过对科恩的批判性考察，继续深化在第一章里得出的初步结论。科恩是牛津大学的哲学家，在发表于20世纪70年代末的《卡尔·马克思的历史理论：一种辩护》一书里，他试图为传统的生产力一元决定论进行一次新的辩护。[①] 科恩的论述由两个核心原理构成，即所谓发展原理和生产力首要性原理。由于科恩不仅在论述中借鉴了来自当代分析哲学的论证技巧，而且在提出其发展原理时还采用了新古典方法论个人主义假设，因而成为英美"分析马克思主义"流派的代表人物。这一章由三节构成，第一节讨论科恩的发展原理；第二节讨论生产力首要性原理，即科恩对生产力和生产关系的相互关系的功能解释；第三节通过对科恩和布伦纳的比较，继续深化了对科恩的批评，指出生产力一元决定论的根本缺陷，在于假定生产关系仅仅具有一种功能，即适应和促进生产力的发展。

---

① 科恩在其著作里坦承，他"要辩护的是一种老式的历史唯物主义，一种传统的观念"。见《卡尔·马克思的历史理论：一种辩护》，段忠桥译，高等教育出版社，2008，序言，第Ⅲ页。

第二章　科恩对生产力一元决定论的辩护：一个批判的考察

第一节　评科恩的发展原理

科恩对生产力一元决定论的辩护分别由他提出的两个原理构成，即所谓发展原理和生产力首要性原理。科恩将发展原理概括为如下命题：

生产力趋向发展贯穿整个历史。

生产力首要性原理则被概括为：

一个社会的生产关系的性质是由其生产力发展水平来解释的。

相对于生产力首要性原理而言，发展原理是科恩理论中更为独特且更为要害的部分。这是因为，首先，发展原理是生产力一元决定论的前提，如果发展命题是错误的或片面的，自然会影响到生产力一元决定论能否成立。其次，在历史唯物主义研究中，发展原理的提出和论证，即便非为科恩首创，也因科恩的论证而达到了极其彻底的程度。[①] 这种彻底性体现在，科恩试图在完全脱离生产关系的前提下建立人的动机模型和行为模型，以证明生产力趋向发展的规律。在科恩之前，大约只有普列汉诺夫提出过与发展原理类似的问题，但在提出问题的同时，普列汉诺夫又在很大程度上取消了问题，因为他将问题转换为地理环境对生产力发展的制约，

---

① 自20世纪50年代以来，国内主张生产力发展的源泉在于生产力内部的一派观点，以自己的方式提出了"发展原理"。在其最近的文章中，卫兴华教授在完全不知晓科恩的前提下还试图对这一原理进行论证，他提出，要论证生产力之所以会发展需解决以下问题：第一，生产力发展的动机；第二，生产力发展的过程和行为。他把发展生产力的动机归结于人的消费需要，把发展生产力的过程归结为知识的增进，这些观点大致对应于科恩的论证，只是不如科恩的分析更为明晰和彻底。见卫兴华《科学把握生产力与生产关系研究中的唯物史观》，载《清华政治经济学报》第2卷，社会科学文献出版社，2014，第15页。

普氏写道："归根到底决定全部社会关系发展的生产力的发展，是由地理环境的属性所决定的。"① 英国学者里格比在谈论普列汉诺夫的贡献时指出："普列汉诺夫意识到，……如果我们根据生产力的发展来解释社会和政治的变迁，那么又根据什么来解释生产力的这种发展呢？像马克思一样，普列汉诺夫简单地假设生产力具有内在的发展倾向，即使在某些社会条件下，这种发展是以'极慢的速度'实现的。他更关注的问题是，生产的发展为什么会在不同的时间和地点上存在着非常大的不平衡。"② 在普列汉诺夫以后，科恩再度提出了发展命题，而且，和普列汉诺夫不同，科恩没有在提出问题后又立即改变问题的性质，而是试图真正回答这个问题，这样一来，科恩就在历史唯物主义思想史上占据了一个非常特殊的地位。透过科恩对发展原理的论证，我们就有可能发现，自第二国际成立以来流行的生产力一元决定论，会在何种意义上因其论证逻辑的透彻反而导向自我矛盾的尴尬境地。

科恩对发展原理的论证并不复杂，在他看来，如下三个"事实性命题"支持了发展原理。③

（1）人，就其特性而言，多少是有理性的。
（2）人的历史境遇是一种稀缺的境遇。
（3）人具有的聪明才智使其有能力改善其境遇。

科恩的论证有几点值得商榷。

第一，由第三个命题可以看到，在科恩那里，历史发展的最终动力，

---

① 普列汉诺夫：《马克思主义基本问题》，引自王荫庭编《普列汉诺夫读本》，中央编译出版社，2008，第192页。
② 里格比：《马克思主义与历史学》，译林出版社，2012，第78页。
③ 科恩：《卡尔·马克思的历史理论：一种辩护》，段忠桥译，高等教育出版社，2008，第182页。

是知识的进步。这样一来，对发展命题的解答就变成，生产力的发展是人类知识或智慧发展的结果。科恩在这一点上和圣西门的见解非常相像，后者曾是普列汉诺夫在其《论一元论历史观的发展问题》里批评的对象。[①] 圣西门非常深刻地看到，在欧洲社会制度的发展中，财产关系起着基础性的作用，而财产关系的这种作用又来自实业发展的需要。在继续解释实业发展的动力时，圣西门又提出，实业是人类智慧发展的必然结果。这样一来，知识的发展在他那里就成为推动历史发展的最为基本的因素。为此他还力求发现知识发展的规律，提出知识的演进遵循三个阶段（即依次经历神学阶段、形而上学阶段和实证阶段），换言之，历史发展服从于这种人类智慧或知识发展的规律。不仅如此，在解释知识的发展时，圣西门也像科恩那样诉诸个人的理性，在他看来，社会是由个人组成的，社会理性的发展不过是个人理性的发展在更大规模上的再现。

把生产力的发展还原为进化的学习过程，这在一定限度内是成立的。问题在于，科恩对知识的定义是相对狭窄的，从其论述来看，他所理解的知识大体局限于直接劳动过程的技术知识，那些同样隶属于直接劳动过程、与劳动关系或分工的组织与协调相联系的组织知识则没有得到应有的重视，这样一来，人类的学习过程就被曲解了。如果我们认可后一类知识的重要性，知识的发展就不能还原为孤立个体的学习过程，而是由特定的社会关系所决定的集体学习，承认后者自然会导向对生产力一元决定论的反动。[②]

第二，如果说科恩只是无意识地效法了圣西门，他和新古典微观经济学的亲缘性则是一目了然的。和其他"分析的马克思主义者"一样，科恩在论证中运用了方法论个人主义，即以个人理性和资源稀缺性为前提，

---

① 参见引自王荫庭编《普列汉诺夫读本》，中央编译出版社，2008，第21~22页。
② 哈贝马斯曾试图把生产力的进步解释为进化的学习过程，在他那里，学习过程不仅涉及技术和组织知识的进步，而且涉及"道德－实践领域"的知识进步，后者带来他所谓"社会一体化"的发展，即作为一个生活世界所必需的统一价值及规范的确立和再生产。见哈贝马斯《重建历史唯物主义》，郭官义译，社会科学文献出版社，2000。

将发展原理还原为个体的最大化选择。科恩这样做，在逻辑上有其必然性，因为他要彻底撇开生产关系来解释生产力的发展，这样一来，生产的主体必然沦为孤零零的个人。然而，科恩所遗忘的是，在历史上，个人多半是不独立的，那些最重要的主体往往不是个人，而是不同类型的生产组织，如原始氏族或部落、奴隶制或农奴制庄园、资本主义企业等。至于个体生产者如自耕农或独立的手工业者，正如马克思一度指出的，他们只是部分地构成封建生产方式的基础，并在某些经济过渡时代（如原始社会向奴隶制过渡时期，或封建社会向资本主义过渡时期）特别地繁盛过，自身并不构成一个独立的经济时代。① 对这些生产组织而言，其所面临的历史境遇并不是抽象意义的稀缺，而是能否取得以及以何种方式取得更多的剩余。在原始社会晚期，伴随考古学家柴尔德所称的新石器时代的第一次革命，即人类实现了对食物供给的支配，剩余及其占有的问题就出现了；相应的，阶级差别也产生了。② 在这种情况下，人们所面临的任务就不是简单地改善其稀缺的境遇，而是如何更多地生产和占有剩余，发展生产力只是实现这一目的的手段。

第三，发展原理只解释了生产力发展的趋势，排除了生产力会出现停滞乃至倒退的情况。科恩承认，在特定情况下，生产力不仅会停滞，而且可能出于社会内部原因而倒退，他举了罗马帝国衰落后的例子，当时欧洲的生产力水平在长达两百年间出现了长期退化的现象，但他又把这种倒退看作历史理论不能回答的反常情况而予以排除。③ 科恩的做法或许可以从

---

① 马克思："小农经济和独立的手工业生产，一部分构成封建生产方式的基础，一部分在封建生产方式瓦解以后又和资本主义生产并存。同时，它们在原始的东方公有制解体以后，奴隶制真正支配生产以前，还构成古典社会全盛时期的经济基础。"《资本论》第一卷，《马克思恩格斯全集》第二十三卷，人民出版社，1972，第371页注释。
② 柴尔德：《人类创造了自身》，安家瑗、余敬东译，陈淳校，上海三联书店，2012，第5章"新石器时代革命"。
③ 科恩：发展原理"没有说生产力总是发展的，更没有说生产力从不会衰退"，见科恩《卡尔·马克思的历史理论：一种辩护》，高等教育出版社，2008，第163页。关于古罗马瓦解后生产力倒退的例子和科恩的评论，参见上引书，第186~187页。

经典作家那里找到根源，马克思、恩格斯曾专门指出，生产力的停滞和倒退是历史上常见的现象，但他们又把这种停滞和倒退归于"一些纯粹偶然的事件，例如蛮族的入侵，甚至是通常的战争"，这些事件"都足以使一个具有发达生产力和有高度需求的国家处于一切都必须从头开始的境地"。[1] 马克思、恩格斯的这种观点意味着，生产力的停滞或倒退，不是从社会组织内部的原因来解释的，而是归结于外在的偶然原因。诺思和托马斯曾针对这一点提出了批评，他们认为："马克思未能认识到经济增长（从而生产力的发展——引者按）并不是必不可免的"，而是以"有效率的所有权"为前提的。[2] 如果制度安排不能导致有效率的所有权，生产力就不能得到发展。诺思等人的这种观点，足以表明他们支持的是前一节提到的生产力和生产关系的第二类相互关系。

根据以上讨论，生产力的发展（以及停滞和倒退）趋势不能脱离既定的生产方式，在抽象的个人层面来论证。特定的生产方式或获取剩余的方式，会决定生产力的发展所采取的形式和这一发展的速度。在这里，我们可以结合奴隶制生产方式与技术进步的关系进一步考察这一点。

20世纪20年代，在对布哈林《历史唯物主义》一书的评论中，卢卡奇就曾讨论了奴隶制生产方式与生产力发展之间的关系。布哈林当时流露出这样的观点：社会经济的发展归根结底取决于所谓技术。以奴隶制为例，布哈林认为，奴隶劳动只适应某种低水平的技术，一旦采用新的技术，如一些复杂的机械，就会遭到奴隶的蓄意破坏。因此，为了采用新技术，就必须废除奴隶制。

与布哈林的观点相反，卢卡奇认为，布哈林在此颠倒了因果关系。奴

---

[1] 马克思、恩格斯：《德意志意识形态》，载《马克思恩格斯全集》第三卷，人民出版社，1960，第61~62页。马克思、恩格斯在此还指出："只有交往具有世界性质，并以大工业为基础的时候，只有一切民族都卷入竞争的时候，保存住已创造出来的生产力才有了保障。"

[2] 诺思、托马斯：《西方世界的兴起》，厉以平、蔡磊译，华夏出版社，2009，第223~224页。

隶制并非由于低水平的技术而变得可能，相反，正是因为奴隶制成为统治劳动的形式，才使得劳动过程的合理化以及采纳合理化的技术变得不可能。[①] 在这种情况下，奴隶制生产方式作为一种剩余榨取方式，就限制和妨碍了技术和生产力的发展。在其晚年的本体论著作里，卢卡奇又回到他早年和布哈林争论的问题上来，他在书中反复提到，在奴隶制生产中，由于暴力在第二类目的论活动里作为直接的甚至唯一的手段发挥作用，就造成了这种剥削方式的原始性及其在经济上缺乏效率，即除了外延型的增长外，不可能在给定的生产范围内提高生产率。[②]

卢卡奇的这些看法植根于马克思对奴隶制生产方式的分析，并与后者完全一致。正如前文提到的，马克思发现，在古代社会，一些先进技术最早是在军队里得到运用的，而不是运用于生产。这种奇特的现象证明了奴隶制生产方式对于新技术的运用有一种内在的阻碍力量。但即便如此，在奴隶制生产方式下，生产力（不能把生产力仅仅归结为技术）也在一定限度内得到过发展。这里可以提醒读者留意马克思在北美内战期间所写的著作，在那里马克思专门讨论了北美蓄奴州奴隶制经济的发展规律。马克思的这一分析通常不太为人注意，值得在此费些笔墨加以介绍。

马克思指出，在北美奴隶制经济中，生产的发展存在两个特点。第一，在奴隶制生产方式下，生产的扩张靠的是人力投入这样的粗放经营，而不是技术进步，这一点是由奴隶制生产关系的性质决定的，马克思写道："由奴隶耕种的、作为南部输出品的棉花、烟草、糖等等作物，只有在仅需简单劳动的天然肥沃的广大土地上大规模使用大批奴隶来经营才是有利的。主要不靠土地的肥沃性而靠投资、工作者的知识和积极性而种植的集约化作物，是与奴隶制度的本性相矛盾的。"[③] 第二，与第一点相联

---

① Lukacs, G., "N. Bukharin: Historical Materialism", in *Political Writings: 1919-1929*, ed. by R. Livingstone, New Left Books 1972, pp. 34-142.
② 卢卡奇：《关于社会存在的本体论》下卷，第327页。
③ 马克思：《北美内战》，载《马克思恩格斯全集》第十五卷，第353页。

系的是，为了实现生产的扩张，奴隶制生产方式"就必须获得新的领地，以便使一部分奴隶主带着奴隶得到新的肥沃的土地，并且使剩下来的那一部分奴隶主得到新的市场供他们繁殖和出卖奴隶。举例来说，如果美国没有取得路易西安纳、密苏里和阿肯色，弗吉尼亚州和马里兰州的奴隶制度早就该被扫除了"。① 这意味着，奴隶制生产方式天然有扩展的需要，这种扩张一方面需要有更多的土地，另一方面也正好为奴隶的繁殖开辟新的人口市场。

因此，在马克思看来，这种外延的粗放式扩张，而非技术进步，才是推动奴隶制经济发展的动因。此外，马克思还指出，也正是这种扩张最终激化了美国社会的阶级矛盾，成为北美内战爆发的原因。在第三章里我们还将谈到这一点。

马克思对北美资本主义奴隶制的分析表明，生产力的发展采取何种具体形式，以及这种发展所具有的限度，是由生产关系的性质决定的。依据马克思的分析，一方面，技术——作为生产力的因素之一——之所以无法得到发展，取决于奴隶制生产方式的"本性"；另一方面，奴隶的大规模使用——作为奴隶制下生产力发展的最主要杠杆——也同样取决于这种"本性"。马克思的这些观点显然不同于流行的生产力一元决定论的解释，并为后来卢卡奇对布哈林的批判提供了背书。

基于上述讨论，科恩用来支持发展原理的三个命题，或可替换为以下三个截然不同的命题：

（1）人们必须在特定的生产关系下结合起来才会有现实的生产，由此而形成的生产方式是以扩大对剩余的占有为目的的。

（2）在给定的生产方式内，生产力会在某种特定的形式上、以特定的速度得到发展，剩余的供给也会因此而增加。

---

① 马克思：《北美内战》，载《马克思恩格斯全集》第十五卷，第353、354页。

（3）在这种特定形式上得到发展的生产力会遇到制度本身造成的极限，变革生产关系就成为生产力持续发展的必要条件。

因此，我们最终的结论是：

在整个历史中，随着生产关系的变革，生产力有不断发展的趋势。

这个结论的潜台词是，如果生产关系不能得到顺利的变革，生产力的进一步发展就会遇到阻碍。与科恩不同，上述原理——如果可以称作"新发展原理"的话——不仅解释了生产力发展的原因，而且可以解释生产力得不到发展的原因。新的命题还避免了科恩的下述武断，即把任何生产力的停滞或倒退都作为非典型情况预先从发展原理中予以排除。

第二节　评生产力首要性原理及所谓功能解释

在20世纪70年代西方学者围绕历史唯物主义的争论中，一些学者和张闻天类似，也区分了生产关系的两重性，即把生产关系区分为生产的物质关系（或劳动关系）和生产的社会关系（即所有关系）。科恩本人也接受这种区分。在讨论生产力首要性原理时，科恩据此提出，生产力的变化首先引起生产的物质关系的变化，然后再引起生产的社会关系的变化。在提出这一观点时，科恩还特地批评了与张闻天的见解相类似的另一种观点，即主张生产力和生产的物质关系联系得太过密切，以至于后者的变化不可能是前者变化的结果，两者毋宁是同时变化的，因此并不存在独立于生产的物质关系的生产力的变化。科恩不同意这种观点，在他看来，生产力不仅可以脱离生产的社会关系单独发展，也可以脱离生产的物质关系即

第二章 科恩对生产力一元决定论的辩护：一个批判的考察

劳动关系单独发展。①

在上述准备工作之后，科恩对生产力首要性原理进行了论证，科恩将这种论证视为一种功能解释，根据这种解释，"被解释的东西的特性是由它对解释它的东西的影响决定的"。② 举例来说，鸟长有空心骨是因为空心骨有利于飞行，在这里，被解释的现象（鸟长有空心骨）是根据它有利于鸟的飞行这一原因来解释的。科恩认为，对于生产力和生产关系的相互关系，也可做类似解释，他写道："流行的生产关系之所以会流行，原因就在于它们是促进生产力发展的生产关系。现存的生产力水平会决定什么样的生产关系将提高其水平，而那类提高其水平的生产关系也就会流行。换句话说，如果K类型生产关系流行，那是因为就现存的生产力发展水平来看，K类型生产关系适应这一生产力的发展。"③ 科恩提出，在这段话里包含着以下三个命题：

（1）生产力的发展水平解释了哪些生产关系适合生产力的发展，而哪些不适合生产力发展；

（2）某一类生产关系的流行，是因为促进了生产力；

（3）生产力的发展水平解释了经济结构（作为生产关系的总和）的性质。

依照科恩的意见，上述第（1）个命题可以解释哪些生产关系适合生产力的发展，但不能解释哪一种生产关系最终流行；第（2）个命题解释了一种生产关系流行的必要条件；将这两个命题合并，会得到第（3）个

---

① 参见科恩《卡尔·马克思的历史理论：一种辩护》，段忠桥译，高等教育出版社，2008，第四章第六节以及第六章第六节的论述。
② 科恩：《卡尔·马克思的历史理论：一种辩护》，段忠桥译，高等教育出版社，2008，第317页。
③ Cohen, G. A., *History, Labour and Freedom* (Oxford University Press, 1988), p.10. 译文引自段忠桥《理性的反思与正义的追求》，黑龙江大学出版社，2007，第51~52页。

命题，只有这个命题表达了生产力首要性原理。①

需要指出的是，科恩的生产力首要性原理和生产力一元决定论并不完全一致。生产力一元决定论的初始含义，是认为生产力的发展，会推动生产关系也发生相应的变化。而在科恩那里，这一原本具有本体论性质的命题，变成了纯粹认识论的命题，这体现在，科恩只限于以生产力的发展水平"解释"流行的生产关系的性质，而不是从生产力的发展出发，推演出生产关系如何变化以响应这种发展。换言之，一种生产关系何以成为流行的生产关系，对他而言已不再是必须回答的问题。

科恩这样做在某种意义上为生产力一元决定论卸除了负担，因为按照他的解释，历史唯物主义无须从生产力的发展出发，推演出生产关系的相应变化，而只需根据生产力的水平解释生产关系的性质。但这样一来也给科恩的理论招致了负面后果。在上述第（1）个命题中，他实际上承认，适合生产力发展的生产关系并不止于一种。在第（2）个命题中，由于科恩只解释了一种生产关系得以流行的必要条件，而没有解释其充分条件，这就带来了段忠桥教授指出的下述可能性，即对科恩而言，一种生产关系之所以流行，可能源于和生产力无关的其他因素，尽管这一生产关系在功能上适合于生产力的发展水平。② 在这种情况下，由于在解释生产关系的变化时默认了生产力以外的因素，科恩就不自觉地走向了他要为之辩护的生产力一元决定论的反面。③

---

① 科恩不仅在《卡尔·马克思的历史理论：一种辩护》一书中，而且在其他地方阐释了其功能解释的含义，对此段忠桥教授有全面而精当的介绍。此处的三个命题即转引自段忠桥教授的上引著作（段忠桥：《理性的反思与正义的追求》，黑龙江大学出版社，2007，第51~52页）。
② 段忠桥：《理性的反思与正义的追求》，黑龙江大学出版社，2007，第55页。
③ 科恩对非决定论因素的引入还体现在他的下述观点上，即生产力的发展水平并不解释所有生产关系的特性，而只能解释一部分生产关系的特性。由这个观点出发可以引出有关资本主义生产关系多样性的结论。见科恩《卡尔·马克思的历史理论：一种辩护》，高等教育出版社，2008，第193~194页。但科恩并没有令人信服地证明，这种非决定论观点是如何与他的基本理论相契合的。

科恩对问题性质的转换，即他将一个本体论的问题转化为认识论的问题，决定了他所解释的仅仅是一种生产关系的性质必须和生产力发展水平相适应这种静态匹配关系。借用一个譬喻，这相当于某种生物学理论只能解释昆虫的外观在色彩上和环境相一致，至于昆虫的外观何以变得与环境一致，则无从解释。在此意义上，科恩的生产力首要性命题事实上可以兼容前文概括的生产力和生产关系之间的两类因果关系。加拿大马克思主义者伍德敏锐地观察到这一点，她写道：科恩的解释"不包含任何特定的时序先后性（Temporal Sequence）。生产力动态可能会冲破社会关系的外表，并推动后者相应地改变；或者，停滞的生产力由于其不能发展，从而导致社会关系的变化，以鼓励和加速技术进步。的确，科恩的公式能够对应这两种情形"。①

第三节 科恩与布伦纳：一个比较

从方法论的角度看，科恩对生产力首要性的功能解释，近似于经济学里的比较静态分析。所谓比较静态分析是以各种变量的均衡关系为出发点的，它要研究的是当一个变量发生变化时，各种变量之间的新的均衡位置将在何处出现。在科恩那里，生产力和生产关系在初始状态下的彼此适应，类似于一种均衡关系。由于不同的生产力水平是和不同的生产关系相对应的，当生产力首先发生改变后，为了重建均衡，就要求有新的生产关系。

比较静态分析不属于动态分析，这体现在，第一，这种分析方法抽象了时间，因为它假定朝向新的均衡的调整是立即实现的；第二，它没有提供一个因果解释，以说明何以变量 A（而非变量 B）作为自变量而先行变化。这一分析方法事实上默许，任何一个变量都有可能作为自变量而先行

---

① Wood, E. M., "The Separation of the Economic and the Political in Capitalism", *New Left Review*, 1981, I/No. 127, p. 73.

变化。在科恩的分析中涉及两个变量，即生产力和生产关系，其中生产力被看作自变量，然而，在逻辑上也可以反过来，即以生产关系为自变量来解释整个体系的变化。科恩自己就承认了这种可能性，他说：反对生产力首要性原理的一个"最有希望的思路也许是提出一种关于生产关系的发展命题，一种这样的主张，即生产关系趋向特定方面的变化贯穿整个历史，而且这不是因为它们之中的生产力的提高"。不过，科恩又说，"我们认为，要证实任何这样的主张都会是极其困难的"。① 然而，若从比较静态的方法看，提出一种"生产关系的发展命题"并没有什么实质的困难。如果存在困难的话，也只在于这一新的发展命题和历史事实之间的符合程度。但是，要在历史理论和历史事实之间完美地缔结一致，在科恩的理论中也不是没有困难的，正如里格比尖锐地指出的，科恩的功能解释"在历史经验上的疑难是，尽管特定的阶级结构未能推动生产力的发展，尽管有一种趋向于停滞，甚至危机和倒退的内在倾向，但这种阶级结构持续存在了几个世纪"。② 科恩解决这种矛盾的办法仅仅是，宣布这些经验是历史的"反常"情况，并最终对其置之不理。

有趣的是，里格比在批判科恩的观点时，还曾试图论证这种"生产关系发展原理"。在他看来，马克思的确提供了一种不同于生产力决定论的替代理论，这首先体现在，马克思将生产关系视为现实生产过程的条件，例如，马克思说："一切生产都是个人在一定社会形式中并借这种社会形式而进行的对自然的占有。在这个意义上，说财产（占有）是生产的一个条件，那是同义反复。……如果说在任何财产形式都不存在的地方，就谈不到任何生产，因此也就谈不到任何社会，那么，这是同义反复。"③ 里格比在此基础上提出，在马克思那里同时存在着两种不同的理

---

① 科恩：《卡尔·马克思的历史理论：一种辩护》，段忠桥译，高等教育出版社，2008，第189页。
② 里格比：《马克思主义与历史学》，第151页。
③ 《马克思恩格斯全集》第四十六卷下册，第24~25页。

第二章 科恩对生产力一元决定论的辩护：一个批判的考察

论："在第一种理论中，以生产力首要性为基础，物质生产产生社会关系。在第二种理论中，生产本身被视为一种社会活动，它受到劳动工具分配的制约，而工具的分配又是由特定的生产关系决定的，……马克思承认生产本身是一种社会活动，这就为一种对历史变迁非常不同的解释开启了理论空间，这种解释不同于生产力决定论给出的解释。"①

里格比所指的后一种理论，在以布伦纳为代表的当代马克思主义史学家的论著里得到了更为充分的发展。在其关于近代欧洲从封建主义向资本主义过渡的研究中，布伦纳提出，在16～17世纪欧洲的不同国家和地区，由于存在完全不同的阶级斗争形势，产生了迥然不同的生产关系，进而塑造了生产力发展的不同轨迹。在英国，特定的阶级斗争形势导致农业生产关系变得资本主义化，即出现了"地主—资本主义佃农—农业雇佣工人"这样的阶级结构（这也是后来马克思在《资本论》里论述的英国资本主义农业的阶级结构）；在法国，则带来了绝对主义国家和广泛的自耕农经济；在德国东部和波兰等地，出现了农奴制的重新崛起。② 布伦纳在分析英国的情形时提出，资本主义佃农作为大片土地的租赁者，实际上是乡里的资本家，为了在竞争中生存下来，他们必须引进新的生产方法，以具有竞争性的成本出售其产品。布伦纳写道："资本主义佃农的成本如果低于平均水平，作为其采纳落后生产方法的后果，他将面临双重的压力。一方面，如果他试图按现行水平交纳地租，利润率将落在平均水平以下，他的积累资金就会减少，在市场上的地位也会进一步被削弱。另一方面，如果他试图交纳的租金偏低，他就会受到地主的惩罚，后者将转而寻求更有能

---

① 里格比：《马克思主义与历史学》，第175～176页。
② Brenner, R., "Agrarian Class Structure and Economic Development in Pre-industrial Europe", in Ashton, T. H., et al. eds., *The Brenner Debate* (Cambridge University Press, 1985); Brenner, R., "The Agraian Roots of European Capitalism", in *The Brenner Debate* (Cambridge University Press, 1985); Brenner, R., "The Origins of Capitalist Development: a Critique of Neo-Smithian Marxism", in *New Left Review*, No. 104, July-August, 1977.

力从事必要改良的新佃农，以便在市场上开展竞争。"① 概而言之，"资本主义唯独在西欧得到成功的发展，这是由阶级制度、产权制度、剩余榨取制度决定的，在这种制度下，剩余榨取者为了增加剩余而被迫采用的方法，在前所未有的程度上——尽管并不完美——与发展生产力的需要相适应。把资本主义与前资本主义生产方式区别开来的，在于资本主义要求那些控制了生产的人主要通过增加所谓相对的、而非只是绝对的剩余劳动，来提高他们的'利润'（剩余）。"② 在这里，正如有的评论家指出的，与科恩不同，从一种社会形态向另一种社会形态转变的首要动力，被归于阶级斗争和生产关系的改变，而不是生产力的发展。③

科恩试图为之辩护的生产力一元决定论，其根本缺陷在于假定生产关系只具备唯一的功能——适应或促进生产力的发展。这种决定论解释所忽略的是，生产关系还有另外的功能，即扩大统治阶级对剩余的攫取。在一种流行的生产方式中，扩大对剩余的攫取与生产力的发展绝非必然是并行不悖的，两者有可能相互矛盾。在比较近代欧洲不同国家的历史发展轨迹时，布伦纳强调了这一点。

应予指出的是，假定生产关系只具备适应或促进生产力的发展这唯一一种功能，在理论上根源于马克思。在历史唯物主义的一些重要文本里，马克思正是基于这一假设界定了生产关系，让我们来看《雇佣劳动和资本》，在那里马克思写道：

---

① Brenner, R., "The Origins of Capitalist Development: a Critique of Neo-Smithian Marxism", in *New Left Review*, No. 104, 1977, p. 76.
② Brenner, R., "The Origins of Capitalist Development: a Critique of Neo-smithian Marxism", in *New Left Review*, No. 104, 1977, p. 78, p. 68.
③ Hilton, R. H., Introduction, in *The Brenner Debate* (Cambridge University Press, 1985), pp. 7-8. 布伦纳的理论观点与新制度经济学家诺思或晚近的阿西莫格鲁的相似之处是明显的，他们都强调产权关系的变化对于经济发展的首要作用。两者之间的不同在于，在解释阶级斗争的作用时，新制度经济学采用了交易费用分析框架，并将两个阶级的关系彻底还原为合约关系。布伦纳在其著作中反对这一观点，参见 Brenner, R., "Agrarian Class Structure and Economic Development in Pre-Industrial Europe", in *The Brenner Debate* (Cambridge University Press, 1985), p. 16, note.

第二章 科恩对生产力一元决定论的辩护：一个批判的考察

人们在生产中不仅仅同自然界发生关系。他们如果不以一定方式结合起来共同活动和互相交换其活动，便不能进行生产。为了进行生产，人们便发生一定的联系和关系；只有在这些社会联系和社会关系的范围内，才会有他们对自然界的关系，才会有生产。

生产者相互发生的这些社会关系，他们借以互相交换其活动和参与共同生产的条件，当然依照生产资料的性质而有所不同。随着新作战工具及射击火器的发明，军队的整个内部组织就必然改变了，各个人借以组成军队并能作为军队行动的那些关系就改变了，各个军队相互间的关系也发生了变化。

总之，各个人借以进行生产的社会关系，即社会生产关系，是随着物质生产资料、生产力的变化和发展而变化和改变的。①

在这段引文里，最值得注意的是下面这两句话，即生产关系的存在是为了便于生产者"互相交换其活动和参与共同生产"；以及"社会生产关系，是随着物质生产资料、生产力的变化和发展而变化和改变的"。对生产关系的这些近乎定义式的阐述有以下两点缺陷：第一，它等同于假定生产关系的功能只有一个，即适应或促进生产力的发展；第二，这里谈论的生产关系，实际上只是劳动关系，换言之，马克思在这里没有对所有关系和劳动关系加以区分。在区分生产关系两重性时，张闻天也是以《雇佣劳动和资本》的这段论述为依据的，但他通过区分这种两重性，在一定程度上承认了生产关系的两重功能，从而避免了马克思的失误。

如果我们承认生产关系具有上述两重功能，则科恩在论证生产力首要性原理时采用的第（2）个命题，即"某一类生产关系的流行，是因为促进了生产力"，就是片面的。我们可以写出如下两个命题，并将其运用于

---

① 马克思：《雇佣劳动与资本》，载《马克思恩格斯全集》第六卷，人民出版社，1961，第486~487页。

对生产关系的两重功能的区分,这两个命题是:

(1)某一类生产关系的流行,是因为扩大了对剩余的占有,但并不一定促进生产力;

(2)某一类生产关系的流行,既促进了生产力,也扩大了对剩余的占有。

生产关系的这两种功能,显然对应于马克思提到的两种取得剩余的方法——绝对剩余生产和相对剩余生产的方法。在《资本论》里,马克思详细地阐述了这两种方法对于资本主义生产方式的意义。其中绝对剩余(价值)生产必须诉诸残酷剥削的手段,如延长工时、降低工资、提高劳动强度等,这些手段往往造成对劳动力的耗竭性使用。相对剩余(价值)生产则需诉诸技术进步和提高劳动生产率。马克思认为,在资本主义机器大工业出现后,相对剩余价值生产就成为在资本主义生产方式中占有剩余的主要方法,绝对剩余价值生产则退居次要地位。

根据相对剩余价值生产理论,生产力的发展和剩余的占有在资本主义生产方式中是互为条件或彼此促进的:一方面,获取更多的剩余,取决于发展生产力(其主要表现是提高劳动生产率);另一方面,只有进一步发展生产力,才能占有更多的剩余。不仅如此,依照《资本论》的论述,在相对剩余价值生产中,还存在实际工资伴随劳动生产率进步而增长的可能性。这意味着,这一取得剩余的方法不仅满足了资本家的利益,而且在一定程度上促进了工人的利益。[①]

布伦纳的理论贡献,是从《资本论》对两种剩余价值生产的讨论借来灵感,提出绝对剩余劳动和相对剩余劳动的区分不仅适用于资本主义生

[①] 本书第六章第一和第四节进一步讨论了这一问题。笔者在那里提出,通过上述观点,马克思表达了属于他自己的另一种"看不见的手"原理。

第二章 科恩对生产力一元决定论的辩护：一个批判的考察

产方式，还可运用于前资本主义生产方式，即作为一般分析概念来使用。① 与获取剩余的这两种方法相对应，生产关系也可进一步划分为两个类型，布伦纳的研究暗含了后一区分。在布伦纳看来，由特定的阶级斗争形势产生的生产关系，在欧洲不同区域带来了截然不同的结果，在英国，新形成的生产关系在促进生产力发展的同时，也促进了剩余的增长；而在德国东部或波兰，重新崛起的农奴制虽然促进了剩余的增长，却压抑了生产力的发展。② 在这里，他事实上在类型学上区分了两种不同的生产关系，只是没有在概念上将其正式确定下来。笔者建议，可以将这两类生产关系分别命名为生产型生产关系和榨取型生产关系。值得强调的是，对这两类生产关系的区分，是以其各自的功能为依据的，生产型关系在功能上将剩余的增长和生产力的发展结合在一起，而榨取型关系则通过纯粹的剥削来实现剩余的增长。

在现实中，一种生产关系可能同时具有生产型和榨取型这两种功能。以资本主义生产方式为例，虽然马克思假设，在机器大工业诞生以后，相对剩余价值生产就占据主导地位，但相对剩余价值生产并不排斥绝对剩余价值生产，反而还会在某些情况下加强绝对剩余价值生产。在这种情形下，对榨取型及生产型关系的界分只具有理想类型的意义。在某些条件下，一种生产关系可能更多地表现出生产型功能，而在另一些条件下，则可能更多地表现出榨取型功能。在此意义上，经济结构就不是由两类生产关系按某种比例结合而成的，而是由具备了两种不同功能的同一生产关系构成的，这两种功能分别占据不同的比重。若从动态演化的角度来看，无论是特定生产方式自身的演进，还是不同生产方式之间的更替，都可视为

---

① Brenner, R., "The Origins of Capitalist Development: a Critique of Neo-Smithian Marxism", in *New Left Review*, July-August 1977, p. 68, p. 78. 另可参阅里格比的相关评价，见里戈比《马克思主义与历史学》，译林出版社，2012，第 147~148 页。

② 参见 Brenner, R., "The Origins of Capitalist Development: a Critique of Neo-Smithian Marxism", in *New Left Review*, No. 104, July-August 1977, p. 60, p. 78。

47

两种剩余劳动以及生产型和榨取型关系所占比重的此消彼长的过程。在前资本主义生产方式中，尽管绝对剩余劳动以及与之相对应的榨取型生产关系占据着主导地位①，但对统治阶级而言，在长期内仍然需要引入生产型关系以提高相对剩余劳动的比例，并借此遏制社会矛盾（后文还会涉及这一点）。如果不能成功地做到这一点，其阶级统治地位就更容易被倾覆。从历史发展的长期趋势来看，可以假定，相对剩余劳动及与之对应的生产关系类型所占据的比重有趋于增加的趋势。这一观点呼应了我们在批判科恩的发展命题时所得出的结论。

---

① 里格比："绝对剩余劳动和相对剩余劳动的区分也适用于前资本主义阶级社会，但在这些社会中占主导地位的是绝对剩余劳动。"《马克思主义与历史学》，第147页。

第三章　有机生产方式的变迁及其动力：迈向马克思主义的制度变迁理论

正如我们在第二章谈到的，布伦纳通过对近代欧洲不同地域的比较历史分析，得出了具有一般意义的结论，即阶级斗争和随之而来的生产关系的变革在这一时期的历史变迁中起着决定性作用。但需注意的是，布伦纳所分析的发生在英格兰的历史变迁和其他两地的变迁相比，并不属于相同的类型，只有在英格兰发生的变化，预示了一场具有世界历史意义的生产方式的嬗替，而在诸如民主德国和波兰所发生的农奴制复辟，则不具有这种意义，充其量只是世界历史的一部插曲而已。这种差异的存在意味着，一种生产方式只有在和以往的生产方式相比既增加了剩余又促进了生产力发展的前提下，才具备了作为一种更先进的生产方式取代以往生产方式的资格。因此，尽管在布伦纳那里生产力的发展并不是解释历史变迁的直接动因，却构成了真正意义上的经济社会形态变迁的必要条件。

布伦纳的比较历史研究在方法论上的重要意义，事实上把我们引向对社会科学中普遍运用的因果性概念的反思。在既有文献中，可以找到两种对历史因果性概念的分析，第一种可称之为认识论意义上的相对因果性，其代表是19世纪的经济学家约翰·斯图亚特·穆勒以及当代哲学家罗素；

第二种则是本体论意义上的结构因果性,其代表是马克思主义者阿尔都塞。下面就来分别讨论这两种因果性概念。

第一节　历史因果性概念和有机生产方式的变迁

在于1843年出版的名为《逻辑体系》的著作里,穆勒提出,在因果关系中并不存在终极意义的原因,特定的结果是由多种因素相互作用造成的,赋予任何一个因素以客观的首要地位是不可能的;通常人们所说的原因,是为了分析的方便而确定的,并不是客观存在的。例如,当人砸碎一只玻璃瓶时,玻璃瓶碎裂是因为有人用石头去砸它,还是因为它是由易碎的玻璃构成的?如果分析者从玻璃易碎这个事实出发,那么玻璃易碎就可以成为关键的因素;如果从有人用石头去砸这个事实出发,则以石头砸就成为首要的解释因素。[1]

哲学家罗素在探讨英国工业革命的原因时,针对历史因果性的概念发表了如下见解:"历史可以通过很多方式来观察,如果精心地选择事实,就可以发明许多普遍的公式,这些公式都有充分的根据表明自己恰当。我想以谦虚的态度,提出下述有关工业革命因果关系的另一种理论,工业制度是由于近代科学而产生,近代科学是由于伽利略,伽利略是由于哥白尼,哥白尼是由于文艺复兴,文艺复兴是由于君士坦丁堡的陷落,君士坦丁堡的陷落是由于土耳其人的迁徙,土耳其人的迁徙则是由于中亚细亚的干旱。因此,在探索**历史因果关系**时,基本的研究乃是水文地理学。"[2]

罗素和穆勒所涉及的都属于纯粹认识论意义上的因概念,这一点体现在,他们所谈论的原因,都脱离了历史过程的具体整体,纯粹是由研究

---

[1] 对穆勒的介绍引自里格比《马克思主义与历史学》,译林出版社,2012,第6~7页。
[2] 见罗素《论历史》,何兆武等译,广西师范大学出版社,2001,第145、147页。引者增添了重点标记。

第三章 有机生产方式的变迁及其动力：迈向马克思主义的制度变迁理论

者主观选取的，因而只具有相对的意义。两人的区别在于，在穆勒那里，对相互作用的强调，导致他最终否定了因果关系的客观性，而罗素则通过时间上近乎无限的回溯，将地理环境作为最终的决定因素。

现在转过来看阿尔都塞"多元决定"或"结构因果性"概念。与上述纯粹认识论意义的因果性概念不同，阿尔都塞作为马克思主义者，在本体论的意义上讨论了因果性概念，即结合具体的社会整体来谈论各个因素之间的互为因果作用。阿尔都塞首先批判了黑格尔的唯心主义因果性概念。在黑格尔那里，社会整体表现为市民社会、国家、艺术、宗教、哲学，但所有这些都可还原为"绝对精神"。由于黑格尔的社会整体是由绝对精神这个单一要素构成的，因此它并不具有复杂的结构。阿尔都塞指出，与黑格尔的这种观点类似的，是机械的经济决定论观点，即认为社会整体的一切变化都是经济的表现，都可以从经济因素中推演而来。在阿尔都塞看来，马克思眼中的社会整体具有复杂的结构，其中含有三类要素，即经济、政治和意识形态，各个要素都有其相对独立的历史，在结构的演变中都有可能起第一位的或首要的作用。用他的话来说："真正的马克思主义从不把各因素的排列、每个因素的实质和地位一劳永逸地固定下来，从不用单一的含义去确定它们的关系；只有'经济主义'（机械论）才一劳永逸地把各因素的实质和地位确定下来，不懂得过程的必然性恰恰在于各因素'根据情况'而交换位置。正是唯经济主义事先就一劳永逸地规定，**归根结底起作用的矛盾**必定是**占主导地位的矛盾**，矛盾的这一'方面'（生产力、经济、实践）必定起主要作用，而另一'方面'（生产关系、政治、意识形态、理论）必定起次要作用，却不了解归根到底是由经济所起的决定作用在真实的历史中恰恰是通过经济、政治、理论等交替起第一位作用而实现的。"[①] 他把这种各个要素交替占据主导地位或成为

---

① 阿尔都塞：《保卫马克思》，商务印书馆，1984，第184页。重点为引者所加。在《读〈资本论〉》里，阿尔都塞还使用了"结构因果性"的概念，含义与"多元决定"类似。见阿尔都塞、巴里巴尔《读〈资本论〉》，中央编译出版社，2001，第216、219页。

矛盾的主要方面，称作矛盾的"多元决定"。

阿尔都塞在这里区分了"归根结底起作用的矛盾"和"占主导地位的矛盾"，并认为前者决定了后者。可是，阿尔都塞虽然正确地提出了这一问题，但正如有的学者指出的，他并未对这两种矛盾之间的关系做出令人信服的解释。① 正因为如此，要素（如生产关系或上层建筑）的独立发展，就有着与"归根结底起作用的矛盾"相游离的倾向。这样一来，通过其多元决定的观点，他事实上就和韦伯式的主张各种社会权力在历史发展中都有同等重要性的观点做了妥协。②

需要指出的是，阿尔都塞的多元决定论并非为其独创，而是渊源于毛泽东《矛盾论》里的观点。阿尔都塞本人非常熟悉毛的这一文本，在其著作中多次加以引用。《矛盾论》中有这样一段重要论述："诚然，生产力、实践、经济基础，一般地表现为主要的决定的作用，谁不承认这一点，谁就不是唯物论者。然而，生产关系、理论、上层建筑这些方面，在一定条件之下，又转过来表现其为主要的决定的作用，这也是必须承认的。当着不变更生产关系，生产力就不能发展的时候，生产关系的变更就起了主要的决定的作用。……当着政治文化等等上层建筑阻碍着经济基础的发展的时候，对于政治上和文化上的革新就成为主要的决定的东西了。"③

将这些论述和阿尔都塞的论述相比，我们或许会发现，后者除了在表达上增添了一些结构主义的色彩，并没有实质性地补充新的观点。《矛盾论》的主要贡献在于，利用主要矛盾和次要矛盾的区分及其相互转化的观点，解释生产力和生产关系、经济基础和上层建筑的相互关系。这一观

---

① 参见段忠桥《评阿尔都塞的"多元决定论"和"无主体过程论"》，载《理性的反思与正义的追求》，黑龙江人民出版社，2007，第61页。
② 值得一提的是，阿尔都塞在其晚年一篇论文里，曾主张生产关系具有相对于生产力的优先性，见阿尔都塞《论生产关系对生产力的优先性》，《文景》2013年第1和第2合期。
③ 毛泽东：《矛盾论》，载《毛泽东选集》第一卷，人民出版社，1991，第325~326页。

第三章 有机生产方式的变迁及其动力：迈向马克思主义的制度变迁理论

点的确可以为我们理解历史唯物主义核心思想提供某种方法论的指引。本书提倡的有机生产方式概念，实际上也是以这一方法论思想为依据的。但同时要看到的是，《矛盾论》对生产关系的两重功能尚未加以区分，这样一来，对生产力和生产关系这一对主次矛盾何以相互转化，生产关系何以享有某种自主性，并转过来表现为历史发展的决定性力量，便没有给出足够充分的解释。在上述征引段落之后，《矛盾论》的作者还进一步把生产关系在特定条件下的决定性作用与通常理解的生产关系之于生产力的反作用等同起来，就表明了这一点。将生产关系的功能局限于这种反作用，实际上是以默认生产关系只有一种功能，即必须适合生产力的发展为前提的；当生产关系不适合生产力的发展时，依照这种观点，生产关系就必须也能够及时地被改变。然而，由于生产关系实际上具有两重功能，且这两种功能可能相互背离，这样一来，那些割断了剩余的增长和生产力发展之间的相互联系的榨取型关系就可能长期居于主导地位，生产力的发展会被持久地压制，社会将因之陷入停滞乃至倒退。准此，在理论上便不能简单地推断，凡是生产关系的变更都是以促进生产力的发展为旨归的。

为了避免上述片面性，同时也在方法论上继承从《矛盾论》到阿尔都塞的多元决定论所包含的富有价值的观点，笔者认为，可以考虑提出一种新的因果性概念，以解释生产力和生产关系的相互关系。这一新的概念或可命名为**系统因果性**，以区别于阿尔都塞的结构因果性概念。系统因果性的概念建立在如下认识的基础上：导致某一系统最初发生改变的原因，并不必然等于这一系统在整体上发生变化的原因；只有后一类原因，才会带来系统的不可逆转化，即造成这里所说的系统因果性。准此，我们或可进一步提出如下观点：不管最初造成生产方式变化的原因是什么，也不管在生产方式的变革中一直占据主导地位的因素是什么，只有当这些原因最终导致生产力也发生了根本的变化，生产方式才最终在整体上实现了变迁，这一变迁也才具有**不可逆**

性，这便是笔者定义的**有机生产方式的变迁**。① 与《矛盾论》以及阿尔都塞不同的是，在有机生产方式变迁这一概念里，"归根结底起作用的矛盾"和"占主导地位的矛盾"并不必然处于一种有机联系中，换言之，虽然生产力的质的提高在这里被看作导致整个生产方式发生系统变革的必要前提，但当生产关系或上层建筑先行改变时，未必一定会引起生产力的这种改变。

需要提醒读者的是，在界定有机生产方式变迁时我们采用了不可逆性的概念，这个概念是和马克思学说中的一个核心原则即历史性原则联系在一起的。在其本体论著作里，卢卡奇试图重申马克思的下述思想，即存在（包括社会存在）的根本特征是作为不可逆过程的历史性，他写道："根据马克思主义的正确理解，存在的历史性（这种历史性是存在的基本特征）构成了正确地理解所有问题的本体论出发点。"马克思"把全部存在理解和表述为一个就其基础而言是历史的（不可逆转的）过程"。②

社会存在的历史性或不可逆性体现在，经济社会形态从简单的、落后的形态依次发展到复杂的、发达的形态。马克思曾指出："资产阶级社会是历史上最发达的和最复杂的生产组织。因此，那些表现它的各种关系的范畴以及对于它的结构的理解，同时也能使我们透视一切已经覆灭的社会形式的结构和生产关系。"③ 在这里，马克思提出了一种认识迄今为止的

---

① 王峰明教授的下述见解表明他已接近于认识到本书提出的系统因果性的概念，他写道："生产力一元决定论，……是对历史发展进程的一种'事后'的总结和概括。就其具体内容而言，在生产力和生产关系、经济基础和上层建筑之间，只存在'逻辑上'的先后关系，而不存在'时间上'的先后关系；经济与政治、政治与文化之间的'决定'与'被决定'的关系，也只是'逻辑学'意义上的因果关系，而不是'发生学'意义上的因果关系。"见其《生产力一元决定论的反思与新释》，载于王峰明《历史唯物主义——一种微观透视》，社会科学文献出版社，2014，第101页。但是，所谓逻辑的先后关系究竟是什么含义，在此并没有得到清楚的交代。
② 卢卡奇：《关于社会存在的本体论》上卷，第100、134页。在该书的导论部分，卢卡奇以大量篇幅讨论了作为不可逆过程的历史性原则之于马克思全部学说的意义。
③ 《马克思恩格斯全集》第四十六卷上册，人民出版社，1979，第43页。

第三章 有机生产方式的变迁及其动力:迈向马克思主义的制度变迁理论

历史进程的方法,并把不同社会形态的发达程度归结为生产组织(实即生产方式)的发达程度。那么,生产方式的发达程度可用什么尺度来衡量呢?一个很自然的尺度便是生产力发展的水平。如果生产方式的变迁不仅是通过生产关系的嬗变而实现的,而且最终显著地提高了生产力水平,那么这一变迁就获得了不可逆性。我们将这种以生产力的根本进步为前提的生产方式的变迁称作**有机生产方式的变迁**(有机一词在此意味着这种变迁的整体性)。这一概念指涉下述两种情形,其一,一种生产方式为另一种更高级的生产方式所取代,从而相对剩余劳动的比重在根本上得到提高;其二,在既定生产方式内,相对剩余劳动所占的比重较绝对剩余劳动得到显著提高,该生产方式因而从较低阶段发展到较高阶段。在这里,相对剩余劳动和绝对剩余劳动所占比重的消长,抑或与之对应的两种生产关系(生产型和榨取型生产关系)所占比重的消长,成为定义有机生产方式变迁的主要依据。

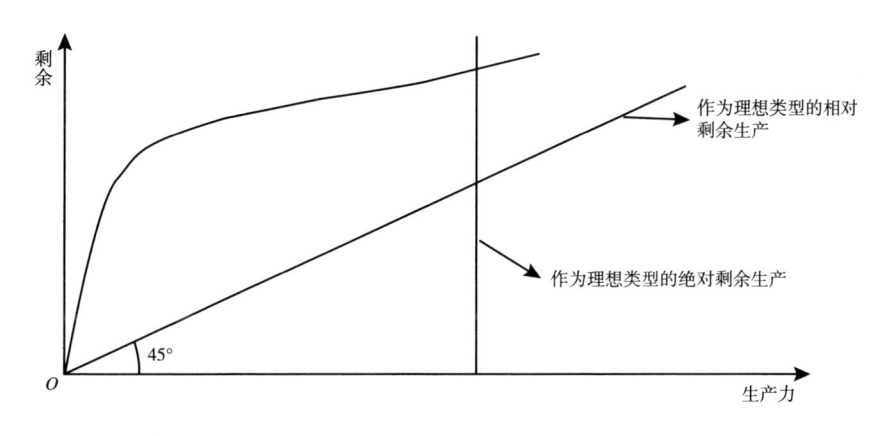

图 3-1 有机生产方式的变迁

图 3-1 描绘了有机生产方式变迁的过程。图中的横坐标代表生产力发展的水平,纵坐标代表统治阶级剩余占有的规模。从原点出发的 45°直线代表了作为理想类型的相对剩余生产,在这条线上,剩余的提高是和生产力的发展携手并进的。那条与横坐标垂直的直线,则代表了作为理想类

型的绝对剩余生产,沿着这条线,剩余的提高和生产力发展全然无关。以这两条线为参照,我们画出了一条变化的曲线,在其变化的第一阶段,曲线近乎垂直,这意味着获取剩余的方法以绝对剩余生产为主导;在其变化的第二阶段,曲线向右上方倾斜,即大体和45°线平行,获取剩余的方法此时以相对剩余生产为主导,这一转变既可代表该生产方式进入新的阶段,也可代表一种新的更高级的生产方式的出现。

将不可逆转的历史性作为社会存在的根本原则,并不排斥在社会历史过程中也必然存在一些局部的、可逆的变化,前者甚至就是以后者为前提的。布伦纳笔下近代东欧农奴制的复辟便是这种倒退的典型例子。在当代,苏东社会的巨变是更为醒目的例子。在后面这个例子里,倒退之所以发生,在于革命后的社会虽然彻底改变了旧的剩余占有关系,却没有从根本上改变生产力以及与之相适应的劳动关系,使之全面超越发达资本主义经济已经达到的水平。一些西方国家的左翼学者在观察苏联经济时经常发现,在企业内部,劳动组织和分工与资本主义国家的企业非常相像。[①] 与这一认识相关联,在进而判断苏联社会的性质时,左翼学者中间也产生了相应的理论困惑和争论。根据曼德尔的介绍,在这一争论中主要形成了三派观点,除了将苏联归于社会主义或归于国家资本主义的这两派之外,还有曼德尔所主张的苏联社会属于特定过渡阶段的观点。曼德尔的主要论据是,苏联社会的生产关系虽然明显不同于资本主义,但它所取得的生产力仍然落后于最先进的资本主义国家的水平,因而也不是一个全面超越资本主义的新的生产方式。[②] 值得指出的是,列宁在逝世前不久完成的《论我国革命》一文中,曾试图回答这个最先由第二国际马克思主义者提出的

[①] 参见布雷弗曼《劳动与垄断资本》,方生、朱基俊等译,张伯健校,商务印书馆,1979,第17~18页。

[②] 参见曼德尔《论马克思主义经济学》下卷,廉佩直译,商务印书馆,第197~203页。另见曼德尔《权力与货币:马克思主义的官僚理论》一书的导论及第1章第3节的论述(孟捷、李民骐译,中央编译出版社,2002)。

第三章　有机生产方式的变迁及其动力：迈向马克思主义的制度变迁理论

问题：俄国的生产力水平还没有发展到可以实行社会主义的高度，因而十月革命不可能是一场真正意义上的社会革命。列宁反问道："我们为什么不能首先用革命手段取得达到这个一定水平的前提，然后在工农政权和苏维埃制度的基础上赶上别国人民呢？"[①] 在这里，列宁间接地承认了十月革命的局限性（即只是一场政治革命），但又为克服这一局限性提出了可能的解决方案，这就是通过政治革命为先导，建立新的生产关系，最终实现有机生产方式的变迁。然而，苏联社会后来的演变及其解体表明，尽管它在短暂的70余年里在社会生活诸多方面取得了巨大成就，最终却没有完成列宁所瞩望的目标，即未能发展成为全面超越资本主义的新的生产方式。曼德尔在包括《论马克思主义经济学》《权力与货币》等在内的不同时期的著作里，分析了革命后苏联社会的性质，以及这一体制最终失败的经济和政治原因。我们大体赞同他就苏联社会的性质所发表的下述看法：苏联社会的性质既非资本主义，也非真正的社会主义，而是一个介于两者间的过渡社会。

由以上讨论可以得出的结论是，有机生产方式变迁的历史并不等于实际历史本身，而是对后者的根本趋势的表达。在此意义上，有机生产方式变迁的历史序列所对应的，只是从全部人类社会的历史中抽象出来的、作为不可逆转过程的那一部分历史。接受这种解释还意味着，我们可以像晚年卢卡奇那样，在谈论生产力和生产关系的关系时，援用本质和现象这对

---

① 列宁：《论我国革命（评尼·苏汉诺夫的札记）》，载《列宁选集》第四卷，人民出版社，1995，第777页。在写于1917年的《反〈资本论〉的革命》一文里，葛兰西也表达了和列宁类似的设想，他写道：俄国"将利用西方资本主义的经验来使自己迅速达到与西方世界同样的生产水平……受着社会主义教育的俄国无产阶级将要在英国今天已经达到的最高水平上开始自己的历史。既然它必须从零开始，它就将在别处已经改善了的基础上起步，因而将迫使自己达到被马克思认为是集体主义的必要条件的那种经济成熟水平。革命者自己将创造为全面达到他们的目标所需要的条件。而且他们创造这些条件的速度，将比资本主义所能做的更快些"。《葛兰西文选》，人民出版社，1992，第12页。

辩证范畴。① 传统生产力一元决定论借助于内容和形式的关系来理解生产力和生产关系的相互关系。但问题是，正如我们在批判科恩时业已指出的，由于生产关系具有两重不同的功能，因此并非所有类型的生产关系都在同等意义上起着促进生产力发展的作用。准此，以内容和形式这一对范畴来把握生产力和生产关系的关系，便不是无条件地普遍适用的。另一方面，由于生产方式的整体的、不可逆转的变迁要以生产力进步为前提，这就使生产力的发展成为人类历史的本质趋势，尽管这一本质趋势是以生产力和作为现象的生产关系之间的复杂的相互关系为前提的。卢卡奇在其本体论著作中，还进一步将生产力进步的意义在本体论上解读为必要劳动永恒递减以及社会存在的自然限制永恒退却，将此作为人类历史发展的三大本体论趋势之一。② 在他看来，社会历史发展的实际过程无论采取何种形式，都最终贯彻了这些本体论趋势。

运用本质和现象的辩证法也可以帮助我们理解马克思的历史发展"五形态论"。在于1859年发表的《政治经济学批判·序言》里，马克思提出："大体说来，亚细亚的、古代的、封建的和现代资产阶级的生产方式可以看作是社会经济形态演进的几个时代"，在此之后，则是标志着人类史前期结束的未来共产主义社会。③ 这一观点后来被简称为"五形态论"，成为教科书里对社会发展史的经典解释。在通常的理解中，"五形态论"具有如下特点。

---

① 卢卡奇："我们已经用经济领域的一般辩证法，用本质和现象的相互作用说明了生产力和生产关系之间的最一般的关系"，见其《关于社会存在的本体论》上卷，第408～409页；另见该书下卷第517～520页的论述。卢卡奇还强调，本质和现象的关系也适用于占有剩余劳动本身与这一占有的具体形式之间的差别（同前引书，下卷，第409、519页）。孙伯鍨教授的《卢卡奇与马克思》大概是国内唯一一本试图全面考察卢卡奇晚年本体论思想的著作，但遗憾的是，囿于传统观点的束缚，他没有恰当地领会《关于社会存在的本体论》的意旨，大大低估了该书的理论价值，并在误解的前提下提出了一些不切题的批评，他指斥卢卡奇以本质和现象这一对范畴看待生产力和生产关系的相互关系，便是其中一例（见孙伯鍨《卢卡奇与马克思》，南京大学出版社，1999，第240页）。
② 参见卢卡奇《关于社会存在的本体论》上卷，第296～297页。
③ 《政治经济学批判·序言》，载《马克思恩格斯全集》第十三卷，人民出版社，1962，第9页。

第三章 有机生产方式的变迁及其动力：迈向马克思主义的制度变迁理论

第一，所谓"五形态"具有地域的遍历性，即它假定世界上所有国家或地区的历史都要依次经历这几个阶段。这种观点在多大程度上是马克思的思想，或马克思本人是否一直坚持这一思想，是存在争议的。在其晚年，马克思本人曾和这种观点刻意拉开了距离。一个最常被人举示的证据是，在给俄国民粹派代表查苏里奇的著名回信中，马克思就认为，他在《资本论》里提出的资本主义起源理论只是以西欧经验为基础的，并不先验地适合所有国家。[①] 值得一提的是，上述地域遍历性假说所面临的挑战，还体现在针对欧洲以外地区的古代奴隶制生产方式的研究中。以中国古史为例，迄今为止并没有确凿的证据表明，在夏、商、周三代，奴隶制构成了占据主导地位的生产方式。根据一些历史学家的观点，在世界历史中，诸如古代希腊罗马那样的奴隶制生产方式完全是一种例外，并非普适的规律。[②]

第二，与第一点相联系的是，五种社会经济形态的更迭遵守着《序言》所确立的固定不移的顺序，即从原始共同体开始，依次经历奴隶社会、封建社会和资本主义社会，最终结束人类史前期，步入共产主义社会。然而，和提出"五形态论"的《序言》不同，在其他文本里，马克思本人还曾颠倒过农奴制和奴隶制在历史上发生的顺序，指出一个社会可以先进入封建的农奴制，再进入奴隶制。事实上，在新石器时代结束后，按照当时已经取得的生产力水平，人类社会既具备过渡到奴隶制的条件，也具备过渡到农奴制的条件，至于具体形成的是哪一种生产方式，是由不

---

① 马克思1881年3月8日给查苏里奇的信，《马克思恩格斯全集》第十九卷，人民出版社，1965。在这一卷里还收录了马克思为复函查苏里奇而拟的三封草稿，其篇幅都远胜于正式的回信。拟稿之多和复函之简üssen，似乎都表明了马克思态度的慎重。
② 在中国史学界，有所谓"有奴派"和"无奴派"之争，前者以郭沫若、吕思勉等为代表，主张中国古代经历过奴隶制生产方式，这一派观点长期主导了史学界。近三十年来则兴起了"无奴派"，即主张中国乃至世界古史没有普遍经历过奴隶制生产方式，其代表文献如黄现璠《中国历史没有奴隶社会》，广西师范大学出版社，2015；张广志：《奴隶社会并非人类历史发展必经阶段研究》，青海人民出版社，1988。以范文澜为代表的主张西周属于领主封建制生产方式的观点，与"无奴派"的意旨大致是契合的。

同国度的历史特殊性决定的。以童书业为代表的中国学者，早在20世纪50年代就体认到这一点，并以此为指导开展对中国古史分期的研究。[①]

然而，"五形态论"虽具有上述缺点，笔者却不同意一些学者的过于极端的看法，即主张"五形态论"一无是处，应该全然放弃该理论。[②] "五形态论"在下述意义上是有贡献的，即把不同经济社会形态的差别归结为生产方式的不同，而生产方式的演进又以生产力的根本变革为基础。在此意义上，笔者提出的有机生产方式变迁论，实际上是对"五形态论"的重新表达，这一新表达去除了"五形态论"中那些富有争议且毫无必要的枝蔓，保留了这一理论的核心要旨，即把人类历史理解为"一种自然历史过程"[③]，生产力的发展既是造成这一自然历史过程的归根结底的原因，也是测量这一历史进程的刻度。

在结束这一节的讨论之前，让我们插入一个涉及古代中国文明发生的历史实例，以佐证上文的观点。这个实例是要说明，只要问题涉及经济社会形态或生产方式的根本变革，生产力水平的提高肯定是一个不可或缺的因素。问题是由已故华人考古学家张光直引发的，在探讨中国古代文明的产生时，他提出这一文明的形成具有连续性的特点，并将其称作文明产生的连续性假说，以区别于根据苏美尔和古埃及文明的特点而得出的文明产生突破性假说。这一连续性假说在他那里是通过以下三个方面来论证的。第一，在中国古代文明的最初阶段，即所谓青铜时代（按照张光直的界定，这大体相当于夏、商、周三代），在生产中得到运用的工具和技术与文明产生以前相比并没有发生本质的改变。虽然青铜在当时已经发明出来，但主要是用于兵器和礼器，而不是用作生产工具。为此他提出，在从

---

① 参照童书业对马克思恩格斯相关思想的讨论，《童书业古代社会论集》，中华书局，2006，第312~313页。
② 历史学家冯天瑜的《"封建"考论》（中国社会科学出版社，2010），系统地表达了这一看法。
③ 马克思："社会经济形态的发展是一种自然历史过程"，见《资本论》第一卷，《马克思恩格斯全集》第二十三卷，人民出版社，1972，第12页。

第三章 有机生产方式的变迁及其动力：迈向马克思主义的制度变迁理论

新石器时代（龙山文化晚期）向最初的阶级社会（即所谓三代）的过渡中，生产力水平并没有根本的提高，这一点和苏美尔－古埃及文明有着根本区别，后者向文明的过渡，是建立在生产力重大发展的前提下的。第二，在工具和技术没有本质变化的前提下，剩余的集中（这是文明产生的条件）所依靠的主要是劳动力的增加（人口的增加和战俘的掠取），而后者又是由政治制度的变化（如宗法制和封建制的确立）而造成的。第三，在文明的形成中，由原始社会继承下来的巫术，在统治阶级取得和巩固政治权力时起到了关键作用。①

张光直强调政治权力在文明发生中所起的作用，与后文采纳的观点是大体一致的，但他的核心论题，即认为生产力因素在文明发生中毫无作用，则是全然没有根据的。他的关于青铜从未用作生产工具的观点，在新的考古发现及其解释面前已经不再成立了。依照历史学家陈振中的研究，在中国古代文明的产生过程中，青铜曾经大量用作工具。例如，在距今约四千年的齐家文化遗址和龙山文化晚期遗址的发掘中，就出土了不少铜镰、铜斧、铜钁等各类工具。在相当于夏代的二里头文化遗址中，也有许多铜制工具的发现。②

然而，正如陈振中旋即提到的，在中国古代文明发生之初，虽然青铜已用作生产工具，但由于青铜的制作十分昂贵，还无法完全排挤木石工

---

① 张光直：《中国青铜时代》，三联书店，2013。其观点集中表达于书中首尾两篇论文，尤见第19、488、495页。张光直的文明连续性假说在国内史学界颇有影响，著名学者如李学勤也接受了这个观点，见李学勤《走出疑古时代》，长春出版社，2007，第41页。
② 陈振中认为：“从地下出土物来看，我国从公元前3000纪出现青铜工具以来，不断发展；特别是进入阶级社会后，夏、商、周三代持续增长。已知出土战国以前的青铜工具在5862件以上。主要有削、刀、锯、凿、错、钻、锥、鱼钩、斧、锛、钁、耒、耜、铲、锄、耨、铚、镰等。既有手工工具，也有农具，数量较多，种类齐全，形制多样。这说明我国古代使用青铜工具不是偶然的、个别的、暂短的；而是大量的，逐步发展而持续增长，形成了一个相当长的历史时期。"见陈振中《青铜生产工具与中国奴隶制社会经济》，中国社会科学出版社，2007，第4页；另可参见该书第25~28页的进一步讨论。不过，陈振中在其著作里并未提及张光直及其文明发生的连续性假说。

具。历经三代，总体上还处于青铜与木石工具并用的时期。① 在这种限制下，原始种植业虽能有相当发展，但生产率仍较低下。一方面，生产出来的剩余虽有一定规模，但除非运用政治手段将这些剩余在尽可能广泛的社会范围内集中起来加以利用，否则并不足以提供向阶级社会过渡的条件。另一方面，由于当时的农业是在黄土低地区域发展起来的沟洫农业，水患一直是限制其发展的主要因素，为了治水，也需要集中大量剩余。《中国科学技术史——农学卷》的作者指出，"当时大规模开发黄河流域的低平地区，必须依靠集体的力量修建农田沟洫系统，为了维护这种公共经济职能，不能不限制土地私有制的发展，从而导致了土地公有私耕的农村公社的建立，这就是原始的井田制。"② 在井田制的基础上，氏族成员在公田的助耕担负了为共同体提供剩余的任务，这些剩余在广大的社会范围内被集中起来，并使大规模的治水成为可能。这就带来了大禹治水的故事——这是一个关于国家的最初形成的故事。

在禹之前，其父鲧就曾担任治水的总指挥，但因采取筑堤堵截的老办法，没有取得成功。禹总结了经验，采取因势利导、疏浚排洪的方法，才得以顺利治水。大禹治水对生产力发展起到了巨大的推动作用，这尤其体现在，原始沟洫农业作为当时的主要社会经济部门的地位得到了巩固。③

禹的成功以取得相应的政治权力为前提。正如前文指出的，这种政治权力在本质上是集中和利用剩余的权力。《史记·夏本纪》说，禹能"命诸侯、百姓兴人徒以傅土"。这意味着，禹的权力不仅针对着氏族公社的成员，而且针对着各个不同的部落。禹的这种权力，最初是由共同体的公

---

① 陈振中：《青铜生产工具与中国奴隶制社会经济》，中国社会科学出版社，2007，第16页。
② 董凯忱、范楚玉主编《中国科学技术史——农学卷》，科学出版社，2000，第48页。
③ 汉初的陆贾曾这样描述了禹的功绩："后稷乃列封疆，画畔界，以分土地之所宜，辟土植谷，以用养民。……当斯之时，四渎未通，洪水为害，禹乃决江疏河，通之四渎，致之于海，大小相受，百川顺流，各归其所。然后人民得去高险，处平土。"陆贾：《新语·道基》，转引自陈振中《青铜生产工具与中国奴隶制社会经济》，第256页。陈振中认为，"这是对治水的缘起及与农业密切关系的确切说明。"（第256页）

第三章　有机生产方式的变迁及其动力：迈向马克思主义的制度变迁理论

共职能派生出来的，但通过治水，以禹为代表的氏族贵族进一步攫取或侵占了剩余的支配权，并将治水最终改造成以阶级为基础的国家的经济职能。[①] 在治水之后，禹曾号令部落首领会盟于会稽，但防风之君来得太迟，遭到禹的处斩。这是一个标志性的事件，它意味着，伴随治水的成功，禹的权力，也从一个部落联盟领袖的权力，演变为垄断了暴力镇压职能的国家的权力。正是这种权力使其最终得以侵占共同体的剩余支配权。禹死后，他的儿子启就成了第一个"以天下为家"的世袭王朝夏的开国之君。

在古代中国文明之初，即在夏、商、周三代，存在着主要生产资料即土地的国有制，这种土地国有制是由原始氏族社会的土地公有演变而来的。三代以铜制生产工具为代表的生产力水平，所能提供的剩余劳动有限，既不能使农村公社瓦解，也不允许私人地主阶级得到发展。在这种情况下，要想取得大规模的剩余，唯一途径便是以共同体的名义将剩余在相当大的社会范围内集中起来并加以支配。通过完成治水这一符合社会经济发展需要的经济职能，禹做到了这一点。统治阶级一旦拥有了集中支配剩余的权力，便会利用这一权力侵占这些剩余，并将原始氏族公社的土地公有制，改变为统治阶级的土地国有制（或者更准确说来，是土地由国家所有、各级统治者实际占有的集体所有制[②]）。在这种制度下，由原始社会继承下来的农村公社也演变为"政社合一"的基层组织，各级统治者利用这种基层组织对直接劳动者同时进行政治的统治和经济的

[①] 恩格斯："社会产生着它所不能缺少的某些共同职能。被指定去执行这种职能的人，就形成社会内部分工的一个新部门。这样，他们就获得了也和授权给他们的人相对立的特殊利益，他们在对这些人的关系上成为独立的人，于是就出现了国家。"恩格斯1890年10月27日致施密特的信，见马克思、恩格斯《〈资本论〉书信集》，人民出版社，1976，第504页。

[②] 笔者认同如下观点，即当时的土地所有制是"国家所有和宗族占有制"，这也被称为宗法或领主封建制，见童书业《童书业古代社会论集》，中华书局，2006，第320页。

剥削。①

陈振中在分析上述变化时，在概念上区分了变革的两种途径，即来自"上端"的变化和来自"下端"的变化。前者是指，管理公社事务的氏族贵族向侵占公社财产、榨取公社剩余的方向发展；后者是指，公社成员向贫富分化和个体私有化的方向发展，在此过程中，一部分人成为富有的阶级，另一部分人受其役使。陈振中指出，在夏、商、周三代，这两端的发展并不同步，而是"上端发展迅速，下端迟缓"。其原因何在呢？

这种以上端发展为主的过渡和发展，是与生产力的特性及其相对低下的水平相联系的。首先，在相对较低的生产力水平下，剩余的生产非常有限，还不足以造成迅速而普遍的贫富分化和向个体私有经济的过渡，这就使得农村公社作为必要的生产组织得以长期持续存在。② 其次，由于当时的低地沟洫农业以治水为条件，这就为氏族贵族通过担负共同体的经济职能而侵占和攫取剩余创造了便利，进而造成"上端发展迅速"的现象。由于变化主要是在上端即在"上层建筑"领域进行的，在其下端的劳动组织中，便出现了文明发生过程中具有典型性的"连续性"现象，即发源于原始社会的农村公社在中国上古阶级社会的长期延续。张光直虽然倡导文明发生的连续性假说，但对农村公社的长期延续这一现象缺乏分析，反而把目光投向了萨满教或巫术的作用，这不能不说是一个严重的缺憾。

在整个三代，农村公社一直与井田制和耦耕长期并存。直到春秋战国之际，这个"三位一体"的结构才濒于瓦解。在考察农村公社的性质时，有时会碰到这种观点，即认为它只是原始氏族公社的残留。这种观点忘记

---

① 参见陈振中《青铜生产工具与中国奴隶制社会经济》，中国社会科学出版社，2007，第12章，尤见第334、322、325页。

② 童书业："周代早熟性的封建社会，是建筑在比较低的生产力之上的。我们知道，在春秋中期以前，还不曾用铁器和家畜耕田（至少铁耕与畜耕极不普遍），耕种方法采用人力的'耦耕'。这种幼稚的农业技术，只有施用在黄土平原上，才能收获相当数量的生产品；……因此，一般生产的落后便成为必然的情况，战国以前中国广泛存在农村公社的真正原因实在于此。"见《童书业古代社会论集》，中华书局，2007，第179～180页。

第三章　有机生产方式的变迁及其动力：迈向马克思主义的制度变迁理论

了，氏族公社所通行的，是其成员间的原始的血缘关系，而在阶级社会的农村公社里，所流行的是依照等级制度重构的血缘关系。① 至于井田制和村社制度的社会经济性质，历史学家杨宽曾有如下论述："进入古代社会以后，贵族把这种村社的土地制度加以变革，使之成为剥削的一种手段。原来的共耕地，称为'公田'，或者称为'籍田'，这时被贵族占有，并加以扩充，作为剥削集体耕作劳动的一种方式，称为'助'或'籍'。原来村社长老主持的春耕仪式，也被改造成为'籍礼'，变成统治者监督从事无偿集体劳动的一种礼制。原来分配给各户的份地，称为'私田'，也还保留按年龄受田、归田和定期重新分配、调换田地的制度。但是，这时的村社组织，已被贵族利用作劳动的编制，实质上已经成为服役的单位，使得再生产在悲惨的条件下进行。因此井田制尽管保留有村社及其土地制度的形式，实质上已经不是原始的村社及其土地制度。"② 陈振中也指出，具有农村公社性质的原始形态的井田制在进入文明历史后产生了质的变化，其所保存的农村公社形式的一面是次要方面，后者也不都是一仍其旧，而是发生了很多变化。农村公社的主要经济活动，如统一规划耕地和水利排灌系统、定期分配耕地等仍继续进行，但土地的农村公社公有已变为统治阶级国家的国有，因此，农村公社"首先是国家借以管理土地、户口，催交赋税、征调力役的基层政权组织。"③ 村社制度的这种经过改

---

① 在研究周代的宗法制时，历史学家金景芳指出："周代的宗法制度是以血缘关系为基础的。很明显，它是氏族社会的血缘关系在新的历史条件下的继续存在和演化的反映。不过氏族社会的血缘关系和阶级社会的血缘关系有着本质的区别：前者是氏族社会民主的基础，而后者则成了阶级社会专制的工具。""统治阶级重新利用了这一使氏族社会延续了无数世代的有力纽带——血缘关系，把它改造成了完全适应奴隶主阶级需要的、有完整的体系和严格等级的宗法制度，……因此，周代宗法制度的本质，已经不是古代那种平等的血族关系，而是血缘关系遮掩下的不平等关系，即阶级关系。"参见金景芳《中国奴隶社会史》，上海人民出版社，1983，第141～142页。金景芳主张夏商周三代属于奴隶制，因此将周也作为奴隶制社会看待。但撇开这一点不论，此处对血缘关系在阶级社会里被利用和改造所做的分析，则是颇有见地的。
② 杨宽：《重评1920年关于井田制有无的辩论》，《江海学刊》1982年第3期，第29页。
③ 陈振中：《青铜生产工具与中国奴隶制社会经济》，中国社会科学出版社，2007，第321页。

造后的持续存在，解释了古代中国封建社会的"早熟性"，即在刚一进入阶级社会时，通过建立在这种村社制度上的超经济剥削，抑制了奴隶制的普遍发展，转而进入了宗法－领主封建制的漫长阶段。①

以上讨论表明，在古代中国文明的发生过程中，生产力在双重意义上起着作用：一方面，以沟洫农业和共同体治水能力为标志的生产力水平的提高，为文明的发生奠定了基础；另一方面，生产力的特性及其相对较低的水平，则有助于解释在这一历史过渡中某些具有连续性的方面。准此，张光直在强调中国古代文明产生的连续性时，完全排除来自生产力的影响，就是错误的。在理解中国古代文明的发生时，连续性的方面（如村社制度的延续）和非连续性的方面（政治制度的变化或"家天下"的出现）是相互联系的；只有在非连续性变化的基础上，才能解释连续性的方面，进而完整地解释中国古代文明的发生过程。

设若有机生产方式变迁的概念可以成立，在判断一种生产方式的先进或落后时究竟应该采纳什么标准的问题，也就变得迎刃而解了。近年来，在一些学者之间开展了争论，焦点是在判定一种生产方式的优劣时究竟应该以生产力水平为标准，还是以生产关系的性质为标准。②从有机生产方式变迁的角度来看，生产力发展是与所谓生产型生产关系（即旨在促进相对剩余劳动的生产关系）相匹配的，因此在这种场合，生产力标准和

---

① 童书业："所谓早熟的封建制度，就是对公社农民进行超经济的剥削，以赋税或贡纳代替地租，于是从周天子、诸侯到士，都变成了封建贵族。"《童书业古代社会论集》，中华书局，2006，第178页。关于中国封建社会过早成熟的特点，历史学家嵇文甫在1951年时留有如下评论：由于大量相当于农奴的"庶民阶层的存在，所以才一方面限制了严格奴隶制度的大规模发展，使东方历史不能出现一个像希腊罗马那样典型的奴隶制社会；另一方面却又促成封建制度的早熟，使东方历史上拖拉出一个漫长的封建时代"。见嵇文甫《中国古代社会的早熟性》，《新建设》1951年第四卷第1期；该文收录于《历史研究》编辑部编《中国的奴隶制与封建制分期问题论文选集》，三联书店，1956，第73页。

② 相关争论可参见卫兴华《评机械生产力决定论、唯生产力标准论和唯生产力论——对汪海波先生观点的评析》，《当代经济研究》2015年第11期；汪海波《必须坚持生产力标准》，《经济学动态》2011年第7期；等等。

第三章 有机生产方式的变迁及其动力：迈向马克思主义的制度变迁理论

生产关系标准是统一的。如果生产力标准和生产关系标准出现矛盾，那一定是因为在既定的生产方式中，绝对剩余劳动和相应的榨取型生产关系占据了显著地位。在这种情况下，就可以采取生产关系标准来判断生产方式的优劣。需要指出的是，采用生产关系的标准判定一种生产方式的优劣，同时也意味着改变生产关系业已成为进一步发展生产力的条件，因而这两个标准归根结底是统一的。

不过，还存在使问题变得更为复杂的情况。通常所说的生产力，其实并不是一个完全和阶级关系相脱离的中性概念。在马克思那里，我们可以遇到若干种互不相同的生产力概念，如劳动生产力、资本的生产力乃至人类的生产力[①]，这些不同的生产力概念并非无条件的是等价的。如果我们进一步以生产率来衡量生产力的发展程度，还会形成不同的生产率概念。正如美国激进政治经济学家鲍尔斯等人指出的，生产率的完全中性的增进意味着产出和生产中使用的每一种投入量的比率都有所提高，这些投入包括劳动时间、劳动的实际付出、自然环境、中间产品、资本品等。假设一个资本主义企业，当其他一切条件保持不变时，通过引入半自动化装配线增加了每小时产出，且同时无须提高劳动强度，这种技术变革便是更有效率的。但是，如果装配线的引进使雇主得以提高劳动强度，从而使工人的劳动付出较产量有更快的增长，则装配线的引进就是一项缺乏效率的技术变革，尽管它会增加企业的赢利能力。[②] 与此类似，如果增加产出是在其他条件不变的条件下消耗更多自然资源而实现的，那也属于缺乏效率的技术变革。在这些情况下，运用生产力标准就要十分慎重。由于资本生产力

[①] 马克思："发展人类的生产力，也就是发展人类天性的财富这种目的本身。"《马克思恩格斯全集》第二十六卷Ⅱ，人民出版社，1973，第124页。在下面这个简短的句子里，马克思竟然同时使用了三种不同的生产力概念："同历史地发展起来的社会劳动生产力一样，受自然制约的劳动生产力也表现为合并劳动的资本的生产力。"《马克思恩格斯全集》第二十三卷，第563页。

[②] 参见鲍尔斯、爱德华兹、罗斯福《理解资本主义》，孟捷、赵准、徐华译，中国人民大学出版社，2010，第294页。

的提高未必和人类生产力的进步相一致，反对片面注重生产力标准，提倡兼顾生产关系标准，就可能是合理的。

第二节　阶级斗争和国家间竞争作为有机生产方式变迁的动力

一种生产方式或社会经济形态一经形成，便面临着以下问题，即除了生产力系统的自主变化外，还有哪些直接历史原因，会造成相对剩余劳动比重的增长（以及相应的绝对剩余劳动比重的递减），从而推动有机生产方式的变迁，使之成为一种历史趋势。大体而言，阶级斗争和国家间竞争是推动有机生产方式变迁的两类最主要的直接历史动因，而这两者又往往是相互结合在一起的。[①] 为此我们想提出一个成本-收益模型，借以分析两种剩余劳动及两种生产关系的消长与这两类动因之间的关系。

在历史制度分析中使用成本-收益模型，始于新制度经济学家诺思。不过，与诺思所代表的分析传统不同，笔者愿意指出，成本收益分析不是"中性"的，而是具有特定阶级属性的。在这一点上，笔者赞同林岗教授的意见，他曾中肯地指出：在不同的集团和阶级之间，并不存在对于制度成本及其收益的一致评价标准，因而并不存在与不同利益集团和不同阶级的划分完全无关的中性的制度报酬。基于此种考虑，林岗批判了诺思的制度报酬递增理论，认为制度报酬递增在诺思那里是一个没有得到明确定

[①] 阶级和阶级斗争之于经济发展的重要性一直为马克思主义者所关注。以卢卡奇为例，在其本体论著作里就写道："经济发展中的阶级和阶级斗争对经济发展所起的改变作用，比经济发展本身同任何其他局部整体的相互作用对经济发展所起的改变作用都更加强大。""在经济发展自身所引起的革命危机形势中，究竟是这个阶级还是那个阶级取得胜利并以这样或那样的方式承担社会的组织工作（即促进或者阻碍具有一定经济影响的趋势），这对一个国家的经济发展绝不是无关紧要的。——如果我们把德国的资本主义发展与法国和英国的资本主义发展加以比较，那我们就会看到，——西欧的资本主义发展十分清楚地说明了这里所产生的具有鲜明差异的发展方向。"卢卡奇：《关于社会存在的本体论》下卷，第266~267页。

第三章 有机生产方式的变迁及其动力：迈向马克思主义的制度变迁理论

义，因而也不适用的概念。① 在笔者看来，林岗的这一批判意味着，若要发展一种基于历史唯物主义的关于制度变迁的成本-收益分析，不仅要清晰地界定成本、收益概念，而且要在这种界定中体现阶级利益的分野。为此，笔者建议将制度收益界定为在特定制度下，通过绝对剩余生产和相对剩余生产所带来的并为统治阶级所垄断的全部剩余。② 另一方面，制度成本除了通常所说的与产权界定相联系的交易成本以外，还包括统治阶级为了保卫特定的剩余榨取方式和生产关系而付出的成本。

对既定生产方式的保卫包括两个维度，第一是对外的维度，第二是对内的维度。对既定生产方式的内部保卫，是在剩余被个别阶级垄断后而产生的。卢卡奇在其本体论著作里就这种保卫写有如下评论："一个新的、同样是有机界中所没有的范畴进入了人的存在之中：对生存的保卫不再仅仅以保卫一定的人类集体本身以及其中的个人的生存为目的……，而是转向了'内部'，变成了对一定的经济形态的保卫，保卫这种经济形态不受这样的人的侵害，他们由于自己的生存的根本原因，在自己的'内心中'不可能赞成这种经济形态的结构，不可能赞成这种经济形态的职能，因此，他们必然不断地被看作这种经济形态的潜在的敌人。"③ 这样一来，对统治阶级而言，敌人就分为两类，一类是外部的敌人，即其他具有敌意的国家；另一类是内部的敌人，即被统治的阶级。用于防范内外部敌人所付出的成本，既不能转化为投资，也不能为统治者消费，只能作为剩余的扣除。当代政治经济学在研究这一问题时还发现，在美国，单纯从事内部保卫的人员在从事商品生产的劳动力中所占的比例，在整个 20 世纪持续

---

① 见林岗《诺思与马克思：关于制度变迁道路理论的比较》，《中国社会科学》2002 年第 1 期；收入林岗《马克思主义与经济学》，经济科学出版社，2007，第 223～224 页。
② 诺思有时也将制度报酬理解为统治阶级取得的租金，参见诺思《经济史上的结构与变迁》，厉以平译，商务印书馆，1992，第 3 章第 3 节。
③ 卢卡奇：《关于社会存在的本体论》下卷，第 262 页。他还说："特别是自从产生了奴隶制以后，每个人类集体必须保卫内部的社会现状，而且战争也提出了必须在获得奴隶还是使自己沦为奴隶这两者之间进行选择这个问题，这样，人们在开展活动时，设定目标和确定方法这两者才发生了鲜明的分化。"前揭书，第 254 页。

增长，在20世纪的最后几十年超过了20%，2002年时竟高达26%。[①]

可以通过图3-2形象地表达基于历史唯物主义的成本-收益分析。我们看到，与绝对剩余生产相对应的生产关系虽然开始时会带来制度收益递增，但由于这种类型的收益增长建立在单纯剥削的基础上，容易引发和加剧阶级冲突，加之还要支付对外防卫或战争的成本，在长期内将服从收益递减规律，甚至在危机时刻（如战争和革命），收益还会锐减为负数。与之相反，与相对剩余生产相对应的生产关系将剩余的增加建立在生产力发展的基础上，这就使其更容易支付对外保卫的成本，并有条件通过缓解阶级冲突降低内部保卫的成本，从而在长期内服从收益递增规律。对某一既定的生产方式而言，其最终的成本-收益结构，取决于两种剩余生产方法以及与之相对应的生产关系在该生产方式中所占的比重。如果一个生产方式能在长期内决定性地提高相对剩余生产所占的比例，则该生产方式就会取得明显的制度绩效。相反，如果一个生产方式不能成功地做到这一点，就会使总的成本-收益结构出现恶化的局面，即服从于收益递减趋势，从而为制度危机铺就道路。

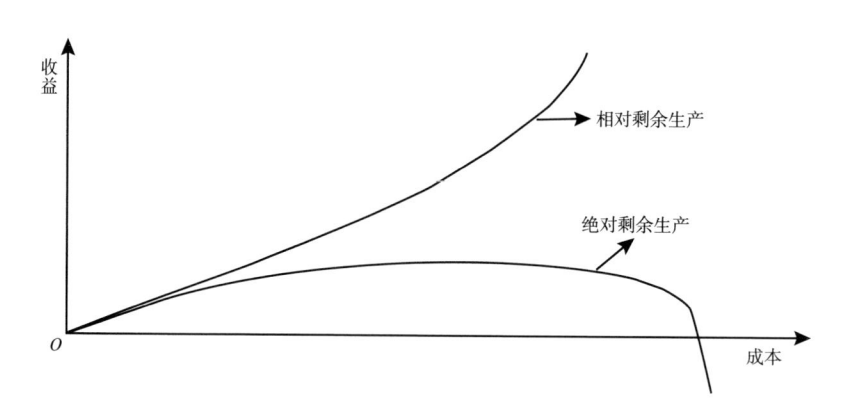

图3-2 制度的成本-收益分析

[①] 鲍尔斯、爱德华兹、罗斯福：《理解资本主义》，孟捷、赵准、徐华主译，中国人民大学出版社，2010，第438页。

第三章　有机生产方式的变迁及其动力：迈向马克思主义的制度变迁理论

关于阶级斗争在促成生产方式的有机变革中所起的作用，可以通过历史实例来做说明。我们首先选取的是自秦统一到其被汉取代的历史。20世纪70年代，在湖北云梦睡虎地的古墓中出土了大量秦简。历史学家在研究了睡虎地秦简后惊异地发现，在秦统一前后，除了通常了解的由商鞅改革所带来的封建地主经济外，秦国还存在着大规模的国家奴隶制，即所谓隶臣妾的制度。隶臣妾是为国家控制、并在国有部门内使用的生产奴隶，其来源为刑徒和俘虏。有趣的是，大规模使用隶臣妾的那些经济部门，也正是秦国在生产力上十分先进的部门，如铸造、油漆、陶瓷、织布、皮革制造、交通运输等。历史学家王子今曾在其论文里详细分析了秦在水利、交通运输、机械发明等方面所建立的相对于六国的经济优势。[①]这些部门多半是使用奴隶劳动的国有经济部门。在评价秦的这种国有奴隶制时，李学勤认为，和六国相比，秦的这种奴隶制是非常野蛮而落后的制度。[②]但据另一位历史学家叶山分析，这种国家奴隶制以及它所确立的经济优势，是秦最终得以战胜六国的决定性因素。[③]

然而，在秦统一并将这一包含奴隶制的混合生产方式推广到全国后[④]，却没能维持多长时间，反而很快便激起了波澜壮阔的农民大起义，最终颠覆了秦王朝。在这以后，继续通过大规模的奴隶劳动来集中和攫取

[①] 王子今：《秦统一原因的技术层面考察》，《社会科学战线》2009年第9期。
[②] 李学勤：《东周与秦代文明》，上海人民出版社，第291页。
[③] 叶山：《古代中国奴隶制的比较历史研究》，《中国史研究》1986年第4期，第31~32页。不过，需要明确的是，隶臣妾制度的存在并不意味着秦的生产方式可以归结为奴隶制。在秦统一前后，其生产方式是国有部门的生产奴隶制和私人部门的地主封建制的混合（且以后者为主）。这两者都是在商鞅的改革后形成的。在地主封建制的基础上，形成了被称作"农战"的举国战争体制。因此，秦在经济、政治上的优势是由多方面因素型塑的，而不宜片面强调国家奴隶制的作用。
[④] 郭沫若曾提出，"秦始皇把六国并吞之后，把六国已经解放了的自由民又转化为奴隶，而用刑徒、亡人、赘婿、奴产子等从事大规模的苦役：筑长城、戍百越、建阿房宫、筑驰道……动辄都是几十万人。"见其《奴隶制时代》，中国人民大学出版社，2005，第27页。但是，正如孟氧教授指出的，郭沫若后来不适当地放弃了这一原本正确的观点。见孟氧《郭沫若古史分期见解初探》，载《孟氧学术文选——史学卷》，国家行政学院出版社，2007，第130页。

剩余的方法，就难以再现了。秦以后的两汉统治者，持续不断地严厉打击使用奴隶进行生产的工商业者。① 汉儒董仲舒以及日后篡汉的王莽，都曾激烈地抨击秦自商鞅变法之后新出现的奴隶制度。② 这类批评代表了自秦向汉占统治地位的意识形态所发生的重大变化。与此相应，在经济意识形态上，汉初还出现了以司马迁为代表的主张在经济上自由放任，也就是削弱绝对剩余劳动的所谓"黄老"学说。因此，自秦到汉，借助于阶级斗争的作用，完成了一段有机生产方式变迁的历史。要注意的是，这种变迁不是奴隶制向封建制生产方式的转变，而是西周以来的领主封建制向地主封建制的转变。使这一转变变得复杂的是，除了领主封建制向地主封建制过渡这一主流外，在战国时期（以秦为典型）还形成了奴隶制在一定范围内的流行这一支流。③ 秦末农民大起义的意义在于，它最终埋葬了与地主封建制杂交在一起的国家奴隶制，并使私人生产奴隶制的存在也日益变得不可能，大大降低了统治阶级利用绝对剩余劳动汲取剩余所占的比重，使得地主封建制这一更为进步的生产方式得以按较为纯粹的形式而发展。

阶级斗争在促进一种生产方式向有机生产方式转变中的作用，还可以透过马克思对北美内战的分析略见一斑。19世纪上半叶北美南部蓄奴州的兴盛，是和资本主义生产方式的发展携手并行的。资本主义在北美的早

---

① 参见郭沫若《汉代政权严重打击奴隶主——古代史分期争论中的又一关键性问题》，《奴隶制时代》，中国人民大学出版社，2005，第163~164页。
② 王莽："秦为无道，……又置奴婢之市，与牛马同兰，制于民臣，颛断其命。"见《汉书·王莽传》。在《汉书·食货志》里能找到董仲舒的类似意见。历史学家黄现璠认为，王莽的话证明，奴婢市场是秦代的新事物（见黄现璠《中国历史没有奴隶社会》，广西师范大学出版社，2015，第23页）。有趣的是，在睡虎地竹简问世前，除了董仲舒和王莽提供的材料，在古文献里似乎找不到其他有关秦在商鞅变法后存在大规模奴隶制的论据，以至于当时的史学家对董仲舒和王莽的意见多不敢采信。
③ 童书业曾指出，在从宗法或领主封建制向地主封建制的过渡中，伴随商品货币经济的兴起，奴隶制在战国时期一度得到了畸形的发展。但和已然占据主导地位的封建制度相比，这种奴隶制只是局部的现象。见童书业《童书业古代社会论集》，中华书局，2006，第417页。睡虎地秦简的发现，进一步证实奴隶制在秦的显著存在，以及童书业关于这一时期奴隶制仅具有局部性的判断。

第三章 有机生产方式的变迁及其动力：迈向马克思主义的制度变迁理论

期发展在很大程度上依赖于奴隶制。① 这种依赖关系类似于中国古史中地主封建制在战国初兴时伴随着奴隶制的出现。但逐渐地，和中国古史中奴隶制与地主封建制最终又发生矛盾和冲突相类似，奴隶制和资本主义的这种依赖关系也最终演变为双方的矛盾和冲突。马克思指出，由于奴隶制生产方式的经济规律要求不断扩张其领地，对北方资产阶级的生存空间必然会造成挤压；而奴隶制的本性又不受肤色的限制，除了盎格鲁－撒克逊人之外，其他种族（或民族）劳动者的经济地位也势必会因奴隶制的扩张而受到威胁；此外，在南部蓄奴州，因大种植园的扩张还造成了许多缺少土地的白人贫民，他们和奴隶制生产方式的利益也是对立的。马克思写道："当前南部与北部之间的斗争不是别的，而是两种社会制度即奴隶制度与自由劳动制度之间的斗争。这个斗争之所以爆发，是因为这两种制度再也不能在北美大陆上一起和平相处。它只能以其中一个制度的胜利而结束。"② 北美内战割除了与资本主义生产方式的进一步发展不相容的野蛮奴隶制度，决定性地降低了在以资本主义生产方式为主体的经济中绝对剩余劳动所占的比重，使得资本主义生产方式得以摆脱羁绊，顺利地向前发展。作为一个强制性制度变迁的例子，在内战爆发前，北美两大统治阶级（即资产阶级和奴隶主阶级）的制度收益是不同的，奴隶主阶级试图通过扩大奴隶劳动的领地以增加其剩余，但这显然提高了资产阶级的制度成本，既有压缩其市场的可能，也危及劳动市场的供给。

但要强调的是，在涉及有机生产方式的变迁时，不能过高估计阶级斗争的意义。要在一种经济社会形态中根本地提高相对剩余生产的比重，毕

---

① 在1846年12月28日致安年柯夫的信里，马克思写道：北美奴隶制"是我们现代工业的基础。没有奴隶制，就没有棉花；没有棉花，就没有现代工业。奴隶制使殖民地具有了价值，殖民地造成了世界贸易，而世界贸易则是机器大工业的必不可少的条件。……没有奴隶制，北美——最进步的国家——就会变成宗法式的国家"，见马克思、恩格斯：《〈资本论〉书信集》，人民出版社，1976，第21~22页。

② 马克思：《美国内战》，载《马克思恩格斯全集》第十五卷，人民出版社，1965，第365页。马克思的分析还见于收入该卷的另一篇文章《北美内战》。

竟还要以生产力的发展所提供的条件为基础。以古代中国为例,春秋战国时期铁制工具和牛耕的渐次普及,为整个社会向以小农为主体的地主封建制生产方式的过渡奠定了技术基础。在地主封建制后来发展得较为充分的秦国,牛耕的普及和铁器的使用都比较早,生产力水平在当时属最高之列。① 因此,尽管政治因素乃至战争在春秋战国时期是推动历史发展的重要因素,但有机生产方式变迁的最终实现仍要依赖于生产力的发展所提供的条件。②

上述讨论有助于我们重新认识一个老的话题,即阶级斗争和生产力究竟谁才是历史发展的根本动力。一个有趣的史实是,早在1919年5月,李大钊在为《新青年》写的论文《我的马克思主义观》中就提出,马克思主义的唯物史观和其阶级斗争学说存在冲突,前者将生产力作为历史的原动力,后者又认为从来的历史是阶级斗争的历史。③ 应该承认,在历史中,阶级斗争和生产力发展有可能是彼此冲突的,这体现在,激烈的阶级斗争可能带来文明和生产力的倒退。《共产党宣言》就承认,阶级斗争的结果不只是一个阶级战胜另一个阶级,还有可能带来斗争双方的毁灭,这种毁灭往往意味着对既有文明成就的破坏。从有机生产方式变迁的角度看,有理由将阶级斗争区分为两种理想类型,即那种直接促进了生产力发展和有机生产方式变迁的阶级斗争,以及对生产力单纯起破坏作用的阶级斗争。前者可以命名为**有机阶级斗争**,这一类阶级斗争的特点是,它们成功地利用了生产力发展所提供的可能性,通过相应的制度变革,使剩余的增长更多地建立在发

---

① 关于牛耕较早普及于秦,见董凯忱、范楚玉主编《中国科学技术史——农学卷》,科学出版社,2000,第50页。关于秦在春秋时较早采用铁器,见白云翔《先秦两汉铁器的考古学研究》,科学出版社,2005,第27、384页。有趣的是,尽管秦的生产力发展较快,但商鞅变法的时间相对于列国却较晚,这证明了生产力对于推动历史发展的作用不是直接的(参见白云翔上引书,第384页)。
② 下述著作提出,战争是春秋战国时期推动列国变革和历史发展的主要因素,见赵鼎新《东周战争与儒法国家的诞生》,夏江旗译,华东师范大学出版社,2006。这部著作的主要缺点是,过于强调了战争的意义,忽略了生产力发展和各国内部的阶级冲突在春秋战国的历史变革中所起的作用。
③ 李大钊:《我的马克思主义观》,《新青年》第6卷,1919年第5、6号。转引自吴江《论历史发展的动力》,载《吴江文稿》上卷,中央编译出版社,2009,第155页。

第三章 有机生产方式的变迁及其动力：迈向马克思主义的制度变迁理论

展生产力的基础上，从而提高了相对剩余生产在整个生产方式中所占的比重。

可以在现代资本主义历史上找到一个有机阶级斗争的典型例子，这便是"二战"结束后在发达资本主义国家产生的"劳资协议"（Capital-labor Accord）。在法国调节学派和美国社会积累结构学派的分析中，这种劳资协议是由一系列制度型式构成的，其中最为核心的制度，是实际工资以劳动生产率进步为参照而增长，以及福利国家和转移支付的制度。作为一种历史制度分析，调节学派和社会积累结构学派的学说发展了马克思主义资本积累理论，但他们的分析有一个严重弱点，即在强调阶级斗争和制度变迁的关系的同时，相对忽略了生产力的因素，具体而言，就是相对忽略了在二战后出现的第四次技术革命与同时期阶级斗争和制度变迁之间的内在联系。由于这种忽略，在这两种马克思主义制度分析中，就出现了一种倾向，即单纯以阶级斗争格局的变化解释资本积累在特定历史阶段的特点。在他们看来，劳资协议在其最初形成时，有利于保障工人阶级收入和消费的增长，改善资本家的预期，促进投资增长，进而形成了调节学派所谓的"福特主义积累体制"。依照调节学派的观点，福特主义积累体制的形成意味着在资本主义历史上第一次出现以相对剩余价值生产为主导的积累体制。然而，这一积累体制并没有维持太久，随着工人阶级谈判力量的进一步增强，工资份额在20世纪60年代晚期迅速提高，这就压缩了利润份额，降低了利润率，进而诱发了波及整个发达资本主义世界的1974~1975年的危机。[①]

[①] 调节学派和社会积累结构学派侧重于以阶级斗争解释积累周期的变化，对其观点的批评可参见孟捷《资本主义经济长期波动的理论：一个批判性评述》，《开放时代》2011年第10期，第107~112页。调节学派将二战后黄金年代看作相对剩余价值生产为主导的积累阶段，这大体是正确的。但他们进而把这一时期和此前的资本主义发展阶段对立起来，尤其是把整个19世纪都作为以绝对剩余价值生产为主导的积累阶段，这就引发了布伦纳等人的批评，在后者看来，相对剩余价值生产是工业革命结束后资本主义各个不同阶段的普遍特征。参见 Brenner, R., and M. Glick, "The Regulation Approach: Theory and History", *New Left Review*, 1991, No. 188, pp. 54–75。在笔者看来，一个协调这两种观点的办法是，承认相对剩余价值生产的比重在不同阶段是变化的，相较于19世纪，相对剩余价值生产在"二战"后的"黄金年代"无疑占据着更为突出的位置。

在笔者看来，导致战后劳资协议的形成和黄金年代出现的根源，除了阶级斗争形势的改变，还取决于技术革命带来的有利环境。第四次技术革命的兴起为投资和生产率的持续高涨提供了可能，战后劳资协议的形成实际上利用了生产力革命所提供的这种有利条件。20世纪50~60年代，伴随技术革命生命周期的演化，投资以及生产率增长逐渐开始减速，在工资依然按照制度惯性继续增长的前提下，最终造成了不利于利润份额的变化。因此，1974~1975年危机的爆发是与第四次技术革命的衰落相联系的，围绕国民收入分配的阶级斗争也是在这种衰落的前提下转趋激烈的。在这场危机后，新自由主义在英美两国最先崛起，全球资本积累进入了新阶段，这一转变可以解读为垄断资产阶级通过改变阶级力量对比，对相对剩余劳动和绝对剩余劳动所占比例的再调整，这一调整以削弱资本主义各国的经济增长为代价，在世界范围内实现了剩余价值率的空前增长（参见图3-3）。[①]

与阶级斗争具有同样重要性，并且往往相互交织在一起的另一个推动有机生产方式变迁的动力，来自国家之间的竞争乃至战争。战争之所以成为推动生产方式变革的最重要因素之一，很大程度上是由于它和经济本身在人的物质生活再生产中的"同根性"。[②] 自从进入阶级社会，对每一个共同体而言，除了劳动之外，战争就是攫取剩余、占有共同生存条件的另一手段。马克思为此曾指出："战争就是每一个这种自然形成的共同体的最原始的工作之一，既用以保护财产，又用以获得财产。"[③] 战争的这种经济意义使其相对于其他因素更容易造成对既定生产方式的冲击。这种冲

[①] 自20世纪80年代以来，马克思主义有关新自由主义积累体制及其矛盾的分析积累了数量可观的文献，对这些文献的梳理和评论，可参见孟捷《新自由主义积累体制与2008年经济－金融危机》，《学术月刊》2012年第8期。

[②] 这一提法来自卢卡奇，他写道："马克思显然是从战争和经济在人类生命的再生产中的同根性出发的"，《关于社会存在的本体论》下卷，第255页。

[③] 《马克思恩格斯全集》第四十六卷上册，人民出版社，1979，第490页。另有："战争就或是为了占领生存的客观条件，或是为了保护并永久保持这种占领所要求的巨大的共同任务，巨大的共同工作。"（前引书，第475页）

第三章 有机生产方式的变迁及其动力：迈向马克思主义的制度变迁理论

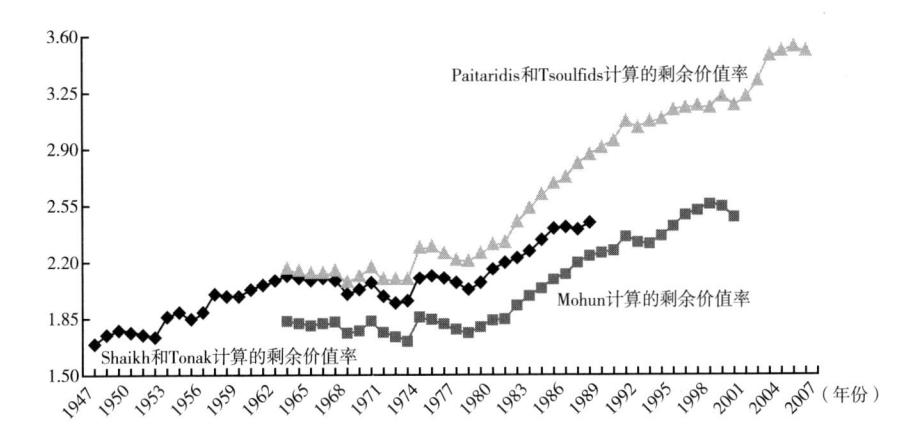

图 3-3 美国的剩余价值率

资料来源：Paitaridis, D., and L. Tsoulfidis, "The Growth of Unproductive Activities, the Rate of Profit, and the Phase-Change of the U.S. Economy", *Review of Radical Political Economics*, 2012, Vol. 44, No. 2, p. 222, Figure 4.

击所带来的影响，即将一国在战争中受到的压力转换为制度调整的动力，进而推动有机生产方式的变迁，取决于统治阶级世界图景的转换和制度变革的能力。或许我们可以将那些具备这种能力的国家称为有机国家，以与那些缺乏这种能力的失败国家相区分。在马克思主义内部，对国家的这种类型学界分可以溯源到恩格斯，在其晚年书信中，恩格斯曾概括了国家权力对于经济发展的几种"反作用"，认为国家可以促进也可以阻碍经济发展。当国家权力阻碍了经济发展时，甚至可能造成整个民族经济的崩溃。[1] 在这里，国家权力的作用显然不是所谓上层建筑的"反作用"所能

---

[1] 恩格斯："国家权力对于经济发展的反作用可能有三种：它可以沿着同一方向起作用，在这种情况下就会发展得比较快；它可以沿着相反方向起作用，在这种情况下它现在在每个大民族中经过一定的时间就都要遭到崩溃；或者是它可以阻碍经济发展沿着某些方向走，而推动它沿着另一种方向走，这第三种情况归根结底还是归结为前两种情况中的一种。但是很明显，在第二和第三种情况下，政治权力给经济发展造成巨大的损害，并能引起大量的人力和物力的浪费。"恩格斯1890年10月27日致施密特的信，见马克思、恩格斯《〈资本论〉书信集》，人民出版社，1976，第505页。马克思在讨论原始积累时分析了国家在创造资本的生存条件方面所起的作用，他甚至还在拟议的"六册计划"里计划写一本名为国家的著作，但遗憾的是，这一计划没有实现。

解释的，它事实上起着决定性作用。然而，尽管恩格斯晚年刻意强调了国家的作用，在马克思主义分析传统中，对国家权力的作用却没有在经济学上展开充分的探讨，以至于当以诺思为代表的新古典制度变迁理论兴起之后，马克思主义者被动地发现，自己缺乏一个令人满意的国家的经济理论。

国家间竞争和国家权力对于有机生产方式变迁的影响，可以在近代欧洲找到一个例子。从16世纪到18世纪的重商主义是个典型案例，说明近代欧洲国家间的竞争和战争如何推动了王权和市民阶级的结合以及剩余榨取方式的改变，进而带来了各国从封建主义生产方式到资本主义生产方式的过渡。马克思在评价重商主义时曾指出："由封建农业社会到工业社会的转变，以及各国在世界市场上进行的与此相应的工业战争，都取决于资本的加速发展，这种发展并不是沿着所谓自然的道路而是靠强制的手段来达到的。……重商主义的民族主义性质，不只是这个主义的发言人的一句口头禅。他们借口只致力于国民财富和国家资源，实际上把资本家阶级的利益和发财致富宣布为国家的最终目的，并且宣告资产阶级社会替代了旧时的天国。同时他们已经意识到，资本和资本家阶级的利益的发展，资本主义生产的发展，已成了现代社会中国家实力和国家优势的基础。"[①] 此后，在19世纪欧洲资本主义的发展中，拿破仑的征服起到了重要的推动作用。拿破仑的远征虽然以失败而告终，但欧洲较为封建的各国统治阶级被迫进行了一场葛兰西所谓的"被动革命"（或译"消极革命"），即在既有统治者依然主导政治权力的前提下，改革生产关系以促进生产力的发展，并借此提高国家实力和国家优势。

这种"被动革命"的解释模式在略经修改后也有助于考察近现代中国的历史制度变迁。[②] 甲午战争之后，恩格斯曾对中国经济社会的前途作

---

① 马克思：《资本论》第三卷，载《马克思恩格斯全集》第二十五卷，第884~885页。
② 下述作者提出了类似观点，参见 Grey, K., "Labour and the State in China's Passive Revolution", in *Capital and Class*, 2010, Vol. 34, No. 3, pp. 454–455。

过如下预言:"中日战争意味着古老中国的终结,意味着它的整个经济基础全盘的但却是逐渐的革命化,意味着大工业和铁路等等的发展使农业和农村工业之间的旧有联系瓦解,……资本主义生产只有中国尚待征服了,最后它征服了中国。"[1] 但是,从清廷到民国的统治者因为缺乏足够的政治意愿和政治权力,没有能力领导一场"被动革命",以兑现恩格斯所预言的前途。1978 年以后,在中国共产党的领导下,通过改革开放开展了一场事实上的"被动革命"。

第三节 戈德利耶的概念重构与国家在制度变迁中的作用

对国家的经济作用进行分析,一个关键前提在于破除传统历史唯物主义对经济基础和上层建筑在制度上的严格界分。20 世纪 70~80 年代,戈德利耶从事了这一工作,他提出了如下假说:

"经济基础和上层建筑的区别并不是不同制度间的区别,要而言之,这种区别毋宁是制度的不同功能之间的区别。"[2]

"下部构造(Infrastructure,在戈德利耶那里,这一术语同时包括生产力和生产关系,因而不完全等同于通常使用的经济基础概念——笔者按)和上层建筑的区别既不是层次或要素间的区别,也不是制度间的区别——尽管在某些情况下显得像是这样。就其要旨而言,这一区别是功能之间的区别。下部构造的首要性这一因果概念归根结底指的是,存在一个功能的等级,而不是制度的等级。一个社会既没有顶端,也没有底部。社会不是由各个叠加的层次组成的系统。社会是由人的各种关系组成的系统,这些关系依据其功能的性质划分为等级,这些功能决定着人的某一种活动对社

---

[1] 恩格斯 1894 年 9 月 23 日致考茨基的信,《马克思恩格斯全集》第三十九卷,人民出版社,1974,第 288 页。
[2] Godelier, M., "Infrastructures, Societies and History", *Current Anthropology*, 1978, Vol. 19, No. 4, p. 763.

会再生产所产生的影响。"①

戈德利耶据此认为，在人类历史上，政治的、法律的、意识形态的甚至血缘的关系和制度，只要它们在功能上直接决定生产资料的归属、劳动力的配置和产品的分配，就担负了生产关系的功能。例如，在古代苏美尔的城市国家，土地被看作归神所有，人民向神庙和祭祀供奉剩余，在这种生产方式中，宗教关系事实上起到了生产关系的作用。除此之外，在戈德利耶笔下，原始共同体的血缘关系、古希腊城邦的政治关系也都可以在功能上转化为生产关系。②戈德利耶还指出，只要一种社会关系在功能上起到生产关系的作用，这种关系也就成为相关社会中最有决定性的力量。③

如果政治、法律、意识形态、血族等方面的关系和制度也可以在功能上发挥生产关系的作用，那就必然意味着下述可能性：同一关系或制度既

---

① Godelier, M., *The Mental and The Material* (London: Verso, 1986), p. 128。戈德利耶的上述观点，是马克思主义者对波兰尼下述观点的一个积极回应和进一步发展。波兰尼提出，在前资本主义社会，经济总是"嵌入"各种制度之中，而不是独立的，只有在进入现代资本主义社会后，经济才经历了一个被他称为"脱嵌"的过程（参见波兰尼《大转变》，浙江人民出版社，2007）；关于戈德利耶和波兰尼的关系，参见 Godelier, M., *The Mental and The Material* (London: Verso, 1986), Ch. 5；另见该书 p. 20）戈德利耶对历史唯物主义的概念重构影响了当代思想家哈贝马斯，后者这样写道："我乐意承认，我从某些马克思主义者，例如 M. 戈德利耶那里学到了某些东西。他们对上层建筑和基础的关系作了新的透彻考虑，并且把这种关系概念化。"（哈贝马斯：《重建历史唯物主义》，社会科学文献出版社，2000，第 36~37 页）令人遗憾的是，戈德利耶对历史唯物主义研究的贡献，在国内似乎还鲜有人知。对包括戈德利耶在内的西方马克思主义者在 20 世纪 70~80 年代围绕基础和上层建筑的关系的争论，可参见里格比的一个介绍（《马克思主义和历史学》，译林出版社，2012，第 228~231 页）。
② 类似的，从戈德利耶的角度来看，在古代中国，血缘关系作为农村公社得以建立的制度前提，也在领主封建制生产方式中发挥了生产关系的作用。
③ 在《资本论》里，马克思曾试图回答如下批评，即历史唯物主义的基本观点虽然适用于物质利益占统治地位的当代世界，却并不适用于天主教占统治地位的中世界，也不适用于政治占统治地位的古希腊和古罗马。马克思的回答是："这两个时代的谋生方式和方法表明，为什么在古代世界政治起着主要作用，而在中世纪天主教起着主要作用。"（见《马克思恩格斯全集》第二十三卷，人民出版社，1972，第 99 页注释）马克思的这个回答过于简略，意旨也不够清晰。戈德利耶认为，他对历史唯物主义的上述重构也是对马克思未曾解决的这一问题的解答。

第三章 有机生产方式的变迁及其动力：迈向马克思主义的制度变迁理论

可以是上层建筑，也可以是经济基础。① 在此意义上，作为各种生产关系总和的经济结构或基础，就不是与政治、法律、意识形态的关系或制度相脱离的、独立的领域，而是与后者相互包容、彼此渗透的。戈德利耶还认为，只有在现代资本主义社会，构成基础的制度和构成上层建筑的制度各自对应于特定的功能，从而产生了下述现象，即基础和上层建筑似乎可以在制度上严格地区分开来。但他又提出，这种制度和功能之间的一一对应关系，在历史上只是例外。②

对历史唯物主义概念的这种近乎彻底的重构，颠覆了经济决定论赖以立论的基础。经济决定论需要一个在定义上与上层建筑完全脱离的经济结构。从戈德利耶的立场来看，在人类历史中，这样的经济结构一般是不存在的，即便存在也是历史上的特例。而且，由于政治、法律等不同的制度型式都有可能成为生产关系，经济结构在社会中的位置也是不断变化的。③

如果说戈德利耶在理论上还有不够彻底之处，那便在于他所坚持的"资本主义例外论"，即认为只有资本主义社会存在着经济和政治在制度上的截然两分。在笔者看来，这种观点是建立在对资本主义历史的片面理解的基础上的。从全球资本主义的发展来看，经济和政治的这种两分在很大程度上是19世纪自由主义制造出来的意识形态。有理由认为，传统历史唯物主义对经济结构和上层建筑的划分，也在相当程度上受到了自由主义意识形态的影响。在这个问题上，波兰尼的批评，即认为马克思主义和

---

① "下部构造和上层建筑的区别不仅是制度之间的区别，而是一个单一制度内部的不同功能之间的区别。" Godelier, M., "Infrastructures, Societies and History", *Current Anthropology*, 1978, Vol. 19, No. 4, p. 764. 下述作者也有类似观点，见 Wood, E. M., "The Separation of the Economic and the Political in Capitalism", *New Left Review*, 1981, I/No. 127, pp. 78–79。
② 参见 Godelier, M., *The Mental and The Material* (London: Verso, 1986), p. 141。
③ "在历史进程中，生产关系（或'经济'）并不占据相同的位置，进而也不采取相同的形式；它们的发展方式并不一致，因而对社会的再生产也不具有相同的作用。" Godelier, M., *The Mental and The Material* (London: Verso, 1986), p. 142。

自由主义具有一些共同的理论预设，似乎是正确的。①

戈德利耶的上述重构必然会从根本上改变政治经济学的学科性质。作为一门独立的学科，政治经济学一直将生产关系作为其研究对象。然而，如果生产关系可以涵盖来自社会不同领域的制度型式，政治经济学也将相应地失去其严格定义的、清晰的学科位置，而与其他社会科学走向融合。戈德利耶曾谈及，在解释生产关系的历史变迁这一问题上，经济史或经济人类学是难以单独胜任的，甚至可以认为并不存在经济史和经济人类学，因为这里需要的是跨学科的综合社会科学研究。② 类似的，我们或可认为，并不存在政治经济学（除非我们对政治经济学的定义加以修改，使之摆脱学科分工的束缚），而只有在历史唯物主义指引下的社会科学研究。在此意义上，戈德利耶对历史唯物主义的概念重构，事实上复兴了马克思主义经典作家在《德意志意识形态》里提出的寄希望于社会科学实现综合或统一的理想，即只存在唯一的科学，即历史科学。③

戈德利耶对历史唯物主义的概念重构，尽管针对的是某种既定的经济社会形态，但也可运用于经济社会形态的演化及其向另一种经济社会形态的过渡。在此意义上，这一重构和笔者倡导的有机生产方式变迁的概念是可以接洽的。在笔者看来，将有机生产方式变迁论和戈德利耶的观点结合在一起，构成了对生产力和生产关系、经济基础和上层建筑的相互关系的完整阐释。这样一种新的解释有可能为马克思主义制度变迁理论提供一个方法论的基础。一如马克思所说，人们创造自己的历史，但只是在既定前

---

① 参见波兰尼《大转型》，浙江人民出版社，2007，第6章。另可参照本书第四章第六节的相关讨论。
② Godelier, M., *The Mental and The Material* (London: Verso, 1986), p.142.
③ "我们仅仅知道一门唯一的科学，即历史科学。"《德意志意识形态》，载《马克思恩格斯全集》第三卷，人民出版社，1960，第20页。

第三章 有机生产方式的变迁及其动力：迈向马克思主义的制度变迁理论

提下进行这种创造。① 这些前提除了生产力等因素以外，还应包括各种既有的制度型式。面对阶级斗争或国家间竞争的压力，一国若要成功地实现有机生产方式的变迁（无论这种变迁指涉的是向一个更高级的生产方式过渡，还是在既定生产方式内部向更高级的发展阶段过渡），就必须创造性地利用和改变既有的制度型式，或者开启一个制度的"创造性毁灭"过程，使相关制度担负起切合生产力发展需要的新的生产关系职能。我们或许可以把那种有能力实现这种转变的国家，在概念上命名为有机国家。而上述制度变迁过程，也恰恰是这种有机国家的形成过程。在这一过程中，国家不仅作为外在力量推动了制度的创造性毁灭，而且其自身的形成也是这一创造性毁灭的一部分。在此意义上，我们便可以理解，何以国家从来不在经济结构之外，而总是或明或暗地存在于经济结构之中。也正源于此，国家理论才成了一切制度变迁理论的名副其实的"王冠"。

可以指出的是，在既有文献中，大体可以辨识出三种与有机国家的形成相关的理论观点，第一种理论是葛兰西的被动革命论，这一理论一方面从国际关系和国家间竞争的角度，解释了一国所面临的制度变迁的动力；另一方面，由于它强调这一变迁是在大体维持既有统治阶层政治权力的前提下进行的，因而对于传统制度型式向新的生产关系的创造性转化，有格外的倚重。第二种是所谓发展型国家论，它强调的是如何利用既有的国家政治权力，使之深度介入一国的资源配置，根据自身发展和赶超目标改变既有的相对价格体系，塑造本国的竞争力。② 第三种理论则是卡尔·波兰尼的理论，这一理论提出市场的自由放任有导致社会解体的倾向，应该利

---

① "人们自己创造自己的历史，但是他们并不是随心所欲地创造，并不是在他们自己选定的条件下创造，而是在直接碰到的、既定的、从过去承继下来的条件下创造。"马克思：《路易·波拿巴的雾月十八日》，载《马克思恩格斯全集》第八卷，人民出版社，1961，第121页。

② 发展型国家论肇始于美国学者约翰逊以日本为对象的下述著作：《通产省与日本奇迹——产业政策的成长（1925~1975）》，金毅等译，吉林出版集团有限公司，2010。这一理论自提出后又被其他学者运用于分析韩国和中国台湾等世界不同国家和地区的高速成长。

用国家的力量,对市场价格制度以及资本主义生产关系加以限制和约束,以达成社会保护的目标。① 现代福利国家是这种理论观点的经验写照。一个关于现代国家形成的完整理论,至少是这三种(但不限于这三种)理论的结合。戈德利耶的概念重构,使这些理论有可能在历史唯物主义的概念体系中得到相应的解释和运用,从而为彼此的沟通和结合搭建了桥梁。

将戈德利耶的观点和有机生产方式变迁论相结合而得出的上述结论,对于理解中国自1978年以来的制度变迁具有格外重要的意义。和计划经济时代类似,改革开放以来,政治权力和政治关系也参与构建或直接充当了生产关系,这一点至少体现在以下几个方面。第一,通过重新界定中央和地方政府在剩余所有上的关系,使后者转变为具有特殊行为和动机模式的经济主体,由此带来了县域以上地方政府相互竞争的格局。第二,通过由各级政府支配的公有企业及银行等金融机构,政治权力直接决定了投资。在此前提下,政府或者直接充当熊彼特意义的企业家,或者承担集体生产资料和集体消费资料的供给,或者成为投资银行家以实现金融资产的增殖等。第三,作为事实上唯一的土地所有者,各级地方政府凭借土地产权及其利用方式构建了一系列制度和关系,借以获取与此相关的各种收益。② 政治权力和政治关系在充当或构建生产关系上所起的这种作用,使过往三十年来形成的社会主义市场经济体制产生了许多有别于其他类型市场经济的鲜明特点。马克思主义制度分析不仅要解释包括政治权

---

① 王绍光教授率先从波兰尼的理论立场看待中国的改革,并将其划分为两个阶段,即第一个阶段是市场的持续扩张,第二个阶段是对市场的限制和社会保护的兴起。见王绍光《大转型:1980年代以来中国的双向运动》,《中国社会科学》2008年第1期。孟捷和李怡乐则在下述文章里运用这一框架并结合马克思的理论观点探讨了中国劳动市场的形成和发展过程。见孟捷、李怡乐《改革以来劳动力商品化和雇佣关系的发展——波兰尼和马克思的视角》,《开放时代》2013年第5期。
② 史正富教授在其著作里分析了中国经济在过往三十年间形成的几种基本生产关系,包括中央政府和地方政府的关系、地方政府之间的关系等。参见史正富《超常增长:1979～2049年的中国经济》,上海人民出版社,2013。他的这一研究可以视为对所谓"发展型国家"(developmental state)理论的进一步发展。

力、政治关系在内的各种制度型式如何参与形成了新的生产关系，或直接作为生产关系发挥作用，而且要解释这些生产关系在何种程度上属于生产型（或榨取型）关系，其未来演变的动力和方向如何等一系列重大问题。

需要补充的一点是，在改革过程中，一些充当或参与构建生产关系的制度型式往往具有多重属性，包含多重关系，从而无法将其明确地划归政治、社会、意识形态等特定的领域。以农民工制度为例，作为改革以来形成的最重要的制度型式之一，它涉及经济、政治、社会、文化等各个领域的关系、规则和习惯，很难将其定性为属于某个具体领域的制度，而正是这样一种制度在当代中国直接参与塑造了一种特殊类型的雇佣劳动关系，在这种劳动关系中，生产者以半无产阶级的面目出现，并以用工的灵活性和低廉的单位工资成本适应了资本积累体制的需要。[①]

第四节 马克思主义和新制度主义：对诺思和阿西莫格鲁等人的批判性评论

在这一节里，我们将在上述讨论的基础上，对马克思主义经济学和新制度经济学做一个比较，这一比较不仅要在历史唯物主义的立场上揭示新制度经济学的局限性，而且要指出，马克思主义经济学和新制度经济学在何种意义上有可能开展建设性的对话。在马克思主义和新古典主义之间，迄今为止还从未实现任何领域的这种对话，笔者认为，制度变迁理论有可能是唯一的例外。

依照本书的观点，在制度变迁过程中，生产力归根结底的作用可以在"事后"（*ex post*）而非一定在"事先"（*ex ante*）体现出来，这便在历史

[①] 对农民工制度的经济意义及农民工的半无产阶级化性质的分析，可参见孟捷、李怡乐《改革以来劳动力商品化和雇佣关系的发展：马克思和波兰尼的视角》，《开放时代》2013年第5期。

唯物主义的框架内，为承认其他社会权力在历史发生学上的直接决定作用开辟了空间。需要注意的是，一方面，生产力的这种"事后"作用不是注定能实现的；另一方面，这种作用在不同国家和地区也不是以相同的形式、节奏和速度而实现的。在这里，那些起直接决定作用的因素如何最终导致生产力水平的提高，是以复杂的历史制度因素为中介的。为此，如何解释这些历史制度因素的作用，就成了以历史唯物主义为指引的制度经济学所面临的关键问题。笔者以为，在这些问题上，以诺思和阿西莫格鲁为代表的新制度主义经济学的研究，在一定程度上可以为马克思主义所借鉴。

在诺思和阿西莫格鲁等人的著作中，不乏一些直接针对历史唯物主义的评论，但这些评论都以传统的生产力一元决定论为对象，完全忽略了马克思主义内部对历史唯物主义的其他解释。例如，在诺思看来，马克思的缺陷是以技术变革解释长期制度变迁，但问题是，"单独的技术变化几乎不能解释许多长期性的变革，在这些变革中，技术似乎没有重大的变化，或技术变化似乎没有要求重大的组织变革来实现其潜力"。[①] 类似的，阿西莫格鲁及其合作者近期也写道：马克思"只强调了作为'历史动力'……的技术和生产力，而各种制度和政治因素——例如，谁拥有政治权力、权力如何行使、怎样限制权力，等等——则被彻底忽视了"。"马克思根本没有考虑制度和政治因素，因为他认为它们只不过是生产力释放出来的强大冲击的派生结果而已。"[②] 在诺思和阿西莫格鲁那里，政治权力、国家是决定经济增长和生产力发展的决定性因素，这种观点其实完全可以在一个经过重构的历史唯物主义理论中被接纳。

在笔者看来，本书强调的生产关系具有两重功能，以及由此而来的生

[①] 诺思：《经济史上的结构与变迁》，商务印书馆，1993，第29页。
[②] 阿西莫格鲁、罗宾逊：《资本主义一般规律之兴衰——评皮凯蒂〈21世纪资本论〉》，贾拥民译，《新政治经济学评论》2014年第8期；转载于《复印报刊资料·理论经济学》2015年第4期，第81、79页。

第三章 有机生产方式的变迁及其动力：迈向马克思主义的制度变迁理论

产关系可以在某种程度上独立于生产力而演变的自主性，为马克思主义和新制度主义的对话提供了可能。值得指出的是，生产关系具有双重功能，且这两种功能可能彼此冲突的观点，在某种意义上也是诺思的见解。譬如，在《经济史中的结构与变迁》一书中，诺思写道："（制度）有两个目的：一是，界定形成产权结构的竞争与合作的基本规则（即在要素和产品市场上界定所有权结构），这能使统治者的租金最大化。二是，在第一个目的框架中降低交易费用以使社会产出最大，从而使国家税收增加。"他还写道："上述两个目的并不完全一致。第二个目的包含一套能使社会产出最大化而完全有效率的产权，而第一个目的是企图确立一套基本规则以保证统治者自己收入的最大化（或者，……是使统治者所代表的集团或阶级的垄断租金最大化）。……在使统治者（和他的集团）的租金最大化的所有权结构与降低交易费用和促进经济增长的有效率体制之间，存在着持久的冲突。"①

在这里，诺思用新制度经济学的术语表达了马克思主义关于生产关系的两重功能及其相互间矛盾的思想。诺思自己含蓄地承认，上述有关制度的两种目的及其冲突的思想来自马克思，他写道："使统治者（或统治阶级）租金最大化的产权结构和那种会带来经济增长的产权结构是相冲突的。这类冲突的一个变种是马克思主义关于生产方式的矛盾的见解，根据这种见解，所有制结构和由不断演化的一组技术变革所带来的潜在收益的实现是不相容的。"②

诺思对制度的双重目的或功能的区分，和他提出的国家悖论是相关联的。国家作为最重要的制度即产权制度的界定者，既可以起到推动经济增

---

① 诺思：《经济史中的结构与变迁》，上海三联书店，1994，第 24~25 页。
② North, D. C., *The Structure and Change in Economic History* (London and New York: W. W. Norton & Company, 1981), p. 28. 值得指出的是，诺思此书在大陆有两个译本，这两个译本在不同程度上都存在一些误译。鉴于诺思自 20 世纪 90 年代以来在中国经济学界造成的深刻影响，其主要著作之一在大陆迄今尚未有一可信的中译本，不能不说是巨大的遗憾。

长和生产力发展的作用,也可以阻碍这一发展,即起到相反的作用,这便是所谓国家悖论的含义。从本书提出的有机生产方式变迁的视角来看,正是阶级斗争和国家间的竞争,有利于克服这种悖论,因为这两个因素的作用类似于某种进化的淘汰机制,凡是没有能力通过制度变革引致生产型生产关系的国家及其文明,在历史进程中被淘汰的概率也越大。因此,如果有机生产方式的变迁的确构成了历史发展的趋势,国家悖论便可在此前提下获得解决。

历史唯物主义对诺思的影响还体现在,后者尽管不曾直接使用生产关系的概念,但构成各种制度的合约关系事实上是生产关系的代名词。在诺思那里,合约关系既包括自愿关系,也包括非自愿关系,一个典型的例子是,他把领主和农奴的关系也理解为合约关系,在这种关系中,交易条件明显有利于领主。在诺思看来,关键的问题是,什么决定了有利于领主的交易条件的限度,以及这些交易条件是如何随着时间而改变的。[1]

诺思以合约关系代替生产关系,时常成为一些马克思主义者批判的对象。[2] 这类批判所忽略的是,自葛兰西以来,在马克思主义分析传统中便有一些理论,论证了生产关系表现或转化为合约关系的必要性和可能性。生产关系是一种权力关系,这种权力关系往往与暴力和强制相联系。但是,任何统治和剥削的权力在强制(Coercion)这一维度之外,还往往包含共识(Consent)的维度,若缺乏后者的支撑,权力关系将难以维持。一种生产关系之所以有可能表现为相互承诺的交易或合约关系,原因概源于此。最早就这一问题展开分析的是葛兰西,他在国家理论里涉及了这个问题。20 世纪 70 年代,一些马克思主义者如美国社会学家布洛威和法国人类学家戈德利耶,分别结合各自不同的研究领域,进一步推进了对这个

---

[1] 参见诺思《经济史中的结构与变迁》,上海三联书店,1994,第 226 页。
[2] 例如,林岗曾批评诺思将非自愿的农奴制生产关系作为合约关系,见林岗《马克思主义与经济学》,经济科学出版社,2007,第 202 页。

第三章 有机生产方式的变迁及其动力：迈向马克思主义的制度变迁理论

问题的研究。戈德利耶明确提出，在权力的两个因素即强制和共识之间，后者对于维持权力关系更为有效；而共识之所以能产生，源于下述条件：统治者有能力使被统治者确信，统治在于为被统治者提供服务，被统治者为此感到有责任以自己的服务换取统治者提供的相应服务。"**对于统治和剥削关系的形成和长期的再生产而言，这些关系必须表现为一种交易，表现为服务的交易**。正是这一点建立起那些被统治者的主动或被动的共识。""倘若不是采取服务的交易的形式，没有一种统治，即便是从暴力诞生的统治，能够持续下去。"①

合约关系作为权力关系（或生产关系）的转化或表现形式，并没有从根本上取消压迫性的权力关系，而是与之并存，并使后者采取了使社会紧张相对舒缓的形式。生产关系向合约关系的这种转化，必然伴随着相应的观念形式的出现。这些观念形式或意识形态，表达了当事人对双方之间交易或合约关系的性质、目的和内容的理解。没有这些观念形式或意识形态，这种交易或合约关系就无法被组织起来；另一方面，这些观念形式和意识形态同时也发挥了将既有权力关系合法化的作用。

戈德利耶（以及布洛威）的缺点是，他们较充分地讨论了生产关系表现或转化为合约关系对于一种生产关系再生产的必要性或意义，以及观念形式或意识形态在这种转化中的作用，但相对忽略了生产关系转化为合约关系所需要的生产力条件。一种具有压迫性的生产关系之所以能转化为合约关系以及在多大程度上转化为这种关系，归根结底取决于这种生产关系的生产性，换言之，取决于既定生产关系在多大程度上能将剩余的榨取和生产力的发展结合在一起，从而在统治者和被统治者之间实现某种程度

---

① Godelier, M., *The Mental and the Material* (English trans., London: Verso, 1986), p. 160, p. 161（重点标识是原有的）。另见 p. 157，戈德利耶还提出：生产关系向合约关系的这种转化，有助于"限制对野蛮的力量和身体暴力的运用，无论这种暴力是统治者的压迫性暴力，还是被统治者的反抗性暴力。"(p. 164) 戈德利耶认为，甚至在奴隶制生产方式下，生产关系也在一定意义上表现为合约关系，他写道："暴力和合约相结合，以造成奴隶生产关系的运作和再生产。"(p. 165)

89

的物质利益正和关系。这种物质利益正和关系是建构上述交易或合约关系的根本条件，也是维持或再生产一种生产关系的根本条件。①

上述在葛兰西、戈德利耶、布洛威等马克思主义者那里得到深入讨论的思想，在诺思的理论中被转换成了具有新制度主义特色的话语。在诺思那里，产权制度需要和意识形态相结合才能有效地运作，因为意识形态有助于使现有产权制度不仅在法律上，而且在人们的内心得到尊重，从而降低产权的实施成本即交易费用，用他的话来说，一方面，"维持现有秩序的成本与该制度的被体认到的合法性（the perceived legitimacy）负相关"（可解读为，这种合法性越高，制度成本便越低）；另一方面，"引导人们成为搭便车者所必须的报酬与对现存制度的被体认到的合法性正相关"（即合法性越高，"搭便车"的可能越少）。②

尽管意识形态理论在诺思的体系中显得非常重要，但若考虑到诸多马克思主义者对意识形态理论的贡献，诺思在这一理论上的独创之处其实所剩无多。诺思的优势在于，一方面，较其目光短浅的新古典同行而言，他对新古典经济学的局限性有着更为深入的了解；另一方面，他对马克思主义以及深受马克思主义影响的当代社会科学也拥有相当广博的知识。诺思身上的这种"比较优势"使其有可能为自己设定如下任务，即在新古典经济学范式的基础上，通过引入产权、制度、意识形态和国家等因素，以分析制度变迁。在意识形态理论上，诺思的独到之处在于，他想以意识形态理论解决所谓"搭便车"的问题，但细究起来，这个问题不过是在以个人功利主义计算为前提的纯粹新古典框架内才会生发的问题，因而并不

---

① 笔者在下述论文里从这一点出发对布洛威的理论做了批判的分析，并在劳动价值论的基础上探讨了这种正和关系在资本主义生产方式中存在的条件。见孟捷《劳动与资本在价值创造中的正和关系研究》，《经济研究》2011 年第 4 期。

② North, D. C., *The Structure and Change in Economic History* (London and New York: W. W. Norton & Company, 1981), p. 53, p. 54. 顺便指出，诺思这一著作的两个大陆译本在翻译这两句话时均有严重错误。

第三章　有机生产方式的变迁及其动力：迈向马克思主义的制度变迁理论

具有超出新古典范式以外的普遍意义。[1]

诺思的理论和马克思主义虽然存在某些相似或相通之处，但两者之间毕竟存在根本的差异。诺思对新古典范式虽常有批判，但这种批判只是为了拓宽后者的分析范围，增强这一范式的生存能力，因而是在新古典经济学内部发动的批判。一方面，诺思顽固地认为，新古典经济学代表了经济科学的成就，放弃这一理论等于放弃科学本身；[2] 另一方面，他又清醒地看到，新古典经济学在意识形态斗争中具有如下劣势："与马克思主义相比，自由市场意识形态并未在一个包含社会、政治和哲学（更不必谈形而上学）理论的包罗万象的框架内而发展。其结果是，在面临各种条件的变化时，要维持和取得各个集团对它的忠诚，面临着严峻的困难。"[3] 或许正是基于这一考虑，诺思试图把新古典经济学所忽视的内容，即制度、产权、国家、意识形态，一概引入其分析的架构中来，以使其和马克思主义一样，具有综合政治、社会、哲学等各方面理论的能力。从具体方法来看，引入交易费用概念，是达成上述目标的主要手段。正如诺思所指出的，在新古典经济学假设的世界里，只存在唯一一种制度，即作为交易体系的市场，在这一前提下，交易费用等于零。一旦引入与产权界定相关联的正的交易费用，就可以在理论上进入原本为新古典经济学所忽视的现实世界。正如他所说的，通过"把新古典分析的范围扩大，把交易费用包括在内，就能提供一个重要的理论途径，通过它就可以分析经济组织，

---

[1] 诺思："最为重要的是，任何一个成功的意识形态必须克服搭便车问题。其基本目的在于促进一些团体在行为上与简单的、享乐主义的、个人的成本收益计算反其道而行之。这是各种主要意识形态的核心任务，因为无论是维持现有的秩序，还是推翻现存的秩序，都不可能离开这种行为。" North, D. C., *The Structure and Change in Economic History* (London and New York: W. W. Norton & Company, 1981), p. 53.

[2] 诺思："新古典经济学通过提供一个严密的、合乎逻辑的分析框架，已经使经济学成为卓越的社会科学。放弃新古典理论便是放弃作为科学的经济学。挑战在于拓宽新古典经济学的视界，以便把握这些问题。" North, D. C., "Structure and Performance: The Task of Economic History", *Journal of Economic Literature*, 1978, Vol. 16, No. 3, p. 963.

[3] North, D. C., *The Structure and Change in Economic History* (London and New York: W. W. Norton & Company, 1981), p. 53.

并探讨现有的产权制度与一个经济的生产潜力之间的冲突"[1]。生产力和生产关系的矛盾本来是马克思主义分析的主题,经过诺思这样的处理,现在也成为新古典经济学的研究对象了。

那么,以诺思为代表的新古典制度经济学,是否真的能胜任这一任务呢?诺思始终坚持,新古典经济学提供了对生产力发展和经济增长的唯一可能的解释。诺思在这一问题上的固执或独断尤其体现在,在他眼中,《共产党宣言》对资本主义发展过程的描述,和新古典增长模型是完全一致的。[2] 诺思在此全然忘记了,同样是通过阅读《共产党宣言》和《资本论》,熊彼特(以及后世的演化经济学家)体认到,新古典经济学所提供的纯然是静态的资源配置理论,并不适合分析以创新为前提的资本主义发展。由于生产力的发展涉及企业和国家这两项制度,让我们简单考察一下诺思在这两个问题上的观点。在诺思(以及新制度经济学)看来,工厂制度出现的原因在于削减了交易费用,从而降低创新成本,推动了生产率进步。[3] 然而,一个基于熊彼特或马克思立场的理论家,马上便可提出以下问题:为什么企业存在的原因一定要通过削减交易费用来解释,而不是与价值创造相联系呢?在这个问题上,可以将诺思与美国学者拉佐尼克作个对比。拉佐尼克是一位同时受到马克思和熊彼特影响的经济学家,他提出了一个创新性企业的理论,并从这个理论出发批评了新制度经济学。在拉佐尼克那里,生产性组织可以通过内部计划对专业化分工加以协调,并借此开发创新所需的生产性投入,但这样一来,势必要投资于管理结构,从而提高企业内部管理成本,即提高交易费用。拉佐尼克指出,对企业而言,取得成功的关键,在于能否依靠其组织能力实现钱德勒意义上的速度

---

[1] 诺思:《经济史中的结构与变迁》,上海三联书店,第69页。
[2] 诺思写道:"统治者界定的所有权结构与新古典增长模型所指的效率标准相一致",解释了"《共产党宣言》中所描述的资本主义"。见诺思《经济史上的结构与变迁》,上海三联书店,第29页。
[3] 诺思:《经济史中的结构与变迁》,上海三联书店,第190、180页。

第三章　有机生产方式的变迁及其动力：迈向马克思主义的制度变迁理论

经济，使投资于高额管理成本而带来的劣势，转变为生产率增长的优势，从而实现创新和价值创造。[①] 拉佐尼克的这个理论，和马克思在《资本论》里勾画的企业理论一样，都将价值创造看作企业存在的目的，区别只在于是否使用劳动价值论来解释这种价值创造。在马克思经济学中，交易费用的问题也是存在的，但并不占据主要地位。诺思从降低交易费用的角度解释企业之所以存在和生产率进步的原因，虽然和正统新古典经济学相比是一个进步，但只描绘了一幅片面的图画。

在诺思那里，国家的作用在于重新界定产权，从而降低交易费用，推动经济增长。在这个理论中，国家似乎显得非常重要，但这种重要性只限于通过降低交易费用，使经济体系回归新古典完全竞争理论所设想的虚拟世界。在新古典一般均衡理论中，一方面假定国家在市场中不起积极的作用（所谓中性国家），另一方面排除了熊彼特意义上的生产性组织。然而，任何理论如果将这两项关键制度（即国家和创新型企业）放逐于市场之外，就无法真正解释现代市场经济及其效率。诺思虽然表面上重视国家对于制度供给的作用，却服从于自由主义的传统理念，即将经济（或市场）和政治截然两分，不仅从市场中排除了任何形式的国家权力，而且排除了由市场内生的具有垄断性的其他非对称权力。这样一来，在诺思（以及后文还要谈到的阿西莫格鲁）那里，国家除了界定产权、监督合约的实施以及提供某些公共品以外，在市场中便无其他积极的作用。这种理论最终和国家作为"守夜人"的自由主义理论达成了关键的一致，不仅难以解释凯恩斯以来的发达资本主义经济，而且无法解释当代中国经济的发展。

从方法论上看，诺思采纳交易费用概念的最终目的是在理想的新古典世界和现实世界之间搭起一座可沟通的桥梁。交易费用概念是为解救新古

[①] Lazonick, W., *Business Organization and the Myth of Market Economy* (CUP 1991). 尤见该书第九章对诺思的批判。

93

典经济学的困境而提出的,因而所担负的主要是克服范式危机的任务,至于这个概念在含义上太过模糊,在现实中难以操作和计算,对诺思而言只是第二位的问题。如果有人只看到这一问题,进而批评交易费用概念本身,那是没有理解这个概念所担负的作为新古典经济学范式危机的"救世主"的角色。即便交易费用概念永远无法获得准确的定义和度量,旨在扩大自身解释力、争夺意识形态霸权的新古典经济学也需要这个概念,因为依靠这个概念它的一只脚就能伸进现实世界。饶有讽刺意味的是,诺思自以为是在科学的意义上探讨意识形态问题(他有发展"意识形态的实证理论"这样的提法),却浑然忘记了,他赖以开展这种分析的理论本身,其核心内容(完全竞争市场的一般均衡理论)也是一种意识形态,甚至是披着现代科学外衣的"神学"。[①]

让我们再来看看另一位新制度主义经济学家阿西莫格鲁。阿西莫格鲁及其合作者约翰逊最近出版的著作《国家为什么会失败》,为我们全面考察其理论提供了一个适当的机会。在这部著作里,作者总结了自己在过往十余年间所做的研究。对笔者而言,书中最令人感兴趣的观点,无疑当属包容性制度之于经济增长的重要意义。阿西莫格鲁等人区分了包容性制度和汲取性制度,并将其进一步界分为经济制度和政治制度。这样一来,我们就有了四种类型的制度以及由此产生的四种制度的不同组合。在阿西莫格鲁等人看来,政治决策过程和政治制度在决定经济发展中具有决定性意义;而且,只有包容性政治制度才能与包容性经济制度相匹配,并带来一国的长期经济增长。这些见解进一步发展了诺思的观点。

阿西莫格鲁及其合作者对包容性经济制度的界定具有如下特点。第一,不仅区别了包容性经济制度和汲取性经济制度,而且将两者对立起来。第二,包容性经济制度的核心是包容性市场,在理论上,这一市场类

[①] 对新古典经济学的神学性质的分析,可参见美国马克思主义经济学家弗里的下述著作,Foley, D. K., *Adam's Fallacy: A Guide to Economic Theology* (Harvard University Press, 2008)。

第三章　有机生产方式的变迁及其动力：迈向马克思主义的制度变迁理论

似于新古典经济学的完全竞争市场，用阿西莫格鲁等人的话来说，这一市场"不仅给人们追求最适合他们才能的职业的自由，而且给他们这样做的平等舞台。有好想法的人可以开公司，工人可以选择生产率更高的活动，低效率的企业会被高效率的企业取代"等。第三，与前述特点相对应，包容性经济制度的概念预设了对国家的经济作用的理解，在阿西莫格鲁及其合作者那里，这一作用大体类似于斯密的"守夜人"，不过，在提供公共服务和公共基础设施方面，有时也暗示了国家的更为积极的作用。[①]

阿西莫格鲁等人对包容性经济制度和汲取性经济制度的界分，与诺思的思想是大体一致的。[②] 这一对概念和本书采用的另一对概念（即生产性/榨取性生产关系）表面上看是类似的，但细究起来，两者之间有着显著的区别，这体现在以下方面。

第一，在阿西莫格鲁等人那里，包容性经济制度在定义上过于依赖一组特定类型的制度（如私人产权和包容性市场），因而忽略了下述可能性，即这些特定类型的制度在不同的社会历史背景下未必一定导致令人满意的增长绩效。对阿西莫格鲁等人来说，一个难以面对的事实是，一些看似具备了包容性制度的国家，并不一定会出现更优于其他国家的经济增长。一个典型例证是将印度和中国比较，无论是计划经济时代的中国还是改革开放以后的中国，其增长绩效都优于同时期的印度。和阿西莫格鲁不同，本书采纳的与相对/绝对剩余生产方式分别对应的生产性/榨取性生产关系，在定义上并不依赖于特定的制度，而只取决于各自的功能（即是否能将剩余的获取与生产力的发展相联系），这种界定方式反而使这对概念有可能在制度变迁理论中获得更为广泛而灵活的适用性。

[①] 参见阿西莫格鲁、约翰逊《国家为什么会失败》，李增刚译，湖南科学技术出版社，2015，第52~53页。

[②] 诺思有"生产性的制度安排"这样的提法，与包容性制度的概念意义类似，见诺斯、托马斯《西方世界的兴起》，厉以平、蔡磊译，华夏出版社，2009，第13页。

第二，根据阿西莫格鲁等人对包容性经济制度的界定，市场和国家（或者经济和政治）依旧是截然两分的不同领域。而参照戈德利耶对历史唯物主义的概念重构，政治权力可以参与构成或直接充当生产关系，经济和政治、市场和国家因而是相互包容和彼此渗透的。这一观点在解释改革以来形成的中国发展模式的特点和中国经济增长的制度条件时，具有格外重要的方法论意义。

第三，在阿西莫格鲁等人的著作里，包容性经济制度和汲取性经济制度是互相排斥的，这一观点低估了下述可能性，即这两者有时是可以并存的，并在特定条件下相互转化。这种可能性意味着，某类制度型式在特定背景下可能具有包容性，在另一背景下则可能具有汲取性。阿西莫格鲁对这两种制度的截然两分，事实上美化了资本主义经济制度，低估了汲取性制度或绝对剩余价值生产之于资本主义发展的意义。从历史上看，资本主义的演化过程是绝对剩余生产和相对剩余生产各自所占比重此消彼长的过程。而且，从世界体系的角度看，还很难说这种此消彼长是以相对剩余生产的比重持续增长的方式实现的（尽管这是马克思在《资本论》里所假设的）。自卢森堡以来，马克思主义分析传统中一直有一种观点，认为资本主义核心国家可以通过支配外围国家的剩余，支持核心国家的资本积累。这意味着，除了马克思所注重的以提高生产力、增加相对剩余价值为前提的内源型资本积累外，资本积累还存在另一类形式。哈维曾将后一类型的资本积累称作"剥夺性积累"，并试图在概念上将其进一步普遍化，以囊括包括金融化在内的各种新的剥削形式。[①] 毫无疑问，造成这种剥夺性积累的制度条件和造成内源型积累的制度条件，在相当程度上是重合的。

不过，尽管存在上述片面性，阿西莫格鲁等人在诺思的基础上提出的

[①] 参见哈维《剥夺性积累》，载哈维《新帝国主义》，初立忠、沈晓雷译，社会科学文献出版社，2009。

第三章　有机生产方式的变迁及其动力：迈向马克思主义的制度变迁理论

下述观点，即特定的政治制度有利于诱致特定的经济制度的形成，进而促进了生产率增长[①]，仍然有许多合理的成分，并与有机生产方式变迁的观点有明显的相通之处。他们针对一些国家的历史制度分析，以及为此而发展的计量经济学技巧，的确提供了一些有价值的成果，有助于我们理解那些直接决定历史的制度因素与生产力进步之间在"事后"所建立的联系。这种联系的实质，在于利用制度的创造性毁灭创设出一整套生产关系，使之促进生产力的发展。借用科恩的术语，即使得一个社会中流行的生产关系最终转变为一种适合生产力发展的功能性关系。尽管阿西莫格鲁等人指斥历史唯物主义犯有生产力决定论的错误，但略有讽刺意味的是，这种"事后"形成的功能性关系，也构成了他们自身研究的主题。

第五节　尾论

历史唯物主义自其提出以来，一直面临着来自马克思主义外部和内部的争论。如果撇开来自外部的，即来自非马克思主义者的批评不谈，在马克思主义者内部，大约经历了三次争论。还在恩格斯在世时，就已经出现了将历史唯物主义理解为经济决定论或生产力决定论的倾向，在其晚年的几封著名书信中，恩格斯试图批评并纠正这种倾向。这批书信的问世象征着马克思主义史上第一次出现了围绕历史唯物主义的争论。恩格斯当时把

[①] 阿西莫格鲁等人将包容性经济制度和包容性政治制度的"匹配"作为实现经济增长的制度条件（阿西莫格鲁、约翰逊：《国家为什么会失败》，湖南科学技术出版社，2015，第57~58页），这一观点虽然包含着一些合理的成分，但在理论上可以看作福山"历史终结论"的另一个版本，这是因为，一方面，他们对包容性经济制度的界定，意味着他们将完全竞争市场作为衡量一切经济制度有效性的标准；另一方面，他们对包容性政治制度的界定，又意味着将资产阶级的代议民主作为衡量政治制度有效性的标准。值得一提的是，马克思也曾批评过"历史终结论"，并采用了"世界历史的终结"这一术语，他写道："断言自由竞争等于生产力发展的终极形式，因而也是人类自由的终极形式，这无非是说中产阶级的统治就是**世界历史的终结**——对前天的暴发户们来说这当然是一个愉快的想法。"《马克思恩格斯全集》第四十六卷下册，人民出版社，1980，第161页（重点标识为引者添加）。

经济（和生产力）决定论的出现，视为马克思和他本人对历史唯物主义解释得不够充分而造成的误解，而不是历史唯物主义本身内在矛盾的表现。① 因此，尽管恩格斯为纠正这一决定论倾向付出了很大努力，但这一努力并不成功。② 恩格斯去世后，这种经济决定论成了对历史唯物主义的最为通行的解释。第二次争论发生在十月革命前后，当时围绕这场革命的性质，在国际马克思主义者中间产生了争议，这些争议在理论上必然涉及历史唯物主义的基本观点。第二国际社会主义者普遍站在生产力一元决定论的基础上，认为十月革命缺乏相应的生产力基础，不是一场社会主义性质的革命。即便是赞成十月革命的葛兰西，在撰文评论这场革命时，也将文章题名为《反〈资本论〉的革命》。③ 列宁本人对这一问题的态度，前文已经分析过了。值得一提的是，在20世纪20年代，布哈林出版了《历史唯物主义》一书，大致沿袭了生产力一元决定论的观点。布哈林是俄国布尔什维克党的领导人之一，他在书中表露的观点与列宁晚年对历史唯物主义的看法显然是有分歧的。这种分歧还体现在卢卡奇针对该书撰写的书评中。此后，经过大约半个世纪，在20世纪70年代西方马克思主义复兴的潮流中，又出现了第三次大的分歧或争论，其典型表现是科恩和布伦纳各自发表的著作，尽管在这两人之间似乎并未展开直接的论战，但双方

---

① "青年们有时过分看重经济方面，这有一部分是马克思和我应当负责的。我们在反驳我们的论敌时，常常不得不强调被他们否认的主要原则，并且不是始终都有时间、地点和机会来给其他参与交互作用的因素以应有的重视。"恩格斯1890年9月21日致布洛赫的信，载于马克思、恩格斯《〈资本论〉书信集》，人民出版社，1976，第501页。另见恩格斯1893年7月14日致梅林的信，同上书，第553页。

② 卢卡奇："恩格斯在晚年曾作过坚持不懈的（但徒劳的）努力，试图把机械的庸俗的、错误的认识论的经济优先观（有人把它作为马克思主义的基础）引上辩证法的轨道：他试图防止这样一种观点，就是似乎任何社会现象都能从经济中'作为逻辑的必然而推导出来'。"《关于社会存在的本体论》下卷，第274页。

③ 葛兰西写道："布尔什维克否定了卡尔·马克思，并用毫不含糊的行动和所取得的胜利证明：历史唯物主义的原则并不像人们可能认为和一直被想象的那样是一成不变的。"见葛兰西《反〈资本论〉的革命》，载《葛兰西文选：1916～1935》，人民出版社，1992，第10页。

第三章　有机生产方式的变迁及其动力：迈向马克思主义的制度变迁理论

的理论以更为发展的形式再现了卢卡奇和布哈林的争论。①

历史唯物主义理论的内在矛盾使马克思主义者一直面临着下述近乎悖论的尴尬局面：一方面，如果坚持生产力在解释历史制度变迁中的首要性地位，其结果将导向生产力决定论，即认为任何历史制度变迁都可以从生产力的变化中推演出来；另一方面，如果放弃这一观点，承认其他因素具有与生产力类似的首要性，其结果将有滑向韦伯式理论的危险，即承认所有类型的社会权力在历史变迁中都具有同等的重要性。② 本书的全部讨论旨在探索克服这一悖论的可能性。通过引入有机生产方式变迁的概念，我们保留了生产力一元决定论的合理内核，在承认生产力的归根结底作用的同时，又对这种作用的实现方式做出了不同于以往的解释。根据这种解释，生产力的归根结底的作用不同于在历史过程中的直接决定作用；推动生产方式改变的直接原因可能和生产力的发展无关，但一种生产方式要在整体上实现不可逆的改变，必须以生产力的发展为最终条件。在此意义上，我们可以构想一个有机生产方式变迁的历史序列，但这一序列只是对历史发展总体趋势的概括，并不能无条件地用于解释每一段实际历史。一些要求将历史唯物主义提出的经济社会形态发展序列与每一国家、每一时期的历史直接对应的观点，是误解了历史唯物主义作为历史理论的性质。

---

① 考虑到马克思主义者围绕历史唯物主义的上述争论，诺思的下述评论是不无道理的："有多少马克思主义理论家几乎就有多少种对马克思理论的注释。这就使确定马克思的模型变得很困难。"见诺思《经济史中的结构与变迁》，上海三联书店，第67页。不过，诺思尽管知晓这种困难，却不加讨论地把历史唯物主义理解为技术决定论（同上引）。

② 里格比曾总结了历史唯物主义所面临的这种悖论："正如高质量的马克思主义历史研究所表明的，马克思主义者很容易摆脱还原论的魔咒，而它的批判者通常会将还原论视为导致它失败的关键所在。但是，马克思主义只能以滑向多元论为代价才能避免这种危险。因此，马克思主义似乎无法成功地摆脱这两种命定的束缚。"（见其《马克思主义与历史学》，译林出版社，第二版序，第29页）这里提到的还原论指的是将社会历史发展的原因归结为生产力的生产力一元决定论。多元论则是指新韦伯主义理论，美国社会学家迈克尔·曼是这一理论的当代代表，该理论认为，不存在具有决定性作用的社会领域（如经济），在历史过程中，经济的、政治的、军事的、意识形态的权力都可能发挥决定性作用，这些权力是相互依赖、彼此转化的。参见迈克尔·曼的多卷本著作《社会权力的来源》（刘北成等译，上海世纪出版集团，2015）。

在实际历史进程中，除了生产力系统的自主变化外，阶级斗争和国家间竞争是推动生产方式演变的两大直接动因。一种生产方式的演变在何种程度上转化为有机生产方式的变迁，取决于流行的生产关系的性质及其变化的方向。根据前文的观点，一方面，人类社会中各种不同的制度型式都有可能依据其功能担负起生产关系的角色；另一方面，生产关系的作用不仅在于适应和促进生产力的发展，而且在于增加统治阶级获取的剩余，生产关系的这两重功能既可以相互结合，也可以相互背离。如果一国的特定利益集团或利益集团联盟，面对来自阶级冲突和国家间竞争的压力，有能力利用国家权力推动一场制度的创造性毁灭，将流行的生产关系转变为切合生产力发展需要的生产关系，从而使剩余的增长更多地建立在生产力发展的基础上，就有可能促成有机生产方式的变迁。这一制度的创造性毁灭过程，同时也是国家形成的过程。国家既是推动制度变迁的外部力量，其自身之形成也构成了这一制度变迁的内在组成部分，正是这一特点使得国家理论相应地成为一切制度变迁理论的核心。在法国马克思主义者戈德利耶的基础上，本书进一步提出，在现代市场经济中，政治关系和政治权力往往直接充当或参与构建了生产关系。这一观点对于理解中国改革以来的制度变迁具有格外重要的意义。笔者希望，本书提出的这一再解释能给历史唯物主义带来足够的弹性和活力，使之不仅摆脱传统的生产力一元决定论的束缚，而且能为发展"当代中国社会主义政治经济学"提供必要的方法论指引。

第四章
经济人假设与马克思主义经济学

关于人的动机和行为模式的理论，是经济学乃至一切社会科学的核心理论。20世纪80年代以来，随着市场经济在我国的发展，对经济人假设的探讨也相应地成为理论界的热点。在已发表的大量文献中，大致可以分辨出两种看待经济人假设的观点：一种观点力图彻底否定经济人假设在理论上的可行性，把该假设看作是与马克思主义经济学根本对立的；[①] 另一种观点则在批评新古典经济人假设的同时，承认马克思经济学也在某种意义上继承了源自古典经济学的经济人概念。[②] 理论观点上的这种分歧，为进一步探讨马克思主义有关人的动机和行为模式的理论预留了空间。

本章在结构上安排如下：第一节探讨了古典经济学，尤其是亚当·斯密的经济人概念。斯密对经济人概念的界定包含着两个相互矛盾的侧面，并分别为马克思经济学和新古典经济学所继承。第二节回顾了马克思的资本主义生产当事人概念，在《资本论》第一卷提出这一概念时，马克思

[①] 可参见周新城《决不能把经济人假设作为经济学研究的前提》，《山西财经大学学报》2005年第4期；刘瑞《社会主义经济分析中没有"经济人"的位置》，《中国人民大学学报》1997年第1期。

[②] 譬如，曾启贤《经济分析中的人》（《经济研究》1989年第5期）。笔者的观点也可看作属于这后一种。

首先在资本一般的层面对这种当事人的动机和行为模式做了基本规定。第三节借助美国马克思主义经济学家谢克所引发的一场争论，进一步考察了竞争即"许多资本的相互关系"对资本主义生产当事人的动机和行为模式的影响，并探讨了下面这个问题——马克思主义经济学如何从一个普遍的动机出发，解释资本主义当事人在竞争中的各种直接行为和动机。为此我们提出了一个新观点：追求剩余价值和追求利润，在意义上是迥然不同的。第四节介绍了演化经济学对新古典利润最大化假设的批评，强调这一批评事实上植根于资本主义经济中的不确定性对人的行为和动机模式的影响。在此基础上我们还讨论了马克思对不确定性的分析，以及在他看来这种不确定性如何影响着资本主义生产当事人的目标和行为。第五节探讨了资本主义生产当事人概念所包含的局限性，以及制度多样性与人的行为和动机模式多样性之间的关系。马克思曾经在不同场合提出了三个涉及人的动机和行为模式的重要命题，建构马克思主义关于人的行为和动机模式的完整理论，必须反思这三个命题的含义及其相互之间的关系。最后一节是一个简短的尾论。

第一节　古典经济学的经济人概念

经济人概念滥觞于古典政治经济学。《德意志意识形态》在批判以霍布斯和洛克为代表的功利主义哲学时，曾这样评论了功利主义和新兴的政治经济学的关系："把所有各式各样的人类的相互关系都归结为唯一的功利关系，看起来是很愚蠢的。这种看起来是形而上学的抽象之所以产生，是因为在现代资产阶级社会中，一切关系实际上仅仅服从于一种抽象的金钱盘剥关系。在第一次和第二次英国革命时期，即在资产阶级取得政权的最初两次斗争中，在霍布斯和洛克那里出现了这种理论。当然，这种理论早已作为心照不宣的前提出现在经济学家的著作中。政治经济学是这种功利论的真正科学；它在重农学派那里获得了自己的真正的内容，因为重农学派最先把政治经济学变成一个体系。"①

古典经济学家对人的行为和动机模式的假定，是以刚刚出现的资本主义经济体系为前提的。关于经济体系与经济人概念的关系，以及经济人概念的合理性，捷克马克思主义哲学家科西克曾有如下深刻的评论：

> 经济人的概念以系统的观念为基础。经济人就是作为系统的组成部分的人，作为系统的一个功能要素的人。这样的人必须具有开动这个系统所必不可少的本质属性。……古典科学（指古典经济学——引者）赋予"经济人"若干基本特性，其中包括理性行为的利己主义等等。如果说古典科学中的"经济人"是一个抽象，那它是一个合理的抽象。……它的抽象性取决于系统，在系统之外，经济人才变成一个没有内容的抽象。

> 把人降低为抽象物的不是理论，而是实在本身。经济是一个系统，是一个支配着社会关系的规律系列。而人正是在这种关系中被逐步地改造为"经济人"。一旦进入经济的王国，人就被改造了。在进入经济关系的瞬间，他就不依他的意志和意识为转移地被收入环境和规律似的关系网之中。在这些关系中，他作为一个经济人发挥作用。只有在完成了经济人的角色的条件下，他才能生存并实现自身。因此，经济是把人变成经济人的生活氛围。它把人纳入一个客观机制，对他进行征服和改造。只有当经济运转着，就是说，把人变成某种抽象，把他的某些属性加以绝对化、极端化和特别地强调，而忽视其他属性（即经济系统中那些随机的、非必然的属性）时，经济中的人才是活动的。②

---

① 马克思、恩格斯：《德意志意识形态》，人民出版社，1982，第469页。
② 科西克：《具体的辩证法》，傅小平译，社会科学文献出版社，1989，第63~65页。

包括亚当·斯密在内的古典经济学家并没有直接采用经济人这一术语，但一般认为，通过对利己心概念的阐述，经济人假设在斯密那里得到了充分的表达。① 斯密对利己心概念的规定包含着下述两面性，一方面，作为《国民财富的性质和原因的研究》（以下简称《国富论》）理论出发点的利己心，实际上是从资产阶级生产当事人的行为和动机中得出的抽象，譬如，在《国富论》第二篇中斯密就提出：每个人都有改良自身状况的持久愿望，而通过节俭积贮并增加资本是实现这一改良的最适当手段。另一方面，利己心又被斯密看作抽象的人性，被定义为"每个人改善自身境况的一致的、经常的、不断的努力"。② 恩格斯曾这样总结了体现在古典经济学家身上的两面性，他说："在他们看来，新的科学不是他们那个时代的关系和需要的表现，而是永恒的理性的表现，新的科学所发现的生产和交换的规律，不是这些活动的历史地规定的形式的规律，而是永恒的自然规律；它们是从人的本性中引申出来的。但仔细观察一下，这个人就是当时正在向资产者转变的中等市民，而他的本性就是在当时的历史地规定的关系中从事工业和贸易。"③

经济人概念的这种两面性，首先反映在《国富论》的叙述逻辑及其矛盾之中。《国富论》开篇提出了一个人类学社会图景④，按照这个图景，分工和货币等概念被看作起源于一种"为人类所共有，亦为人类所特有，在其他各种动物中是找不到的"人类学属性，斯密将其称为

---

① 一般认为，最早采纳"经济人"概念并加以明确定义的，是19世纪英国经济学家约翰·斯图亚特·穆勒。参见 Mill, J. S., "On the Definition of Political Economy, and on the Method of Investigation Proper to It", *London and Westminster Review*, October, 1836; *Essays on Some Unsettled Questions of Political Economy*, 2nd ed. London: Longmans, Green, Reader & Dyer, 1874, essay 5, paragraphs 38 and 48。
② 《国富论》上卷，商务印书馆，1972，第314页及前后各页。
③ 恩格斯：《反杜林论》，《马克思恩格斯选集》第三卷，人民出版社，1995，第493~494页。
④ 在以下论文中，笔者批判地考察了斯密的人类学图景与其经济学理论之间的关系，见孟捷《重农主义和〈国富论〉体系的本体论批判》，《中国社会科学季刊》（香港）1995年夏季卷。

"互通有无，物物交换，互相交易"的交易倾向。在斯密看来，这种交易倾向并非"不能进一步分析的本然的性能"，可是，在对交易倾向做进一步分析时，斯密表现出以下矛盾，一方面，交易倾向被看作人的"理性和言语能力的必然结果"，或者用他在《格拉斯哥大学讲义》中更为明确的表述：交易倾向的"真正基础是人类天性中普遍存在的喜欢说服别人这种本质。……由于人们毕生的精力都花在操练说服能力上，必然会获得一种便捷的方法来互相交换东西。"另一方面，交易倾向在《国富论》中又被还原为"利己心"，用他的话说："我们每天所需的食料和饮料，不是出自屠户、酿酒家或烙面师的恩惠，而是出于他们自利的打算。"[①]

斯密为什么会提出以上两种不同的分析结果，是个饶有兴味的问题。第一种分析结果即把交易倾向还原为理性或语言能力，在《国富论》中不像在《格拉斯哥大学讲义》中那样受重视，用斯密当时的话来说："这不属于我们现在研究的范围。"[②] 但是这个分析之所以又留存于《国富论》中，也有其特殊的意义。把"理性和言语能力"看作人猿揖别的标志，在洛克和休谟那里也能见到。[③] 斯密用理性和言语能力来解释交易倾向，

[①] 这一段中的引征，分别见于《国富论》上卷，第14页，以及坎南编《亚当·斯密关于法律、警察、岁入及军备的演讲》，商务印书馆，1962，第186~187页。美国学者赫希曼曾指出，利己心概念（self-interest）中的利益（interest）一词，在西方近代思想史上一开始并不限于专指人的物质利益，在16世纪，这个词的意义一度"涵盖了人类的全部欲求"，然而，自16世纪以降，"利益一词的含义通过某种过程被狭义化为对物质经济利益的追求，这就是英语史和德语史的趋同点。"参见赫希曼《欲望与利益》，上海文艺出版社，2003，第27~32页。可以认为，在斯密提出其"利己心"概念的年代，赫希曼所指的上述词义变迁过程业已结束了。

[②] 《国富论》上卷，第13页。

[③] 洛克在《人类理解论》开篇写道："理解既然使人高出于其余一切有感觉的生物，并且使人对这些生物占到上风，加心统治，因此，理解这个题目确乎是值得研究；只就理解底高贵性讲，我们亦可以研究它。"（《人类理解论》，商务印书馆，1954）。休谟："人类之所以高出于畜类，主要是因为他们的理性优越"（《人性论》下册，商务印书馆，1980，第653页）。与洛克或休谟不同，斯密进一步提出，人的经济和社会交往源于语言或话语中的社会性。

或许是要避免单纯以利己心来区别人与动物给资产阶级的高贵理性带来的尴尬吧。

值得一提的是，把交易倾向还原为"利己心"，使斯密得以进一步构想一幅由小生产者组成的社会图景：在那里，"一切人都成为商人"，他们通过出卖"自己消费不了的剩余劳动的生产物"而结成了"商业社会"。① 这种"商业社会"纯粹是由小生产者、小商贩（"屠户、酿酒家或烙面师"）组成的，而这种类型的社会在现实中其实从未存在过，完全是理论的构造物，英国学者米克便指出了这一点，他还留意到，早在《格拉斯哥大学讲义》中，斯密就提出了这一小生产图景。② 这幅小生产图景，与《国富论》开篇以制针业为例讨论的、按资本主义原则组织起来的工场手工业是相矛盾的，这种矛盾反映了斯密所处时代的过渡性质。

斯密经济人概念的两面性，还反映在其具体理论特别是分配论之中。正如日本著名学者大河内所看到的："在'利己心'表现在经济生活中的时候，它不是'经济人'一般，也不是'交换人'一般，而是土地所有者、工商业者，也是'贫穷劳动者'。"换言之，不同阶级的"利己心"在其利益上是互相对立的。例如，斯密在讨论工资的形成时这样说："劳动者的普通工资，到处都取决于劳资两方所订立的契约。这两方的利害关系绝不一致，劳动者盼望多得，雇主盼望少给。"还说："我国商人和制造业者，对于高工资提高物价从而减少国内外销路的恶果，大发牢骚；但对于高利润的恶果，他们却只字不提。"这些论述表明，斯密在具体分析中事实上放弃了人类学图景中的抽象的经济人概念，转而通过具体的经济关系来规定人的目标和行为。此外，斯密还主张建立"符合一般人道标准的最低工资"，为此需要市场以外的力量加以干预。在我们看来，这种观点也否定了《国富论》开篇单纯以非道德的利己心作为缔结社会联系

---

① 《国富论》上卷，第20页。
② 米克：《劳动价值学说的研究》，商务印书馆，1963，第48~49页。

的水门汀的看法。①

新古典经济学和马克思经济学分别继承了斯密经济人概念中的不同侧面。马克思经济学继承和发展了这个概念中的合理成分，主张在特定经济关系下分析人的行为和动机模式的特殊性，形成了"资本主义生产当事人"的概念，而不是像新古典经济学那样，从某种先验的人性出发，推演出社会和经济关系的存在。值得一提的是，美国社会学家格兰诺维特，曾指出新古典经济人假设所含有的以下悖论：一方面，经济人是原子化的、非道德的个人；另一方面，经济人又不能采用强力和欺诈来实现个人利益。因此，表面上看来脱离了社会环境、原子式的经济人，事实上是以特定制度为前提而形成的概念，在这一制度下，个人只能凭着绅士般的手段（即交易）来为自己谋取物质上的利益。格兰诺维特还就人的行为与社会结构的关系提出了以下论点："行动者并非是外在于社会环境，如原子般行为和决策的……。相反，他们进行有目的的行动的尝试，是嵌于具体的、正在发生的社会关系体系中的。"② 这些看法和马克思的观点显然是近似的。

在经济思想史上，新古典经济人概念的缺失已一再被不同派别的学者所分析和揭露③，本书不拟过多重复这些批评意见，这里只强调下面三点。

第一，把自利经济人树为整个理论的先验前提，是为了得出一般均衡这个结果，而均衡概念事实上反映了新古典经济学家对资本主义经济的内

---

① 大河内尽管注意到斯密的这些具有矛盾性质的观点，却不愿承认其经济人概念内在地具有两重性，反而力图为这一概念的逻辑一致性辩护。参见大河内一男《过渡时期的经济思想——亚当·斯密与弗·李斯特》，胡企林、沈佩林译，朱绍文校，中国人民大学出版社，2000，第90、113、116页。对斯密的征引见《国富论》上卷，第60、90页。

② Granovetter, M., "Economic Action and Social Structure: the Problems of Embeddedness", *American Journal of Sociology*, 1985, Vol. 91, No. 3, p. 488, p. 487.

③ 例如，程恩富教授曾总结了对新古典经济人假设的八点批评意见，见程恩富《新"经济人"论：海派经济学的一个基本假设》，《教学与研究》2003年第11期。另可参见下述著作中对经济人的讨论，霍奇逊：《现代制度主义经济学宣言》，向以斌译，北京大学出版社，1993。

在稳定性的信仰。我们可以借用熊彼特的"图景"概念来说明这里的问题。按照熊彼特的观点,经济理论的形成包括两个互相补充但又完全不同的因素:第一个因素是理论家对于社会经济的基本特征的看法,他称之为"图景"(Vision);第二个因素则是理论家用来将图景概念化的手法和工具。① 所谓图景往往浸透着同时代意识形态的影响,并反映着理论家本人的阶级立场。在新古典经济学中,一般均衡和帕累托最优之类的观念正可以归于这种图景,而自利的理性经济人则是论证这一图景的方便的工具。用科西克的话说:"在某种系统的构架中,追求个人私利被认为理所当然地将带来普遍的福利。只有在这样的构架中,利己主义才能被看作是人类活动的主要动机。作为结果出现的普遍福利是什么?是一个预先的假定和意识形态前提:资本主义是所有可能系统中最好的。"② 一方面,自利经济人的行为带来了均衡;另一方面,均衡和帕累托最优的存在也反过来证明了利己主义的合理性。这两极之间是互相印证的。

第二,经济人本来是相对于特定的经济体系而形成的理论抽象,一旦离开这个特定的体系就会失去其意义。在新古典经济学形成之初,某些始作俑者还小心翼翼地把经济人假设限定在特定的经济体系内部,而随着新古典经济学的发展,经济人作为形而上学的先验预设这一特点得到强化,不仅被用来解释市场经济以外的经济体系,而且被用于家庭、婚姻、国际关系等非经济领域的研究,这就带来了所谓"(新古典)经济学的帝国主义"。一些对新古典经济人假设抱支持或同情态度的学者,也看到了这一现象在理论上的荒唐甚至"危险",例如杨春学教授就曾指出:"如果象贝克尔那样持有'野心',把它(按:指经济人)说成可以解释所有的人

---

① 参见熊彼特《经济分析史》第一卷,陈锡龄、朱泱、孙鸿敞译,商务印书馆,1991,第70页及以下各页。
② 科西克:《具体的辩证法》,第64页。

类行为，那么就是自毁基础！"①

经济人假设在其运用范围上的这一泛化，事实上植根于罗宾斯和米塞斯等人对经济学的定义，根据这一定义，"经济学是一门研究作为目的和具有不同用途的稀缺手段之间关系的人类行为的科学"。② 这样一来，正如法国人类学家、马克思主义者戈德利耶指出的，"这种定义并没有把握经济本身，反而使之消解为一种关于目的性行为的形式化理论，在这一理论中，将经济活动和其他旨在取得快乐、权力或拯救的活动加以区别就不再可能了。无论如何，一旦所有目的性行为原则上都被称作经济行为，事实上就没有任何行为还是经济的了。"戈德利耶进而提出，这种界定经济的抽象标准，属于黑格尔所说的"坏的形式主义"，它将本该加以区别的事物混淆在一起，就好像在幽暗的光线中，所有的牛都成了灰色的。③

第三，在新古典微观经济学中，经济行为本质上都是适应性的，即对于给定数据的适应，这种适应性行为在概念上必定导致整个经济体系趋向静态均衡。这样一来，新古典经济学面临着下述困境，即无法在理论上解释创新以及由创新带来的资本主义发展的动态现象。当代美国经济学家、诺贝尔奖获得者斯蒂格里茨曾结合微观经济学的核心即阿罗-德布鲁模型分析了这一问题，他写道："我不仅解释了阿罗-德布鲁模型并没有把内生性技术进步考虑在内，而且我也解释了为什么该模型的理论框架不能通过修改（不改变原模型的基本内容）而把技术进步囊括进来。"④ 要指出的是，最先发现新古典微观经济学排斥创新的是熊彼特，在熊彼特看来，

---

① 见杨春学《经济人的"再生"：对一种新综合的探讨与辩护》，《经济研究》2005年第11期，第28页。
② Robbins, L., *An Essay on the Nature and Significance of Economic Science* (London: MacMillan, 1932), p. 16.
③ Godelier, M., *Rationality and Irrationality* (New York and London: Monthly Review Press, 1972), pp. 253–254.
④ 斯蒂格里茨：《社会主义向何处去》，周力群等译，吉林人民出版社，1998，第173页。该书第8章全面而深入地讨论了这一问题。

担负着创新使命的企业家和新古典均衡模型里的经济人是两类迥然不同的人,各自服从于不同的理性,"(对于经济人来说,)获取货物作为经济动机的本质自然是为了欲望的满足……可是我们所说的这类人(按:即企业家)的动机则与此完全不同……他的经济动机、获取货物的努力,并非植根于消费已获取的货物所带来的快乐的情感。如果欲望的满足是经济活动的标准的话,那么我们所说的这类人的行为一般而言要么是非理性的,要么属于另一种不同的理性主义。"① 在本书第六章第三节,我们还将涉及这一问题。

第二节 马克思论资本主义生产当事人

和新古典经济学家不同,马克思继承了经济人概念的合理一面。借用科西克的话来说,马克思和古典经济学家一样,"不是从'经济人'出发,而是从系统出发。它从系统的角度把'经济人'定义为系统的结构与功能中的一个充分规定了的要素"②。为此,马克思发展了"资本主义生产当事人"的概念,把它规定为"**只是**经济范畴的人格化,是**一定的**阶级关系和利益的承担者"。③

一些力图站在马克思主义立场上的学者完全否定马克思经济学和经济人概念的联系,在他们看来,马克思把人看作"社会关系的总和",这与

---

① 这段引文来自熊彼特《经济发展理论》德文第二版,pp. 133 - 134;转译自 Shionoya, Yuichi, *Schumpeter and the Idea of Social Science* (Cambridge: CUP, 1997), p. 295. 不过,熊彼特虽然反对新古典静态均衡理论,却只想在新古典主义的框架内弥补上述缺陷,其结果自然只能以失败而告终。对此问题的进一步分析,可参见孟捷《熊彼特的资本主义演化理论——一个再评价》,《中国人民大学学报》2003 年第 3 期。
② 科西克:《具体的辩证法》,第 65 页。
③ 马克思:《资本论》第一卷,载于《马克思恩格斯全集》第二十三卷,人民出版社,1972,第 12 页(重点标识来自引者)。还可指出的是,在马克思看来,资本家是"资本主义机构的主动轮",因此,"资本主义生产当事人"严格来讲指的是资本家,而不是雇佣工人。

经济人概念是不相容的。这类观点其实误解了马克思的原意。在《费尔巴哈论纲》里，马克思是针对费尔巴哈的抽象人性观写下这段警句的。人作为社会关系的总和，表达了历史唯物主义对现实中的人的具体性的理解[1]，这和经济人假设所涉及的并不是一回事。经济人（或资本主义生产的当事人）是理论上的抽象，它只涉及特定经济结构下人的特殊类型的行为。[2] 对于经济分析而言，这种抽象在一定限度内是必要的。至于这一抽象是否具有局限性，以及我们是否可以利用马克思在不同文本里的论述，在整体上重建马克思关于人的行为模式的理论，将在本章第五节再作讨论。

在国内学者中，也有一些人对经济人假设持有条件地接纳或批判性吸收的态度。例如，已故的曾启贤教授在其遗作中就曾表示，不能完全否定经济人假设，该假设在一定限度内是可以运用的。他提到的理由包括：经济人只是一个抽象，换言之，撇掉了人的其他一些社会特征；这个假设有利于抽象分析等。[3]

要正确地理解马克思经济学中的人和经济结构之间的关系，有必要反思下面这个问题——在《资本论》的叙述逻辑中，人，是在什么时候登场的？

在《资本论》第一章，我们首先遇到的不是人，而是作为资本主义

---

[1] 马克思的原话是："人的本质不是单个人所固有的抽象物，**在其现实性上**，它是一切社会关系的总和。"（重点标识来自引者）见马克思《费尔巴哈论纲》，载《马克思恩格斯选集》第一卷，中文第二版，人民出版社，1995，第60页。一些作者在引征时往往漏掉"在其现实性上"这个限定语。而在我们看来，这个限定恰恰表明，这里所涉及的，是历史上活生生的、具体的人。杨春学看到了这一点，他说："经济人自然无法体现出这种'总和'，但却能体现特定类型的社会关系。"杨春学：《经济人的"再生"：对一种新综合的探讨与辩护》，《经济研究》2005年第11期，第25页。
[2] 与科西克类似，卢卡奇也曾提出，资本主义社会"造成了一个内在地自立的、自身封闭的经济体系，在这种经济体系中，只有按照在固有的经济规律的基础上设定的目的和确定的手段，才能进行现实的实践。'经济人'这个术语的产生既绝非偶然，也绝非纯属误解；它恰当而具体地表达了人在社会化了的生产世界中的直接必然行为"。《关于社会存在的本体论》下卷，白锡堃等译，重庆出版社，1993，第91~92页。
[3] 曾启贤：《经济分析中的人》，《经济研究》1989年第5期，第6页。

财富的元素形式的商品。商品不是一般的物，而是某种生产关系的结晶。人是在第二章，即"交换过程"中出现的。马克思在第二章开篇刻意写道："商品不能自己到市场去，不能自己去交换。因此，我们必须找寻它的监护人，商品所有者。……在这里，人们彼此只是作为商品的代表即商品所有者而存在。在研究进程中我们会看到，人们扮演的经济角色不过是经济关系的人格化，人们是作为这种关系的承担者而彼此对立着的。"①

在商品交换领域，"占统治地位的只是自由、平等、所有权和边沁"，商品所有者被互相尊崇为平等的私有者。② 在人的身份被这样规定之前，马克思已经在第一章分析了使商品生产者作为平等的所有者而相互对待的价值关系。随着叙述的进一步发展，马克思开始引入劳动力商品，这意味着雇佣劳动关系的出现，人的身份由此获得了进一步的规定，用马克思的话来说，"我们的剧中人的面貌已经起了某些变化。原来的货币所有者成了资本家，昂首前行；劳动力所有者成了他的工人，尾随于后。一个笑容满面，雄心勃勃；一个战战兢兢，畏缩不前……"③

在马克思那里，资本主义生产当事人是他所属的阶级的代表，其行为和动机是由其一般存在条件即阶级属性所决定的。马克思假定：①资本家的动机在于尽可能多地占有剩余价值；②积累即剩余价值的资本化是资本家特有的行为，积累的源泉仅仅来自剩余价值。下面这些征引表达了马克思对这两个假定的理解：

"作为资本家，他只是人格化的资本。他的灵魂就是资本的灵魂。而资本只有一种生活本能，这就是增殖自身，获取剩余价值，用自己的不变部分即生产资料吮吸尽可能多的剩余劳动。"④

"资本家只是作为资本人格化才受到尊敬。作为这样一种人，他同货

---

① 《马克思恩格斯全集》第二十三卷，人民出版社，1972，第 102～103 页。
② 《马克思恩格斯全集》第二十三卷，第 199 页。
③ 《马克思恩格斯全集》第二十三卷，第 200 页。
④ 《马克思恩格斯全集》第二十三卷，第 260 页。

币贮藏者一样,具有绝对的致富欲。但是,在货币贮藏者那里,这表现为个人的狂热,在资本家那里,这表现为社会机构的作用,而资本家不过是这个社会机构中的一个主动轮罢了。""积累啊,积累啊!这就是摩西和先知们!"①

需要强调的是,资本家的行为既体现为积累,也体现为竞争,这两者并非两种不同的行为,而是从不同角度看待的同一种行为的两个侧面。马克思经常用资本的内在本性及其外在的、强制的实现这一对概念来规定这两者间的关系。例如他说:"包含在资本本性里面的东西,只有通过竞争才作为外在的必然性现实地暴露出来,而竞争无非是许多资本把资本的内在规定互相强加给对方并强加给自己。""资本主义生产的发展,使投入工业企业的资本有不断增长的必要,而竞争使资本主义生产方式的内在规律作为外在的强制规律支配着每一个资本家,竞争迫使资本家不断扩大自己的资本来维持自己的资本,而他扩大资本只能靠累进的积累。"② 在本章第五节,将会涉及资本家的动机和行为在竞争中表现出来的多样性,以及这种多样性与资本的内在本性或追求剩余价值的一般动机之间的关系。在本书第六章,笔者还将就竞争与资本一般的关系做深入的讨论。

马克思关于资本家的动机和行为的假设,与他针对雇佣工人的看法是相联系的。他曾写道:"在古典经济学看来,无产者不过是生产剩余价值的机器,而资本家也不过是把剩余价值转化为追加资本的机器。"③ 由于

---

① 《马克思恩格斯全集》第二十三卷,第 649~650、652 页。由此派生出马克思针对资本家的消费提出来的观点,"在一定的发展阶段上,已经习以为常的挥霍,作为炫耀富有从而获取信贷的手段,甚至成了'不幸的'资本家营业上的一种必要。奢侈被列入资本的交际费用。"《马克思恩格斯全集》第二十三卷,第 651 页。另可参见巴兰和斯威齐对资本家何以举办慈善事业的类似评论,见《垄断资本》,商务印书馆,1977,第 49~51 页。

② 见《马克思恩格斯全集》第四十六卷下册,第 160 页;《马克思恩格斯全集》第二十三卷,第 649~650 页。

③ 《马克思恩格斯全集》第二十三卷,人民出版社,1972,第 653 页。

积累只是资本家的职能，且积累的源泉完全来自剩余价值，与之对应，马克思假设雇佣工人并无任何储蓄。工人无储蓄的假设，在马克思经济学中起着重要作用。依照马克思自己的解释，这一假设在理论上有如下合理性。第一，如果工人广泛地进行储蓄，就会向资本家表明：工资普遍过高了，他们得到的工资超过了劳动力价值。这意味着，工人的广泛储蓄在资本主义生产方式中只是例外情况。第二，工人在经济繁荣时期进行储蓄，在经济危机时期又会失去自己的存款（类似的，工人在就业时期进行储蓄，失业时又会失去存款；在退休前进行储蓄，退休后又会失去存款），因而就长期而言，工人并无储蓄。第三，工人的储蓄要求和雇佣劳动关系是相矛盾的，这种矛盾体现于下面这一点：工人的储蓄要变成资本，本身就要求劳动与资本相对立，"于是，在一个环节上被扬弃的对立又在另一个环节上重新建立起来。"第四，工人的储蓄作为资本，增强了资本的力量，让资本从工人的储蓄中获取利润。"这样，工人只是加强了自己敌人的力量和他自己的依附地位。"[①] 正是基于这些考虑，马克思提出了工人无储蓄的假设。

马克思的上述假设是否符合当代现实呢？需要指出的是，自 20 世纪中叶以来，美国资本主义经济出现了一个新的重要现象：大量机构投资者崛起于金融市场，成为许多大公司的股东，在这些机构投资者中，年金基金是一种主要类型，其特点恰恰在于广泛利用工人阶级的储蓄进行投资。1976 年，年金基金已占有美国企业资本资产的 25%，即已达到足以控制这些公司的程度。在这一现象的鼓舞下，美国著名管理学家德鲁克产生了如下乐观的看法："根据社会主义理论，美国的雇员是生产资料的唯一真正的所有者。通过年金基金，他们是真正的'资本家'，占有、控制、指导着国家的资本金。而生产资料，即美国经济，……是为了国家的雇员的利益来运作的。利润越来越变成为退休基金，也就是雇员们的'被推迟

[①] 参见《马克思恩格斯全集》第四十六卷上册，人民出版社，1979，第 245~248 页。

的消费'。'剩余价值'不存在了;企业收入变成了'工资基金'。"①

德鲁克的观点的确反映了资本主义经济所发生的某些转变,但到目前为止,这些转变依然受到诸多限制,这体现在以下方面。第一,年金基金也是以股份公司的形式组织起来的,一般都由大金融公司和大工业公司控制,工薪阶级并没有在这些机构内掌握有效权力。这些在法律上为广大职工所有的基金,其实际控制权掌握在大金融机构及其经理手里。第二,从整个社会来看,这些基金实际上控制在有产阶级手里,有研究指出:"持有股票最多的0.5%的美国家庭直接或通过机构投资者间接拥有公司发行的37%的股票,80%的美国家庭只拥有不到2%的股票。"② 第三,这些基金是把有劳动能力的工人的收入转移到失去劳动能力的工人那里,即在工人阶级内部实现了转移支付。③ 总之,只要资本主义向社会主义的实质性过渡还没提上日程,马克思的上述假设就没有失去其现实相关性。

马克思关于资本家和工人的上述行为假设在方法论上具有如下特点。第一,借助于这些假设,马克思明确地把资本主义经济中最为重要的权力,即投资的权力,赋予了资本家。在此意义上,这些假设有助于我们透视一个资本主义经济的内在权力结构。正由于此,通常被视为后凯恩斯主义者的卡莱茨基也采纳了马克思经济学的这些基本假设,并用于解释经济增长。一些追随卡莱茨基的现代后凯恩斯主义者,如明斯基,还在工人无储蓄这种"勇敢的""极端行为假设"外,增添了资本家的利润不用于消费支出这一假设,以论证卡莱茨基的投资决定利润的观点。④ 第二,马克思的这些假设是在资本一般的层面得出的,这意味着,这些假设所考虑的

---

① Druker, *The Unseen Revolution*, *How Pension Fund Socialism Came to America* (Oxford, 1976), pp. 1-3. 转引自 Minns, Richard, "The Social Ownership of Capital", *New Left Review*, 1996, Sep./Oct., No. 219, pp. 46-47。
② 参见拉尼克、奥苏丽文《公司治理与产业发展》,人民邮电出版社,2005,第171页。
③ 对此处问题的讨论,可参见高峰、丁为民、何自力等《发达资本主义国家的所有制研究》,清华大学出版社,1998,第285~292页。以及 Minns, R., op cit, p. 48。
④ Minsky, H. P., *Stabilizing an Unstable Economy* (New Haven and London: Yale University Press, 1986), p. 144, p. 146。

主要是资本和劳动的关系，而相对忽略了资本家阶级内部的差别和矛盾。这样一来，竞争——作为资本之间的相互关系——之于人的行为和动机模式的影响，就暂时被抽象了。

要指出的一点是，和资本家的行为模式同时体现为积累和竞争相类似，雇佣工人的行为模式也具有两重性，一方面，工人是生产剩余价值的机器；另一方面，工人之间也相互开展竞争。马克思曾总结了工人之间的竞争所包含的以下几个方面：失业工人和就业工人的竞争，这体现在，工资是由在数量上居于少数的失业工人决定的；就业工人围绕工资和劳动强度的竞争，即工人愿意以更低的工资和更高的劳动强度提供自己的劳动；未婚工人和已婚工人的竞争；农村工人和城市工人的竞争；等等。①

日本马克思主义经济学家大内力曾经提出了一个有趣的问题：资本家和雇佣工人的行为与动机模式表面看来虽有差别，两者是否同时扎根于某种共同的人性基础呢？在他看来，马克思和古典经济学家一样持有以下"公理"：人的物质需要在某种意义上说是无限的，为满足这种需要而努力是人的本性。在资本家那里，这一公理体现为资本家的积累欲望，而在工人那里，则体现为工人追求较高工资的努力。马克思在分析工资形式时也谈到，计时工资易于刺激劳动时间的延长，计件工资易于刺激劳动强度的提高。大内力认为，无论是资本家的积累，还是工人之间的竞争，都是以个人为追求满足更多物质需要而行动为基础的。在他看来，甚至《资本论》中一度采用的不同资本的剩余价值率都一致的假定，也是以工人的上述行为方式为前提的。②

马克思是否持有上述公理，是值得进一步讨论的。然而，像大内力

---

① 马克思还认为，"工人之间的竞争仅仅是各资本竞争的另一种形式"。均见马克思《工资》，载《马克思恩格斯全集》第六卷，人民出版社，1961，第643~644页。
② 大内力：《国家垄断资本主义结构的破产》，中共中央党校科研办公室内部发行，1986，第108、110页。

那样把资本家的积累欲望归因于人的物质需要,肯定是不妥当的。通过资本积累占有更多的剩余价值,涉及的是在一种社会存在中权力关系的再生产,而不是单纯的物质需要的满足(后文还要谈到这一点)。至于一心追求更高的工资、像"经济人"那样活动的雇佣工人,他的行为和动机也是由生产的社会关系所决定的,而非植根于抽象的人性。大内力本人也提到这一点,他指出,工人的上述行为方式是在资本主义生产方式下才形成的,在这种生产方式中,工人的消费经常被限制在最低水平上,他们只能追求更高的工资,无力顾及其他;而在另一种生产方式中,工人可能有不同的行为方式,在那里高工资可能不再是提高劳动效率的充分条件。

还要指出的一点是,在马克思那里,资本主义生产当事人虽然是特定阶级利益的承担者,但人并不限于是其阶级的代表。倘若过度强调个人和阶级之间的同一性(如 D. K. 弗里[①]),就会形成美国社会学家格兰诺维特所称的"过度社会化的概念"(oversocialized conceptions),这种概念意味着,"社会对个体行为的影响是十分机械的:一旦我们知道了个体的社会阶级或其在劳动市场的位置,其行为中的其他一切都自动可知"。[②] 事实上,马克思不仅在资本一般的层面规定了资本主义生产当事人的动机和行为,而且还通过竞争即许多资本的相互关系对其动机和行为做了进一步的规定。在下一节里,我们可以延续马克思的这个思路,进一步发展这种分析。

[①] D. K. 弗里(或译弗利)是纽约社会研究新学院大学的马克思主义经济学家,他认为,在古典经济学和马克思那里,"经济当事人基本上是他的阶级的代表,……这些当事人的个别行为本身只有在反映了其阶级的社会地位时,才具有重要性。……把许多个别工人或资本家加总,以得到相应的阶级行为的问题几乎不会出现,因为个人和阶级之间的同一性是被严格地论证了的"。见 Foley, D. K., "The Strange History of the Economic Agent", *The New School Economic Review*, 2004, Vol. 1, No. 1, p. 3.

[②] Granovetter, M., "Economic Action and Social Structure: the Problem of Embeddedness", *American Journal of Sociology*, 1985, Vol. 91, No. 3, p. 486.

第三节 追逐剩余价值和追逐利润的不同意义：从谢克对两类竞争标准的区分谈起

在马克思主义经济学教科书里，资本家追逐剩余价值和追逐利润这两个提法在意义上是相同的。在这一节，我们想发展一种观点，强调这两种提法在概念上的差异。为了便于引出问题，让我们先回顾一下20世纪七八十年代围绕置盐定理（Okishio Throrem）和技术选择的标准在马克思主义者之间发生的一场争论。

置盐信雄是日本著名的马克思主义数理经济学家，他在20世纪60年代提出了一个模型，认为资本主义企业在采纳了提高生产率、降低成本的新技术后，如果假定实际工资不变，平均利润率非但不会下降，反而还会提高，这便是所谓的置盐定理。由于置盐定理和马克思利润率下降理论的结论恰好相反，因而引起了广泛而持久的国际争论。

20世纪70年代，美国马克思主义经济学家谢克试图在一篇文章里反驳置盐的观点。他提出，置盐模型忽略了固定资本，因而没有区分两种衡量赢利能力（Profitability）的标准，一个是利润边际或销售利润率（Profit Margin），另一个是利润率（Rate of Profit）。利润边际是利润和成本价格（主要由流动资本构成）的比率，是一个流量对流量的比率；而利润率是利润和预付资本之比，是流量对存量的比率。如果考虑到固定资本和流动资本的差别，利润边际就不同于利润率。在竞争中，个别企业会倾向于采纳降低成本的新技术，如果产品价格水平给定或不以相同比例下降，则较低的成本会带来较高的利润边际。谢克认为，在个别企业因采纳新技术而提高其利润边际的同时，由于采用大量固定资本的缘故，其过渡利润率（即在新的平均利润率出现之前，个别资本因为采纳新技术而获得的利润率）未必一道提高，反而可能下降。准此，一旦部门内所有企业都采纳了这种新技术，最终形成的新的平均利润率也将会下降，这就维护了马克思原来的结论。①

需要指出的是,谢克的观点并不构成对置盐定理的致命反驳。一些追随置盐的学者后来发展了引入固定资本的模型,得出了和置盐的原始模型相一致的结论,从而维护了置盐定理。② 根据这些模型,即便考虑固定资本的存在,企业引入新技术也须以提高过渡性利润率为前提,在这种条件下,新技术一经采纳,将在实际工资不变时提高平均利润率。

然而,谢克的观点虽不足以反驳置盐定理,却在竞争理论上提出了值得认真对待的问题。谢克指出,企业可能面临两种新的技术,一种技术符合他所指认的竞争标准,另一种则符合最优化标准。根据前一标准,只要新技术带来的低价格能确保企业支付包括利息在内的运行成本,企业就有可能采用这种新技术,并凭借其价格优势争夺市场份额,以挤垮其他竞争者。在谢克看来,只有这个标准符合马克思的竞争概念,而最优化标准则体现了新古典完全竞争理论的影响,置盐等人所采纳的恰好是后一标准。③

谢克所谈论的两种竞争行为的差异,体现在利润率和利润边际这两种经验目标的区别上。在实际的竞争中,企业的目标函数更加多元化,涉及许多互不相同的经验指标,譬如,短期利润和长期利润,利润率和利润量,对于资本主义企业都有不同的意义。此外,在大公司的目标函数中,

---

① Shaikh, A., "Political Economy and Capitalism: Notes on Dobb's Theory of Crisis", *Cambridge Journal of Economics*, 1978, Vol. 2, No. 2, pp. 233 – 251; Shaikh, A., "Marxian Competition Versus Perfect Competition: Further Comments on the So – called Choice of Technique", *Cambridge Journal of Economics*, 1980, Vol. 4, No. 1, pp. 75 – 83.
② 对谢克以及相关争论的一个介绍,可参见 van Parijs, P., "The Falling Rate of Profit Theory of Crisis: A Rational Reconstruction by Way of Obituary", *Review of Radical Political Economics*, 1980, Vol. 12, No. 1。
③ 值得一提的是,谢克的观点和19世纪末美国铁路部门的经济史相契合。当时因铁路建设而引发的固定资本投资热潮,导致在该部门形成了大量闲置生产能力,同时也塑造了铁路公司之间的竞争。为了增加货运业务,各家公司经常诉诸降价的手段,运输价格常常低得只能补偿运行成本,无法偿付固定资本的费用。关于这一段历史以及与新古典经济学迥异的铁路经济学在19世纪下半叶的兴起,可参见佩雷曼《经济学的终结》,经济科学出版社,2000,第80~85页。

诸如在市场上的统治地位、市场份额、消费者对品牌的熟悉程度、企业自身的创新能力等，较之即时可得的销售价格和这一价格所代表的利润都有更为重要的意义。① 由此便带来一个问题：既然个别资本在竞争中表现出来的行为和目标如此多样而复杂，经济理论如何在一个普遍动机的基础上解释这一切呢？

在笔者看来，可以利用马克思在剩余价值和利润之间所作的区别来回答这个问题。在《资本论》第三卷开篇，马克思讨论了剩余价值率向利润率，以及剩余价值向利润的转形。一方面，与剩余价值率、剩余价值这些反映本质的范畴不同，利润率和利润是基于表面现象而形成的经验意识，是在"（资本主义）生产当事人自己的通常意识中所表现出来的形式"，在这种意识形式中，剩余价值被看作全部预付资本的产物，并且表现为资本家账簿里的数目字。② 另一方面，剩余价值则被马克思规定为剩余劳动的物化，后者作为雇佣工人劳动力支出的组成部分，没有得到对等价值的偿付。对资本家而言，占有剩余价值意味着一种支配他人劳动的权力，在这个意义上，剩余价值范畴所指涉的是作为一种权力关系的生产关系。资本主义生产及积累的目的便是维持和尽可能地扩大这种权力关系。③

对剩余价值和利润的不同意义做出以上界分，在某种程度上可以追溯到斯密。在《国富论》第二篇，斯密提出了有关生产性劳动和资本积累的学说，他用资本所能支配的生产性劳动的数量来衡量资本的量和资本的

---

① 见 Mandel, E., *Late Capitalism* (London: Verso, 1999), p.232。巴兰和斯威齐也曾谈到长期利润之于资本主义大公司的重要意义，见《垄断资本》，第51页以下。
② "应当从剩余价值率到利润率的转化引出剩余价值到利润的转化，而不是相反。这种相反，正是现代庸俗经济学首要的研究方式。……剩余价值和剩余价值率相对地说是看不见的东西，是要通过研究加以揭示的本质的东西。利润率，从而剩余价值的形式即利润，却会在现象的表面上显示出来。揭示看不见的本质，才是研究的意义和价值之所在。"《马克思恩格斯全集》第二十五卷，人民出版社，1974，第51页。
③ 马克思："积累是对社会财富世界的征服，它在扩大被剥削的人身材料的数量的同时，也扩大了资本家直接和间接的统治。"《马克思恩格斯全集》第二十三卷，第650页。

增殖程度。在斯密那里,生产性劳动被定义为与资本直接相交换的劳动,一如马克思所说:这一定义"是对劳动能力出现在资本主义生产过程中所具有的整个关系和方式的简称。把生产劳动同其它种类的劳动区分开来是十分重要的,因为这种区分恰恰表现了那种作为整个资本主义生产方式以及资本本身的基础的劳动的形式规定性"。这一区分是"理解资本主义生产过程的基础"。[1]

在斯密那里,受一定量资本推动的生产性劳动,会为原资本带来一个"增加值",这个增加值分解为利润和地租,倘用以雇用更多的生产性劳动者,便形成资本积累。有趣的是,斯密在这里假定,资本在积累中将悉数用于推动生产性劳动,而无须购买追加生产资料。这样一来,他就不仅把生产性劳动作为价值增殖的源泉,而且作为衡量资本价值的尺度。[2] 由此出发,便形成了两种看待资本家的行为和动机的视角,一种视角诉诸利润这一经验动机,另一种则着眼于以生产性劳动度量的价值增殖。斯密对这两种动机和行为进行了比较,认为在两者之间存在重大的区别,他写道:"私人利润的打算,是决定资本用途的唯一动机。投在农业上呢,投在工业上呢,投在批发商业上呢,或投在零售商业上呢?那要看什么用途的利润最大。至于什么用途所能推动的生产性劳动量最大,什么用途所能增加的社会的土地和劳动的年产物的价值最多,他从来不会想到。"[3] 在分析资本家行为的意义时,作为理论家的斯密最终选择了后一视角,从而

---

[1] 马克思:《1861~1863年经济学手稿》,载《马克思恩格斯全集》第四十八卷,人民出版社,1985,第47页;马克思:《剩余价值理论史》第1册,载《马克思恩格斯全集》第二十六卷Ⅰ,人民出版社,1972,第306页。

[2] 斯密:《国富论》上卷,郭大力、王亚南译,商务印书馆,1972,第25页。对斯密这一假定的评论,可参照米克《劳动价值学说的研究》,商务印书馆,1963,第68~69页;M. Bowley, "Some Aspects of the Treatment of Capital in the Wealth of Nations", in Skinner, A. S., and T. Wilson eds, *Essays on Adam Smith* (Oxford: Clarenton Press, 1975), p. 373。在下述著作里,笔者曾对这一问题做了细致的讨论,见孟捷《重农主义和〈国富论〉体系的本体论批判》,《中国社会科学季刊》1995年总第11期。

[3] 《国富论》上卷,第344页。

开辟了古典经济学家注重揭示经济行为本质的分析路径。

斯密假定资本无须购买追加生产资料，全部用于推动生产性劳动，这在经济思想史上引发了许多误解。从马尔萨斯开始，包括马克思在内的许多学者，都试图以经验主义的方式解读斯密，即把上述假设看作经验现实在理论上的反映，例如，马克思就认为："斯密犯了这样的错误：他把生产性资本的量同用来维持生产性劳动的那部分生产性资本的量等同起来。但这同他所了解的大工业实际上还只处在萌芽状态有关系。"[1] 在笔者看来，这类解释事实上低估了斯密这一假设的全部理论意义。对斯密而言，问题并不在于提出一个解释再生产条件的理论，而在于通过这个假设，把按照资本主义方式组织劳动宣布为促进国民财富增长的最有效方式。为此，斯密在表达这些见解时，还时常与封建贵族购买仆役等非生产性劳动的行为相对照，并对后者给予严厉的谴责，这些论述都凸显出斯密的上述见解作为一种规范性理论而非实证理论的特点。

此外，斯密的上述假设与其价值理论是互为表里的，斯密同时提出了几种价值规定，其中一种规定便是把产品价值归结为其在市场上支配的劳动（即购得劳动），这一规定与斯密以生产性劳动的量来衡量资本的价值在逻辑上是一致的。需要指出的是，在古典经济学家中间，以购得劳动衡量资本的价值，斯密绝非孤例，富兰克林就曾提出，一张银行汇票的价值在于以其购买的劳动量。[2] 资本所购买的生产性劳动的数量度量了资本的价值，这个乍看起来难以理解的观点，若站在马克思经济学的立场上是不难解释的。资本所支配的劳动量事实上衡量了一种社会权力，因此，斯密以购得劳动衡量资本价值，其隐秘的意图是要从一种

---

[1] 马克思：《剩余价值理论史》第1册，载《马克思恩格斯全集》第二十六卷Ⅰ，第269页。马尔萨斯的评价见其《人口论》，商务印书馆，1959，第90页。
[2] 见《富兰克林经济论文选集》，商务印书馆，1989，第11页。

权力关系再生产的角度理解资本积累的意义。① 古典经济学家和马克思一样，对资本主义生产当事人的行为在特定经济结构中的客观意义与这一当事人所设定的经验目标做了区分，对剩余价值的追逐代表前者，对利润、利润率或利润边际等目标的追逐则代表后者。前者作为一种普遍动机，解释了各种经验目标的社会意义，并像参照系那样，对各种经验目标起着校准的作用。

和以往的阶级社会相比，资本主义生产当事人谋求社会权力的手段和条件是新颖的，这首先体现在，商品流通是获得这种权力的必要中介，资本家不能直接占有工人在生产过程中提供的剩余劳动。但权力的实质是共同的——都是支配他人劳动的权力。近代悲剧哲学家帕斯卡，从当时贵族穷奢极欲的生活方式中洞悉了这种权力的秘密，他以生动的笔触写道："精心打扮并不都是虚饰；因为它还显示有一大堆人在为自己工作；它是在以他们的头发显示他们有佣人，有香粉匠，等等；以他们的镶边显示他们有丝带、金钱……等等。因此，占用很多人手这件事并不是单纯的虚饰，也不是单纯的装配。人们所拥有的人手越多，他们就越有力量。精心打扮就是在显示自己的力量。"马克思主义哲学家戈德曼就此评论道："在这里，财富与强力，与能够支配他人的劳动被等同起来，也正因如此，帕斯卡才重视它。……富有，就是能利用他人的劳动去制造，暗含着就是说自己是强有力的。"②

---

① 以生产性劳动作为衡量资本价值的尺度，还有助于将资本积累把握为一种以价值为实体的运动过程。西斯蒙第曾十分精彩地表达了类似思想，他写道：如果一个农场主以新增产的小麦"作为他所雇佣的生产工人的食粮"，"那末，这部分小麦的价值就变成永久的、逐渐增多而不会再消耗的东西，这就是一种资本"。资本"永远是一种形而上的、非物质的东西，永远掌握在同一个农场主手里，只不过是外表形式不同罢了"（见西斯蒙第《政治经济学新原理》，商务印书馆，1964，第66页）。在这里，西斯蒙第意识到，使资本成为"永久的、逐渐增多而不会再消耗的东西"的前提，是以资本（他笔下的小麦）雇佣生产性劳动。然而，由于缺乏科学的劳动价值论和剩余价值论，西斯蒙第还无法充分意识到，资本作为"形而上的、非物质的东西"，实际上指的是资本作为一种生产关系的再生产。
② 见戈德曼《隐藏的上帝》，蔡鸿滨译，百花文艺出版社，1998，第415页。帕斯卡的话转引自该书第414页。

把斯密和帕斯卡比较一下是饶有意味的。与帕斯卡所处的时代不同，斯密撰写《国富论》的时候正值产业革命爆发的前夜。为了呼唤新时代的来临，斯密言辞激烈地攻击封建贵族购买仆役的行为，主张把收入用于推动生产性劳动，即当作资本来使用。斯密所谈论的，是一种属于新社会的"游戏规则"。这种"游戏规则"的特点是追求抽象的交换价值，而不是像前资本主义社会里那样追求使用价值。美国经济学家奈特曾对这种"游戏规则"做了一个堪称精彩的概括，他说："富人和拥有权势的商人如此努力促进的个人利益显然不是传统经济学意义上渴望消费更多商品的个人。他们为了生产而消费；不是为了消费而生产。真正的动机是取胜，在一场游戏中获取胜利，这是迄今为止发明出来的最伟大、最有吸引力的游戏，甚至超过治理国家和战争。"①

总之，把资本主义生产的目的或动机规定为尽可能地获取剩余价值，和把这一目的规定为体现在一个货币额上的利润或者会计账簿中的其他数目字，是截然不同的。马克思和古典经济学家的卓越之处正在于，他们没有停留在对资本主义经济当事人的经验动机的理解上，而是从生产关系的角度规定了这些当事人的动机和行为的客观意义。追求剩余价值即谋求支配他人劳动的权力，作为一种处于特定社会存在中的行为的客观意义，被假设为普遍的动机，或支配行为的普遍准则，而实现某种水平的利润、利润率或利润边际，则是外化的经验行为。如果采纳这样的诠释，对于谢克所碰到的问题，就可以求得如下解答：无论是追求更高的利润边际还是更高的利润率，都不违反获取剩余价值这个普遍的动机；两类不同的竞争标准，事实上可以统一在一个共同的行为和动机模式里。不仅如此，正如我们在下一节即将看到的，在理论上把资本主义生产当事人行为的意义规定为获取剩余价值，还使马克思得以把不确定性引入对这一当事人的行为和目标模式的分析中来。

---

① 奈特：《风险、不确定性和利润》，王宇等译，中国人民大学出版社，2005，第258页。

第四节　利润最大化假设和不确定性：
来自演化经济学的批评

新古典经济学把利润最大化作为企业行为的动机，为此要求生产按照边际原理来进行。1939年，两位英国经济学家霍尔和希琪对38家企业进行了调查，这些被调查的企业不是随机选择的，而是由于其管理卓有成效，才被选为调查对象，结果发现，第一，企业并不企图获得最大利润；第二，企业也不使用边际成本等于边际收益的原理，而是利用平均成本原则来确定价格，具体而言，价格是在平均可变成本和平均固定成本之上再加上正常利润而形成的。此后不久，美国经济学家也开展了类似的研究，得出了相近的结果。这些研究对新古典微观经济学提出了挑战，促成了一场"边际主义的辩论"。[1]

在一篇发表于1953年的论文里，米尔顿·弗里德曼借用生物学类比对新古典经济学的利润最大化假设做了一个经典的辩护，如他所说："不管明显地、直接地决定企业行为的因素是什么——习惯性的反应、随机性的机遇，或难于归类的一些东西——其结果都是一样的。无论什么时候，只要这一决定因素碰巧导致了与理性的、精明的收益最大化相吻合的行为，企业就会兴旺，并获得进一步扩张的资源；若非如此，企业就会失去资源，而且只有从外界引入新资源才能维持存在。这样一来，'自然选择'过程有助于证实这个假说（引者按：指最大化假设）——或者毋宁说在给定自然选择的情况下，我们接受该假说在很大程度是基于这样的判断，即该假说恰如其分地概括了生存的条件。"[2] 这意味着，不管企业在实际中是否追求

---

[1] 相关介绍和评论，可参见罗志如、范家骧、厉以宁、胡代光《当代西方经济学说》上册，北京大学出版社，1989，第39页以下；以及杨春学《经济人与社会经济秩序》，三联书店，1998，第188页以下。

[2] 参见弗里德曼《实证经济学的方法论》，载《弗里德曼文萃》，北京经济学院出版社，1991，第209~210页。译文根据弗里德曼原文有改动。

利润最大化，经济演化作为一种自然选择过程，为最大化假设奠定了基础，或言之，那些生存下来的企业，"仿佛"（as if）是在进行最大化。

以纳尔逊和温特为代表的演化经济学家也在经济分析中采纳了来自进化论的类比，但在他们看来，弗里德曼的上述辩护包含着理论的重大缺失。在发表于1964年的一篇论文里，温特率先对此展开了深入的分析，他的观点可以概括如下。①

第一，温特指出，弗里德曼事实上把企业表现出来的行为看成随机产生的，而问题在于，没有理由假定一个碰巧实现最大化的企业在下一期仍会选择最大化；而且，依照这种随机性观点，一个处于破产边缘的企业也可能由于机缘巧合一变而成为利润最大化者。弗里德曼假定，经济演化过程会根据企业表现出来的行为对其加以甄别，但他没有进一步分析支配企业行为的规则。温特认为，要让某种选择机制发生作用，就必须把"基因型"（支配行为的规则）和"表现型"（行为本身）区分开来，揭示前者对后者的约束作用。换句话说，要让选择生效，就必须有某种可继承的特质或基因，以便保证竞争所选择的最大化者的行为模式能存续一段时间。

第二，弗里德曼的上述类比体现了19世纪生物学的"最适者生存"原则，该原则假定，进化过程总会选择那些更为优越或更有效率的个体，然而，20世纪理论生物学的进展已经颠覆了这个原则。温特指出，考虑到频率依赖效应、新迁入者的特性以及规模报酬作为初始条件的影响等因素，那些表现出最大化特征的企业，未必一定会为经济演化过程所选择，成为占据主导地位的企业。以频率依赖效应（Frequency Dependence Effects）为例，温特这样写道："如果某些企业在特定时间的习惯性反应与利润最大化是一致的，而且结果使得这些企业相对于其他企业取得了经

---

① Winter, Sidney G., "Economic 'Natural Selection' and the Theory of the Firm", *Yale Economic Essays*, 1964, Vol. 4, pp. 225 – 272. 此处对温特的介绍还参考了 Hodgson, G. M., *Evolution and Institutions* (Cheltenham, UK: Edward Elgar, 1999), Ch. 8。另可参见纳尔逊、温特《经济变迁的演化理论》，胡世凯译，商务印书馆，1997。

济上的扩张，那么这个事实将趋于改变所有企业面对的市场价格环境。在环境变化后，就不清楚为什么这些企业仍会享有好运，与竞争者相比更接近于最大化行为。……环境因动态过程本身而改变。"①

温特最终指出，没有哪种关于长期演化变迁的理论能够合乎逻辑地把个体面临的环境视为外生的，环境和个体之间的反馈及其造成的不确定性，是使利润最大化作为指导行为的完备原则失去其意义的根本原因。②

纳尔逊和温特后来一起发展了这样的思想：企业是在各种惯例或常规（routine）的基础上进行决策的，随着时间的推移，这些惯例会像基因那样获得相对的持久性。在惯例和由这些惯例派生的企业行为之间的关系，类似于基因型和表现型的关系。用他们的话来说，"惯例囊括了企业所有下述特征：在生产中使用的非常具体的技术惯例，在雇佣和解聘人员、增加存货、扩大急需产品的生产时所遵循的程序，有关投资、研究与开发、广告、产品多样化和海外投资的商业战略。在我们的演化理论里，这些惯例起着基因在生物进化理论中所起的作用。惯例是有机体的持久不变的特点，并决定它可能有的行为"。③

除了将惯例类比于基因，纳尔逊和温特还采用了"搜寻"（searching）这一概念以反映企业惯例的变化。搜寻是生物进化论中变异概念的对应物。在他们看来，如果企业有可观的赢利能力，惯例就得以维持，而根本不去搜寻。纳尔逊和温特在此引入了西蒙的"令人满意"原则，这一原则意

---

① Winter, op cit, p. 240.
② 参见 Hodgson, G. M., op cit, p. 180, pp. 194-195. 值得一提的是，斯蒂格里茨以如下方式批评了弗里德曼的观点："我们可以把自然选择看作是一个筛选过程，它将'好的'（具有生产性的）个体（物种、企业等）与'坏的'（不具有生产性）个体区别开来。但是，就像任何选择过程一样，筛选过程是不完全的。有些好企业可能被清除掉，也就是说，在残酷的竞争之下，一个有效率的企业如果遇上了坏运气就会走向破产。而一些坏企业却可以设法生存下来（至少在很长一段时间内能够做到这一点）。例如，通用汽车公司在效率低下的情况下还维持了好些年，由此造成了一千多亿美元的浪费。"斯蒂格里茨：《社会主义向何处去》，吉林人民出版社，1998，第313页。
③ 纳尔逊、温特：《经济变迁的演化理论》，商务印书馆，1997，第19页。译文据原文有改动。

味着，行为者试图达到一个给定的"抱负水平"，而不是进行最优化。如果赢利能力降低到这个水平之下，企业就会迫于压力而考虑其他选择，即开始搜寻，他们会投资于研发，努力开发新技术，以图恢复利润率。

纳尔逊和温特的这些观点强调了不确定性和组织学习在企业行为中的重要性。不确定性的存在从根本上摧毁了资本主义生产当事人进行最大化算计的可能性。在现代经济学家中间，奈特最先从概念上区分了风险和不确定性，他还将不确定性进一步划分为生产的不确定性和市场的不确定性，强调后一种不确定性是无法减少和根除的，并将其归因于在生产和消费之间未经协调的联系。尤为重要的是，奈特已经看到，如果像新古典完全竞争理论那样否认不确定性，那么，"一种真正意义上的市场营销活动也不存在。原材料和生产服务通过生产过程向消费者的流动基本上是自动完成的"。[①] 易言之，我们所面对的将不再是现实中的市场经济，而是某种事先筹划好的计划经济或家庭经济。

值得一提的是，不确定性在凯恩斯和熊彼特的理论中占据着重要位置。凯恩斯强调人的血气冲动（animal spirit），而不是精心算计在资本家投资决策中的作用。在后凯恩斯主义者看来，对不确定性的注重是凯恩斯和新古典主义者之间的最大区别。熊彼特则将不确定性和创新概念联系起来，并以军事行动类比创新，他写道："就象军事行动，即使可以得到的全部数据并不在手边，也必须从一定的战略位置去采取一样，在经济生活中，即使在没有得出要作的事情的全部细节时，也必须采取行动。在这里，每一件事情的成功依靠直觉，也就是以一种尽管在当时不能肯定而以后则证明为正确的方式去观察事物的能力。彻底的准备工作，以及专门的知识、理解的广度和逻辑分析的才智，在某种情况下却可能成为失败的根源。"[②]

时常被人忽略的是，《资本论》也包含着对不确定性的分析，例如，

---

① 奈特：《风险、不确定性和利润》，中国人民大学出版社，2005，第175、195页。
② 熊彼特：《经济发展理论》，商务印书馆，1990，第95页。

第四章　经济人假设与马克思主义经济学

在该书第二卷，马克思分析了价值运动的独立性和价值革命对资本价值增殖的影响，他写道："资本主义生产只有在资本价值增殖时，也就是在它作为独立价值完成它的循环过程时，因而只有在价值革命按某种方式得到克服和抵销时，才能够存在和继续存在。……如果社会资本的价值发生价值革命，他个人的资本就可能受到这一革命的损害而归于灭亡，因为它已经不能适应这个价值运动的条件。价值革命越是尖锐，越是频繁，独立价值的那种自动的、以天然的自然过程的威力来发生作用的运动，**就越是和资本家个人的先见和打算背道而驰**，正常的生产过程就越是屈服于不正常的投机，单个资本的存在就越是要冒巨大的风险。"①

在这里，借用科西克的话来说，资本积累表现为"一个由'无意识主体'（价值）的运动构成的系统。……'人们'戴着这个机构的官吏和代理人的面具出场，作为它的组成部分和要素行动"②。科西克谈到两种主体，一个是无意识的主体③，体现为价值运动的独立性；另一个则是持有自己的"先见和打算"的资本主义生产当事人，后者可谓"嵌于"前一运动之中，其"先见和打算"要受到前者的制约。由于频繁的价值革命的影响，资本主义生产当事人非但不能确知将获得多少剩余价值或利润，甚至不能预料全部预付资本将在多大程度上因此而贬值。准此，一切和利润最大化有关的算计，不啻是要把房屋建立在流沙之上。

在《资本论》第一卷，马克思把资本规定为特定的生产关系，在第二卷，

---

① 马克思：《资本论》第二卷，《马克思恩格斯全集》第二十四卷，人民出版社，1972，第122页（重点标识来自引者）。值得一提的是，在《资本论》英文本（Penguin版）中，这里的"算计"一词被翻译为 calculation。在先前的著述中，我们曾着力指出，马克思借助于劳动价值论分析了资本主义生产的手段与目的、条件与结果之间的联系的不确定性，见孟捷《劳动价值论与资本主义再生产中的不确定性》，《中国社会科学》2004年第3期。

② 科西克：《具体的辩证法》，第137页。

③ "在 G - W - G 流通中，……价值不断地从一种形式转化为另一种形式，在这个运动中永不消失，从而变成一个自动的主体。"《马克思恩格斯全集》第二十三卷，人民出版社，1972，第175页。

129

则把资本规定为"运动中的价值"。随着研究视角的这种变换，他对资本主义生产当事人的规定也得到进一步深化。在《资本论》第一卷，资本家"像害了相思病一样"贪恋剩余价值，这种表述初看起来和新古典经济学的利润最大化假设似乎不存在本质的区别，但细究起来，这里有两点基本差异：第一，正如上一节里指出的，追求剩余价值指的是扩大以支配他人劳动为内容的权力关系，这是不能单纯以账簿上的数目字来衡量的；第二，由于资本作为运动中的价值受到价值革命的威胁，追求剩余价值或利润的行为是和不确定性联系在一起的，对个别资本主义生产当事人来说，最大化计算在此得不到任何保证。我们可以通过下述表达利润率的公式进一步考察这一点，即有：

$$r = \frac{\Delta G}{G}$$

G 在此代表个别当事人的预付资本，ΔG 为剩余价值或利润，这个比率反映了资本主义生产当事人的行为结构，其中分母是手段，分子是指引行为的目的。在这个比率中，分子和分母的量纲是同一的，都可还原为由抽象劳动度量的价值，这种同一性反映了在资本的运动中个别当事人的手段和目标之间的联系。资本作为运动中的价值，必须"保持着它自身的同一性，并且和它自身比较，它才作为资本价值或资本执行职能"。[①] 然而，由于价值革命的原因，这种自我同一和增殖的过程经常会遭到破坏，即一方面剩余价值有可能得不到实现，另一方面，预付资本的价值也会蒙受贬值，从而需要从剩余价值中作相应的扣除，无论是哪种情况，利润率都会因之而下降。

由于资本主义生产当事人作为主体是"嵌入"价值作为主体的运动过程中的，其行为和动机模式自然要服从不确定性的影响。准此，西蒙的有限理性和"令人满意"原则似乎也适用于马克思经济学。需要指出的是，企业只限于追求"令人满意"的利润，凸显出主观的、定性的价值标准在企业行为中所起的重要作用。什么才是"令人满意的"？实际上只

[①] 马克思：《资本论》第二卷，载《马克思恩格斯全集》第二十四卷，第123页。

有相对于企业为自身发展提出的总体愿景才可以理解。这种愿景首先反映的是企业对自身在竞争中的处境的一种综合性直觉判断,只有当这一愿景确立之后,才有可能开展集体学习,并对这种学习的效果即一些量化目标的意义加以判断。日本著名管理学家野中郁次郎,曾经联系组织知识的创造谈到这个问题,他指出:"在一个'不确定'是唯一可确定之因素的经济环境中,知识无疑是企业获得持续竞争优势的源泉。"以往的企业,衡量新知识的价值的标准是效率、成本、利润率等定量的指标,"但在知识创新型企业,一些偏重于定性的因素同样重要。如新的想法是否体现了公司的发展前景?是否表达了高级管理层的愿望和战略目标?"这个观点是十分深刻的。在一个充满不确定性的环境下,企业常常只能以相对模糊的、不那么精确的概念来表达自己心目中想要变成的未来形象。这些"偏重于定性的"目标在解释企业行为中的重要性,在经济学理论中往往被忽略了。[①]

第五节 制度多样性与人的行为和动机模式的多样性:兼评马克思关于人的三个命题

近年来影响迅速扩大的实验经济学也提出了不利于新古典经济人假设的结论,所谓"最后通牒游戏"(the ultimatum game)实验便是其中著名的一例。值得介绍的是,包括激进政治经济学家鲍尔斯、金蒂斯在内的几位研究者曾对这个实验做了进一步推广,他们在 15 个文化差异巨大的社会中进行实验,结果发现处于不同社会的被实验者表现出很大的行为差异,而这些差异可以从制度和文化多样性的角度得到解释。[②] 例如,巴布

[①] 参见野中郁次郎《知识创新型企业》,《知识管理》(《哈佛商业评论》精粹译丛),中国人民大学出版社,2000,第 18~19、37 页。另见 Nonaka, I., and H. Takeuchi, *The Knowledge-Creating Company* (Oxford University Press 1995), Ch. 3。

[②] 参见 Joe Henrich, Robert Boyd, Samuel Bowles, Ernst Fehr, and Herbert Gintis, *Foundations of Human Reciprocity: Economic Experiments and Ethnographic Evidence in 15 Small-scale Societies* (Oxford: Oxford University Press, 2004); Bowles, S., Richard Edwards, Frank Roosevelt, *Understanding Capitalism* (Oxford: OUP, 2004), Ch. 2。

亚和新几内亚的奥和格瑙人（Au and Gnau People），在游戏中常常提出一半以上的分享动议，这样的动议在接受过实验的美国学生那里几乎从未出现过。而在巴拉圭的阿切人（Ache people）和印度尼西亚的拉马莱拉捕鲸者（Lamalera whale hunters）那里，分享动议常常接近于平均数。

为什么这些人群在进行最后通牒游戏时的表现会如此不同？几位学者发现，印度尼西亚的拉马莱拉捕鲸者需要大规模地集体捕猎，习惯于平等地分配所得；巴拉圭的阿切人通过打猎和采集获得食物后，在成员中平均分配所得到的食物；巴布亚和新几内亚的奥和格瑙人之所以提出较高的分享动议，是在寻求提高他们的地位，而拒绝动议的人则是在拒绝接受一个较低的地位，尽管为此付出了高昂的代价。

根据这几位研究者的意见，一般的结论是：第一，在不同的集体中，个人的标准行为也是不同的，上述集体中的人有的表现得比欧美学生更慷慨，有的则更吝啬；第二，在这些集体中，并未发现新古典经济人的行为具有典型性或普遍性；第三，不同集体间的行为差异反映了这些集体的成员在谋生方式上的差异。[1]

对新古典经济人的上述批评同样适用于马克思笔下的资本主义生产当事人。和经济人概念一样，在马克思那里，资本主义生产当事人也是一个抽象（即"只是经济范畴的人格化，是一定的阶级关系和利益的承担

---

[1] 参见 Bowles, S., Richard Edwards, Frank Roosevelt, *Understanding Capitalism*, 3rd edn. (Oxford: OUP, 2004), pp. 40–41. （中译本为鲍尔斯等：《理解资本主义》，孟捷等译，中国人民大学出版社，2010）。在古典文学作品里，与经济人假设迥异的行为模式可谓俯拾皆是，作为例证，可以提到《水浒传》里的一个故事。在《水浒传》第四回里，鲁智深遇到了在桃花山打劫的打虎将李忠和小霸王周通。几番误会后，鲁智深被两人接入山寨，款待了数日。临别前，李、周二人下山打劫，想以劫财赠别鲁智深，不料招致鲁智深的不满，鲁智深寻思：这两人好生悭吝，家中摆满金银酒器，却以劫财当人情，于是，两拳打翻几个小喽啰，把细软席卷而走。这个故事的寓意是耐人寻味的，虽然鲁智深最终也要把细软席卷而走，但整个行为归根结底和牟利无干。经济人所考虑的只是个人效用，而驱使着鲁智深的动机，则是想要惩罚对方的吝啬。他明明可以坐等受赠，却故意要以戏弄的方式惩戒对方。在他的行为里包含着鲜明的游戏成分，而游戏——如德国古典哲学家席勒在《审美书简》里所说——在本质上是非功利的，在游戏中才体现了人的自由。读了整个故事，让读者只是觉得主人公的狡狯可喜。

者")。利用这个抽象,马克思说明了资本主义生产方式的运动规律。可是,这类抽象都有某种可以称作"结构主义"的特点,也就是说,资本主义生产当事人是资本主义经济系统的构件,执行着这个系统的正常运转所要求的功能,而这样一来,在这类抽象的基础上似乎就难以解释:第一,系统本身的重大制度变革;第二,制度的多样性以及相应的人的行为模式的多样性。[①]

卢卡奇在《历史与阶级意识》里曾对第一个问题做了深刻的分析。在他眼中,工人阶级在资本主义经济体系中一直是作为客体存在的,也就是说,作为"生产剩余价值的机器",工人一直听凭资本主义经济规律的随意摆布。这样的工人阶级只是自在的阶级,一旦工人阶级经过外部灌输获得了阶级意识,就有可能转变为历史的主体,通过革命终结资本主义经济规律的统治。[②] 显然,卢卡奇在这里已经察觉到把人规定为经济关系的承担者所包含的局限性,并力图将人在实践中的主体性和人的整体性这两个维度重新赋予工人阶级。在笔者看来,卢卡奇所涉及的这两个维度,分别体现在马克思的下述两个命题中:第一,马克思把人看作实践的存在物,并提出,"一个种的全部特性、种的类特性就在于生命活动的性质,而人的类特性恰恰就是自由的自觉的活动"。[③] 第二,针对现实中的人,他又提出:"人的本质不是单个人所固有的抽象物,在其现实性上,它是一切社会关系的总和。"这两个命题和前述"人只是经济范畴的人格化"一起,构成了三个相互区别但也相互补充的关于人的行为和动机模式的命

[①] 值得一提的是,卡尔·博兰尼(又译波兰尼)也曾提到结构主义的阶级概念不适用于解释社会结构的长期重大变革,他说:"阶级利益只能对社会之长远变动提供有限的解释。阶级之命运被社会之需要所决定远甚于社会之命运被阶级之需要所决定。在一定的社会结构下,阶级理论发生作用;但是如果结构本身遭到改变,阶级理论会怎么样呢?"博兰尼:《巨变》,黄树民、石佳音、廖立文译,远流出版事业股份有限公司,1989,第256页。
[②] 卢卡奇:《历史与阶级意识》,商务印书馆,1992。
[③] 马克思:《1844年经济学哲学手稿》,载《马克思恩格斯全集》第四十二卷,人民出版社,1979,第96页。

题。建构马克思关于人的行为和动机模式的完整理论，必须考虑这三个命题的含义及其相互之间的关系。

马克思的第一个命题，即"人的类特性恰恰就是自由的自觉的活动"，首先是一个哲学命题。这里所谓的自由和自觉，是相对于特定的实践活动而言的。在《资本论》手稿里，马克思曾结合劳动过程进一步谈到自由和自觉的含义，他指出，在劳动中，目的"被看作个人自己自我提出的目的，因而被看作自我的实现，主体的物化，也就是实在的自由——而这种自由见之于活动恰恰就是劳动"。① 人类实践的下述特点，即总是通过目的论设定超越当下既予的情境，指向某种未知的可能性，彰显出人的本性具有未完成的和不确定的特点。在这一点上，马克思的思想在现代人类学家兰德曼那里找到了回声，在兰德曼看来，人的本质是对世界开放的和不确定的，"人在本质上是不确定的，那就是说，人的生活并不遵循一种被事先确定的过程"。"人并不具有在其他生物中有典型性的不变的本质，而是处在总要创造他本身的情形中。……人注定是自由的，他处于总是要自由的需要支配下。"自由和创造性"完全不限于少数人的少数活动；它作为一种必然性，根植于人本身存在的结构之中"。②

马克思的第一个命题构成了革命实践或任何制度变革行为的基础。但是，由于这个命题在性质上主要是一个哲学命题，在此我们将不再作更多的讨论。需要更为深入和批判地加以讨论的是另外两个命题及其相互间的关系。

需要强调的是，将人看作只是经济范畴的人格化，暗含着下述预设，即存在一个自主的、自我调节的经济，也就是科西克所说的特定的系统。无论是斯密的经济人，还是马克思的资本主义生产当事人，都是以这个系统即自我调节的经济为前提的。针对这一预设可以提出如下诘问：第一，

---

① 《马克思恩格斯全集》第四十六卷下册，人民出版社，1980，第120页。
② 兰德曼：《哲学人类学》，阎嘉译，苏克校，贵州人民出版社，2006，第2版，第7、第200、第192页。

正如博兰尼指出的,这种自主的、自我调节的市场的出现,是由国家刻意且激烈地加以干涉之后产生的结果。这种经济体系一经形成,就会派生出相应的行为和动机模式,因为人们必须仰仗这种动机和行为才能在经济中生存。然而,波兰尼还指出,不能根据已经形成的经济动机来推断,自我调节的市场是建立在亘古不变的人性基础上的;斯密的交易倾向和自利的人性在历史上并不常见,无论是人类学研究还是经济史研究都无法证实这种观念。[①] 第二,形成于19世纪的自我调节的市场,并不能无限地自我扩张和再生产,那种认为市场可以不受约束而发展的思想,在波兰尼看来是一种乌托邦。[②] 波兰尼的这一看法是非常重要的,因为它意味着,自主的、自我调节的经济,实际上是19世纪自由主义者及其同时代人在特定条件下形成的幻觉,甚至传统马克思主义在这一问题上也受到自由主义影响,和自由主义穿了连裆裤。如果我们放眼广阔,不仅留意于19世纪的英国,而且留意于汉密尔顿时代的美国、李斯特时代的德国乃至20世纪产生了所谓"发展型国家"的日本及韩国,就会发现资本主义市场经济远远不是自由主义所设想的那样,是纯粹自主的、自我调节的过程,而是与国家及其他社会权力密切结合在一起的。

如果这些讨论可以成立,人"只是经济范畴的人格化"这一假设就必须加以修改,或者赋予其新的含义。对这一命题的修正,与马克思的第二个命题,即把人视为各种社会关系的总和,是联系在一起的。需要指出的是,各种社会关系对人的影响不是均质的,这些社会关系——依照第三章介绍的法国马克思主义者、人类学家戈德利耶的看法——根据所担负的功能形成一个功能的等级,那些在功能上起着生产关系作用的社会关系或制度,是最具决定性的。在此意义上,经济越是成为自主的、自我调节的经济,经济关系的影响也就越具有决定意义,人只是作为经济范畴的人格

[①] 博兰尼:《巨变》,台北:远流出版事业股份有限公司,1989,第384页。
[②] 波兰尼:"这种自我调节的市场的理念,是彻头彻尾的乌托邦。"见《大转变》,冯钢译,刘阳校,浙江人民出版社,2007,第3页。台北版此处没有按照原文直译。

化这一假设就越是有效。相反，如果政治权力担负着生产关系的职能，政治关系将具有某种决定作用，人的动机和行为模式也将因之受到影响。正像波兰尼指出的，如果人类社会挑选出某种动机，使之成为组织生产的原则，则"这个特定动机就代表着'真正的'人"，[1] 就像经济人一样。在波兰尼的基础上，戈德利耶进一步发展了下述观点：既然政治、宗教或血缘关系也可能担负生产关系的职能，它们就参与构成了一个社会的经济结构，在这一经济结构中，市场关系可能是和政治关系、意识形态、血缘关系等相互渗透或部分重叠在一起的，而不是截然两分的。在这种情况下，经济或经济范畴就可以同时代表着两重（或多重）社会关系，而不再代表自主的或"脱嵌的"（这是波兰尼的术语，与"嵌入"相对）经济关系。[2] 如果我们在上述诠释的基础上解读马克思的命题（即人是经济范畴的人格化），甚至可以在不改动原来措辞的前提下赋予该命题以新的含义。马克思的两个原本不同的命题，即人是经济范畴的人格化和人是各种社会关系的总和，在理论上具有相互重叠或互补的关系。这种重叠或互补

---

[1] 波兰尼："挑出任何一个你所喜欢的动机，然后将生产方式组织起来，使此一动机成为个人的生产诱因，于是你将得到一幅人的图像，在其中人被此一特定动机所完全吸收。这个动机可以是宗教的、政治的或美感的；也可以是傲慢、偏见、爱，或嫉妒。于是人变的在本质上是宗教的、政治的、爱美的、骄傲的、因着或嫉妒而偏见的。其余的动机相对的会显得遥远而模糊，因为它们都不能在重要的生产活动中发生作用。而这个特定动机就代表着'真正的'人。事实上，只要事物依此而安排，人类会为了千奇百怪的理由而劳动。"转引自两位研究者为《巨变》一书所写的导论，见《巨变》，台北：远流出版事业股份有限公司，第28~29页。

[2] 波兰尼以他独特的话语表达了类似的观点，或者表达了上述观点的先声，例如他说："最近历史学及人类学研究的重要发现是，就一般而言，**人类的经济是附属于其社会关系之下的**。他不会因要取得物质财货以保障个人利益而行动；他的行动是要保障他的社会地位、社会权力及社会资产。只有当这些物质财货能为他的目的服务时他才会重视它。生产及分配的过程并不只与占有物品这个特殊的经济利益相连结；相反的，这些过程里的每一步骤都是配合着一些特殊的社会利益，这些利益驱使人们依某些特定的步骤而行动。这一类的利益在一个小的狩猎或捕鱼社团自然有异于一个巨大的专制社会，但在这两种社会中，**经济制度都是由非经济的动机所推动**。"博兰尼：《巨变》，台北：远流出版事业股份有限公司，第115页（重点标识来自引者）。这里提到的经济附属或嵌入社会关系之下，以及非经济动机推动形成经济制度的观点，和戈德利耶的观点是基本一致的。

性，有可能用来解释与制度多样性相关联的人的行为和动机模式的多样性——从其动机来看，人并不单纯是物质利益的承担者，其目标函数是多元的，当事人会在物质利益和其他动机之间进行权衡和妥协，并以此来指引其行为。

当代演化经济学提供了许多分析，指出在当代发达资本主义经济中，市场是"嵌入"其他制度之中的，人的行为和目标模式亦因之受到影响，并形成不同于经济人假设的另一种理性标准。例如，北欧学者伦德瓦尔及其合作者在研究企业创新时发现，在企业之间存在着某种网络关系，这是一种非价格关系，透过这种关系企业之间形成了一个"有组织的市场"。这种有组织的市场和新古典经济学所宣扬的纯粹自我调节的、非人格化的市场是不同的，权力、信任和忠诚等要素是这一市场能够有效运作的条件。有组织的市场促进了所有当事人之间长期的互动式学习和创新能力的培育。[①]

重要的是，在这类有组织的市场中，还通行着与新古典经济学所标榜的截然不同的理性标准。为了解释这类市场上人的行为模式和动机模式，伦德瓦尔等人借用了德国哲学家哈贝马斯的交往理性概念。哈贝马斯区分了认知-目的行为和交往行为。新古典经济学所关注的是认知-目的行为；当其他具有目的行为倾向的当事人对决策的预期也被计入对自身行为效果的计算的时候，认知-目的行为模式可以发展成为策略行为模式（这是博弈论分析的对象）。认知-目的行为和策略行为所服从的是工具理性，这意味着，对当事人来说，他人可以是实现自身目的的工具。然而，在通过与其他当事人进行互动式学习而获得新知识的环境中，还存在

[①] 在这一市场上，信任是一种特别重要的制度，它意味着对当事人行为一贯性的预期、尽可能地向合作伙伴提示相关信息、避免利用合作伙伴一时的弱点等被新制度经济学称作搭便车的现象。参见 Lundvall, B‑A., B. Johnson, E. S. Anderson, B. Dalum, "National Systems of Production, Innovation, and Competence Building", *Research Policy*, 2002, Vol. 31, Issue 2, p. 220。

另一类行为，即所谓交往行为，这类行为服从于交往理性。根据哈贝马斯的定义，交往行为所涉及的是至少两个以上主体之间的互动，主体之间通过解释寻求沟通，以便在相互谅解的基础上协调各自的计划和行为，并形成彼此共享的生活世界。哈贝马斯认为，交往理性所强调的是不同参与者在不受强制的情况下达成共识的可能性，为此他们要去除那些纯粹主观的观念，并由共同分享的合理信念出发，确立客观世界的同一性和生活语境的主体间性（或译交互主体性）。[①]

在现代发达资本主义经济中，虽然市场是缔结生产关系的基本制度，但包括国家权力在内的各种非市场关系也不同程度地参与了生产关系的型构，并据此将一些不同类型的资本主义体制区分开来。一位法国作者阿尔贝尔就认为，20世纪资本主义存在两种类型，一种是以英、美两国为代表的盎格鲁－撒克逊模式，另一种是以德、日等国为代表的莱茵模式。在这两种资本主义模式中，存在着两种不同的企业目标和行为模式，用阿尔贝尔的话来说，"一方是盎格鲁－撒克逊资本主义，它的基础是建立在股东和短期利润优先之上；另一方是莱茵资本主义，优先考虑长期利益，并首先把企业看做一种连接资本与劳动的共同体"。[②] 这两种体制差别如此之大，以至于阿尔贝尔认为："苏联的解体使资本主义两种模式之间的对立凸现出来。""它们互相对峙，形成'资本主义反对资本主义'。"[③]

在阿尔贝尔之后，英国学者多尔、美国学者拉佐尼克等人更为深入地研究了资本主义制度尤其是企业制度的多样性问题。[④] 他们指出，和日本

[①] 参见哈贝马斯《交往行为理论》第一卷，曹卫东译，上海世纪出版集团、上海人民出版社，2004，第10~13页。
[②] 阿尔贝尔：《资本主义反对资本主义》，社会科学文献出版社，1999，第66页。
[③] 阿尔贝尔：《资本主义反对资本主义》，第17、第5页。
[④] 参见 Ronald Dore, William Lazonick and Mary O'Sullivan, "Varieties of Capitalism in the Twentieth Century", *Oxford Review of Economic Policy*, 1999, Vol. 15, No. iv; William Lazonick, Ronald Dore, and Henk W de Jong, *The Corporate Triangle* (Oxford: Blackwell Publishers, 1997); 多尔：《股票资本主义·福利资本主义》，李岩、李晓桦译，社会科学文献出版社，2002。

企业相比，英美企业更为注重自身在资本市场的价值，而日本企业在诸如储蓄、增长率、世界市场的份额以及就业等指标上做得更好。多尔等人提倡用一个新的衡量企业业绩的指标，即企业的净增加值（Net Added Value，NAV），来代替资产收益率或利润率。NAV 等于企业的总销售额减去成本和折旧，换言之，它等于企业所生产的产品和服务的价格减去为生产所购买的产品和服务的价格之后的差额。多尔等人指出，和利润率等指标相比，NAV 能更好地反映企业的价值创造。根据他们当时的计算，欧洲大陆企业的人均 NAV 要高于英美两国的企业；而企业付给股东的收益占 NAV 的比率，在英国要比欧陆企业高出 3~4 倍。[1]

在拉佐尼克的研究中，日本大公司的企业制度被称为"集体资本主义"制度，其特点在于，第一，由于采用终身雇佣制，以失业为最终惩戒手段的雇佣关系不复存在，劳动对资本的隶属关系在性质上发生了微妙的变化；第二，企业投资于工人的技能培训，而不是把消灭技能作为控制劳动的手段，并通过以团队为基础的分工，鼓励工人发挥其技能和主动性；第三，管理者和工人在价值创造中不仅存在零和博弈的关系，而且双方还有可能在生产率增长的前提下分享价值创造的收益。[2] 由这些特点可以发现，非市场因素在何种程度上改变了典型的资本主义生产关系（所有关系和劳动关系），使之迥异于马克思在《资本论》里所做的描述。如何在理论上进一步解释这种"集体资本主义"制度，是马克思主义经济学需要妥善解决的问题。[3]

通过对上述两种资本主义体制的细致比较，拉佐尼克、多尔等人揭示了不同资本主义体制下人的动机和行为模式的差异与相关制度之间的联

---

[1] Lazonick, W., et al., *The Corporate Triangle*, pp. 36-37, p. 89, pp. 95-96, p. 98.
[2] 参见 William Lazonick, *Business Organization and the Myth of Market Economy* (Cambridge: CUP, 1991), Ch. 1。
[3] 笔者曾试图在劳动价值论的基础上说明，在何种条件下劳资双方有可能在价值创造中形成正和关系，参见孟捷《劳动和资本在价值创造中的正和关系研究》，《经济研究》2011 年第 4 期。

系。多尔在其著作的中文版序言里特意写道："本书并不符合新古典主义教科书的标准，在这类教科书里，'人性'仿佛到处都是一样的，经济'规律'是从到处都一样的人类共同的理性最大化行为中总结出来的。而我的这本书是关于活生生的人的，家庭、学校、烟草广告、电视剧、政治家的演说和工作友谊使他们成为这样的个人，他们自觉地属于某个特殊的共同体。"[1]

第六节 尾论

改革以来，国内经济学界关于人的行为和动机模式的探讨，常常是和中国经济发展中的实际问题联系在一起的。大约二十年前，在国有和集体企业大规模实施产权改革的背景下，经济人假设开始流行于国内经济学界。对经济人假设的盲目推崇，在当时助长了对业主私有制的崇拜和所谓MBO（管理者收购）这样的改革思路。与此同时，反对私有化的学者则强调人的行为和动机模式的多样性及其与特定制度之间的联系。较有代表性的观点，是程恩富教授提出的"新经济人"假说，他认为：经济活动中的人有利己和利他两种倾向，良好的制度会使经济活动中的人在增进集体利益或社会利益最大化的过程中实现合理的个人利益最大化。[2] 他还指出，批判新古典经济学的经济人假设，"有益于我们在现阶段坚持以公有制为主体的市场经济"。[3]

程恩富教授的这种观点，和英国学者多尔的见解不谋而合地走到了一

---

[1] 多尔："中文版序言"，《股票资本主义·福利资本主义》，第2页。（译文略有改动）
[2] 这些观点事实上渊源于马克思主义经典作家的思想，譬如，在《德意志意识形态》中我们就可读到："个人总是并且也不可能不是从自己本身出发的……共产主义者不向人们提出道德上的要求，例如你们应该彼此互爱呀，不要做利己主义者呀等等；相反，他们清楚地知道，无论利己主义还是自我牺牲，都是一定条件下个人自我实现的一种必要形式。"马克思、恩格斯：《德意志意识形态》，人民出版社，1982，第264、第265页。
[3] 程恩富：《新"经济人"论：海派经济学的一个基本假设》，《教学与研究》2003年第11期，第24、26页。

起，后者在谈及中国企业制度改革时语带讥刺地指出："自从1993年中共第十四次代表大会以来，中国在不断地展开有关构建'现代企业制度'的争论，这样的争论经常是建立在一种假设之上，以为真正的'现代'商业公司的形式只有一种。"① 在多尔等人的著作里，不同国度的经济当事人在行为、动机和信念上体现出来的差异，是与各国特定的资本积累体制和企业制度甚至特定的文化相适应的。② 那种从抽象的人性出发看待经济制度，并把私有化看作企业产权改革的万能钥匙的观点，既反映出对人性的褊狭理解，也没有扎根在坚实的经验土地上。

早在2006年初，笔者在《商务周刊》杂志上读到一篇文章，题为《向丰田学习管理》，其中援引了日本米其林轮胎公司一位生产总监的观点，他发现，在中国推广丰田生产方式经常面临巨大的困难，而这些困难归根结底来自他在中国人身上观察到的美国式的个人主义，他说："以我些许的经验为依据，是否可以假设中国人在引进精益生产方面比其他国家更困难？丰田本身在中国就曾有过一段艰难历程，中国的员工在接受丰田的价值观方面感到不太容易，中国的个体原则和日本的集体原则不容易匹配。……丰田有一种无私奉献的意识，但同时有一种将团队利益转化为个人利益的意识。而中国人在某种程度上与美国人具有相同的理性主义。……我有时感觉，精益生产的内容不太容易被中国公司和人员接受，因为精益生产的精神不太容易复制到中国的公司。"③

丰田生产方式的核心是企业对职工技能的长期投资，而这之所以可能，又取决于以终身雇佣制为核心的一系列构成日本企业制度特色的制度

---

① 多尔：《股票资本主义·福利资本主义》，第3页。
② 参见 Ronald Dore, William Lazonick and Mary O'Sullivan, "Varieties of Capitalism in the Twentieth Century", *Oxford Review of Economic Policy*, 1999, Vol. 15, No. iv; William Lazonick, Ronald Dore, and Henk W. de Jong, *The Corporate Triangle* (Oxford: Blackwell Publishers, 1997); 多尔：《股票资本主义·福利资本主义》，社会科学文献出版社，2002。
③ 宁南：《向丰田学习管理》，《商务周刊》2006年第1期。

安排，这些制度为员工参与企业的组织学习提供了支持，员工也乐于为实现组织目标而展开合作、贡献技能并付出更多的努力。不少人忽视了这一点，以为丰田生产方式就是零库存、看板管理等。这样一来，他们所看到和模仿的，就只是表面的管理实践，而不是构成这一生产方式灵魂的制度基础。实际上，没有企业内部不同层级之间的整合，零库存或看板管理都是无法实施的。[①]《商务周刊》所引述的那位日本经理的见解是相当深刻的，他在中国人身上观察到的那种崇尚"个体原则"的"理性主义"，是传统集体主义价值式微的产物。在中国当前的学术语境中，要想驳倒新古典经济人假设，也许最后的困难是在这里。

[①] 参见拉让尼克、奥苏丽文《公司治理与产业发展》第四章："组织学习与国际竞争——日本制造取胜美国的根本法宝"，人民邮电出版社，2005，尤其见第88~89页。

第五章
马克思主义经济学与演化经济学

所谓演化经济学（Evolutionary Economics，或译进化经济学），是20世纪70年代以来在西方经济学界逐步形成的一股思潮，它不满于新古典经济学的均衡范式和过度的数学形式主义，试图为整个理论经济学的发展重新定向。截至目前，演化经济学不但拥有自己的研究纲领，也产生了一些有代表性的理论，对于21世纪经济科学的发展有着不可轻视的意义。

由于西方尤其是英美国家大学的经济系普遍为新古典主义者所把持，许多演化经济学家不得不在经济系以外开展学术活动。著名演化经济学家霍奇逊曾就此写道："有很多促进了我们对经济行为和经济体系的理解的杰出而且仍然健在的经济学家，目前并没有供职于经济系。诸如 W. 布来恩·阿瑟（W. Brian Arthur）、克里斯托弗·弗里曼（Christopher Freeman）、理查德·纳尔逊（Richard Nelson）、赫伯特·西蒙（Herbert Simon）和西德尼·温特（Sidney Winter）等著名的、富有创造性的人物，已在经济系以外的地方取得成功。他们的很多研究成果鲜见于最著名的经济学杂志，大多见诸商学院、技术政策、公共政策和国际关系之类的出版物。"霍奇逊还尖锐地指出："经济系已经成了应用数学家的天堂，而非研究现实世界经济的学生的乐园。令人遗憾的是，经济学系滋养了符号而非实质，成就了公式而非事实。""如果经济学还没有死亡，也是正在死去。经济学不管是在苟延残喘，还是已病入膏肓，在目前普遍流行的经济系框架之内，其复原的希望极为渺茫。"①

演化经济学家还往往被冠以新熊彼特派（neo-Schumpeterian）的称号。纳尔逊和温特是演化经济学的著名代表，他们在介绍自己的理论时就曾这样说："的确，'新熊彼特的'这一名词是我们整个分析方法的适当名称，正像'演化的'一词一样适当。更为准确的是，可以合乎情理的说，为了成为新熊彼特派，我们才成为演化的理论家。"②

作为当代"异端经济学"③的一支，演化经济学或新熊彼特派经济学的发展反映了主流新古典经济学所面临的范式危机。冷战结束后，新古典经济学乘着美元的翅膀飞遍了全球，一度缓和了其自身的这种危机。然而，自2008年金融危机爆发后，新古典经济学的范式危机就难以再被掩盖了。事实上，远在这场危机产生之前，西方大学的经济学教育为新古典经济学所把持的现状，就曾迫使大学生们起来反抗。从2000年7月开始，法国大学生自发组织了一个经济学改革运动，这个运动后来波及英美等多个国家。这些"造反的"学生们把新古典经济学称作"Autistic Economics"，意思是脱离现实、离群索居的经济学，把自己向往的经济学称作"Post Autistic Economics"（可译为"超越脱离现实的经济学"）。④

---

① Hodgson, G. M., *Evolution and Institutions: On Evolutionary Economics and the Evolution of Economics* (Cheltenham, UK: Edward Elgar, 1999), p. 8, p. 9. 另见该书中译本，霍奇逊：《演化与制度》，中国人民大学出版社，2007。
② 纳尔逊、温特：《经济变迁的演化理论》，胡世凯译，商务印书馆，1997，第47页。
③ 英文为 heterodox economics，与正统经济学即 orthodox economics 相对。值得指出的是，在西方语境中，heterodox 一词因与宗教改革中的新教有关，并不具有中文的异端一词通常所具有的贬义。在西方，异端经济学大体包括后凯恩斯主义经济学、演化经济学、马克思主义经济学、斯拉法主义经济学以及其他社会科学中与经济学相关的分支或流派。
④ 参见富布鲁克编《经济学的危机——经济学改革国际运动600天》，贾根良等译，高等教育出版社，2004。

第五章 马克思主义经济学与演化经济学

2008年全球金融危机的爆发及此后世界经济出现的持续震荡,又给这一股反思和批判的潮流提供了新的动力。一个突出的例子是,2014年,由法国经济学家皮凯蒂撰写的著作《21世纪资本论》引发了媒体和经济学界罕见的轰动,该书将分析的矛头直指新自由主义时代收入分配的严重不平等,其数据之翔实,讨论之深入,甚至在主流经济学家之间也引起了骚动和不安。2012年,法国异端经济学家成立了"法国政治经济学会"(AFEP),同年,该学会又与其他国家的政治经济学会共同在巴黎召开了名为"政治经济学与资本主义的前景"的大型学术讨论会,逾500位来自全球不同国度的异端经济学家莅会,成为冷战结束以来全球政治经济学界罕见的盛事。自其成立以来,"法国政治经济学会"还一直在国内呼吁,要求在法国大学的学科体系中,另外成立"经济学与社会"这一新的学科,以便使异端经济学在体制上脱离由新古典经济学所把持的经济学学科,相对独立地得到发展。①

在这种时代背景下,马克思主义经济学家自然也必须反思自身和其他异端经济学流派之间的关系。近年来,笔者在研究和学习中逐步体认到,和马克思当年面临的形势类似,在当代经济学中间同样存在"古典"和"庸俗"之分。诸如后凯恩斯主义经济学、演化经济学、斯拉法主义经济学等异端经济学的分支和流派就属于当代古典经济学,它们与当代庸俗经济学即新古典经济学形成尖锐的对立。② 在这种情势下,马克思主义经济学只有设法与异端经济学各流派实现某种创造性的综合,才能在与新古典经济学(作为新自由主义意识形态的堡垒)的抗衡中赢得有利地位。

---

① 参见《法国"异端"学派挑战主流经济学》,《中国社会科学报》2015年6月3日专版。
② 笔者乐意向读者介绍一个个人经历,以表明西方异端经济学家在与新古典经济学的斗争中是何等坚决并富有战斗性。2013年,笔者参加了在土耳其的伊兹密尔召开的"首届世界凯恩斯大会"(The First World Keynes Conference),在这次大会上,著名的斯拉法主义经济学家库茨(Kurz, H.,)发表了主旨演讲,题目是:《向城堡进攻》(Attack the Citadel),这里的城堡指的便是新古典经济学。

第一节 什么是"演化经济学"

自其产生以来,演化经济学积累了大量研究文献,取得了令人瞩目的成果。根据演化经济学家威特(或译魏特)的概括,演化经济学的研究主要集中在以下几个方面:第一,总量经济活动在可能是非连续的但不断出现的各种创新潮流的影响下所发生的变化;第二,不同部门或不同企业在创新中取得的绩效,以及运用达尔文的概念理解这一问题的可行性;第三,在进化的视野中理解市场的运作,以及经济发展在历史上的"路径依赖";第四,社会规则及制度的突现和变异,这些规则和制度构成了经济中的相互作用赖以开展的不断变化的框架;第五,生产技术的变化及其对人口增长和福利的长期影响;第六,上述所有变化在个体行为层面的基础。[1]

随着演化经济学这股思潮的兴起,学者们也开始从思想史上为演化经济学寻找源头,不仅熊彼特、凡勃伦、哈耶克,而且马歇尔也被有的学者划归演化经济学的鼻祖之列。与此同时,演化经济学的含义也趋于多样化,个别学者竟而主张,新古典经济学也应包括在演化经济学的范畴内。[2] 根据霍奇逊的概括,在当代经济学文献中,"演化经济学"一词笼统地涵盖了以下各个不同的流派和人物:第一,追随凡勃伦和康芒斯传统的制度主义经济学,这一派学者经常将"制度经济学"和"演化经济学"作为同义语来使用,由他们组织的学会也被命名为"演化经济学会"。第二,熊彼特的后继者或新熊彼特派经济学家,其代表机构为国际熊彼特学会,并出版有《演化经济学杂志》。第三,以门格尔和哈耶克为代表的奥

---

[1] Witt, U., Introduction, in Witt, U., ed., *Evolutionary Economics* (Cheltenham, UK: Edward Elgar, 1993), p xiv.
[2] 如 Vromen, J. J., "Evolutionary Economics: Precursors, Paradigmatic Propositions, Puzzles and Prospects", in Reijnders, J., ed., *Economics and Evolution* (Cheltenham, UK: Edward Elgar, 1997).

地利学派。第四，斯密、马克思、马歇尔有时也被认为是演化经济学家。第五，演化博弈论，这是数理经济学发展的前沿领域之一，相关研究经常从理论生物学的数学分析中获取灵感，这也是新古典主义者偏好的领域。第六，复杂系统理论，其代表机构是美国圣达菲研究所，运用混沌理论和电脑仿真技术是这一派学者的特点。①

既然演化经济学一词在现代经济学文献中具有如此繁多的含义，首先需要弄清的便是，真正意义上的演化经济学到底指的是什么？霍奇逊曾提出，可根据本体论、方法论、生物学隐喻这三个标准，对各种理论加以甄别，凡是符合这三个标准的，便属于"演化经济学"。② 他的观点是有代表性的，基本反映了演化经济学的宗旨，兹介绍如下。

（1）本体论标准。霍奇逊认为，经济演化过程会持续地或周期性地产生新事象③，并由此带来制度、规则、产品和技术的多样性。相关理论对这一假设能否给予足够的重视，是判定其是否属于演化经济学的首要标准。

（2）方法论标准。这指的是相关理论是否反对还原论（reductionism），演化经济学应该是反还原论的。霍奇逊认为，还原论既可体现为方法论个人主义，也可体现为整体主义。前者主张，一切社会现象——其结构和变迁——原则上只能基于个人的行为和动机模式加以解释。新古典经济学便属于这种方法论个人主义。另一方面，主张部分应该在整体的层面得到解释的方法论整体主义，也是一种还原论。与还原论相反，反还原论认为，复杂系统是由不同层次组成的，较高层次和较低层次相比具有突现（emergence）的特征；每一个层次都不能完全还原到另一个层次，并在此基础上得到完整的解释。

---

① Hodgson, G. M., *Evolution and Institutions: On Evolutionary Economics and the Evolution of Economics* (Cheltenham, UK: Edward Elgar, 1999), pp. 127-128.
② Hodgson, G. M., *Evolution and Institutions: On Evolutionary Economics and the Evolution of Economics* (Cheltenham, UK: Edward Elgar, 1999), p. 131.
③ 原文为 novelty，也有学者译为新奇性，新事象是日本学者的译法，并为笔者率先在国内所采用。

（3）隐喻标准。这指的是相关理论是否广泛使用了生物学隐喻。霍奇逊认为，经济体系在性质上更接近生物系统而非机械系统，在经济研究中应该以生物学隐喻取代主流经济学所采用的机械论隐喻。但他也提到，在演化经济学内部，有一些学者不同程度地反对采纳生物学隐喻。

霍奇逊根据这三个标准对不同经济理论进行了甄别，并据此定义了所谓"NEAR 演化经济学"，这里的 NEAR 是"接纳新事象、反对还原论"（Novelty Embracing，Anti-Reductionism）这几个英文单词的缩写。他还根据这三个标准绘制了图 5-1，确认了一些在思想史上有代表性的经济学家的位置。图中处于阴影部分的人物，便是他眼中的真正意义上的演化经济学家。值得注意的是，在上述三个标准中，生物学隐喻标准是个"软"标准，因为霍奇逊在为演化经济学家分类时，最终只采纳了前两个标准，也就是说，只要某位学者符合这两个标准，而不管他是否赞成采纳生物学隐喻，都被看作"NEAR 演化经济学家"。

可以认为，霍奇逊所谈论的上述三个标准，是针对新古典经济学刻意设计的。在图 5-1 中，新古典经济学在 19 世纪晚期的几个代表人物，如瓦尔拉斯、门格尔和马歇尔，都不符合"接纳新事象、反对还原论"的标准。此三人中，只有马歇尔因曾提出经济是一进化的过程而符合生物学隐喻的标准，但该标准在三个标准中是一个次要的标准。如果我们将霍奇逊的这三条标准用于考察现代新古典经济学，则后者不符合所有这些标准。新古典经济学的方法论个人主义及其对机械论隐喻（静态均衡概念）的依赖是众所周知的，无须再加讨论，下面我们只想略辟篇幅，谈谈新古典经济学和新事象这一标准的关系。

按照英国学者罗宾斯在 20 世纪 30 年代提出来的著名定义，新古典经济学的研究对象，是各种稀缺的生产要素在彼此具有竞争性的用途之间如何实现最佳配置。[①] 在此过程中，理性化个人在最大化目标下进行的选

---

① 罗宾斯：《经济科学的性质和意义》，朱泱译，商务印书馆，2000。

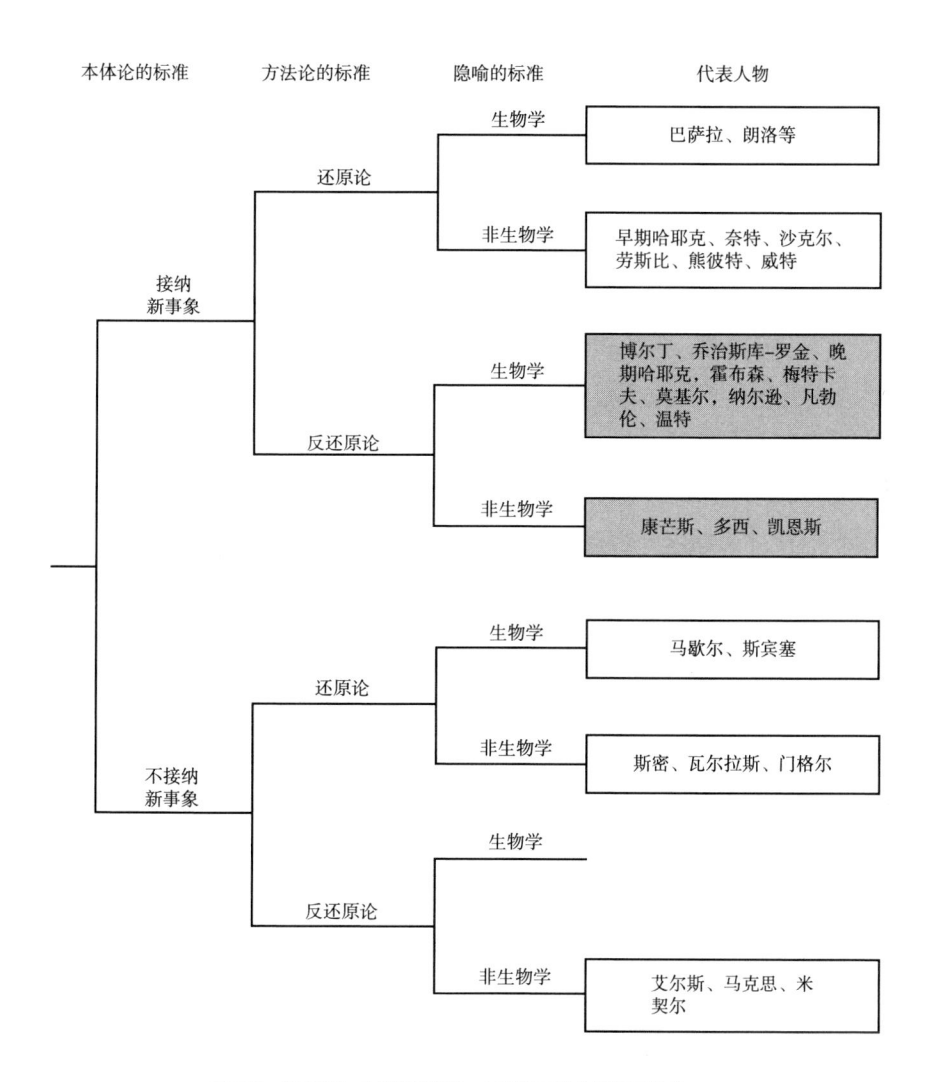

第五章 马克思主义经济学与演化经济学

```
本体论的标准   方法论的标准   隐喻的标准   代表人物

                          ┌─ 生物学 ── 巴萨拉、朗洛等
              ┌─ 还原论 ──┤
              │           └─ 非生物学 ── 早期哈耶克、奈特、沙克尔、
              │                          劳斯比、熊彼特、威特
   接纳       │
   新事象 ────┤
              │           ┌─ 生物学 ── 博尔丁、乔治斯库-罗金、晚
              │                        期哈耶克、霍布森、梅特卡
              └─ 反还原论─┤            夫、莫基尔，纳尔逊、凡勃
                          │            伦、温特
                          └─ 非生物学 ── 康芒斯、多西、凯恩斯

                          ┌─ 生物学 ── 马歇尔、斯宾塞
              ┌─ 还原论 ──┤
              │           └─ 非生物学 ── 斯密、瓦尔拉斯、门格尔
   不接纳     │
   新事象 ────┤
              │           ┌─ 生物学
              └─ 反还原论─┤
                          └─ 非生物学 ── 艾尔斯、马克思、米
                                         契尔
```

▨ = "NEAR"（接纳新事象、反还原论的）演化经济学

图 5-1　演化经济学的分类和甄别

资料来源：Geoffrey M. Hodgson, *Evolution and Institutions: On Evolutionary Economics and the Evolution of Economics* (Cheltenham, UK: Edward Elgar, 1999), p.135。

择，是以假定消费者偏好、技术、制度和资源禀赋不变为前提的。罗宾斯的这个定义几乎写入了每一册新古典经济学当代教科书。

或许由于传统历史唯物主义一元决定论的影响，在一些人眼中，新古典经济学较之马克思主义经济学似乎更为重视人的自由意志和选择。然而，正如美国后凯恩斯主义经济学家内尔所指出的，在新古典经济学那里，人的行为事实上被归结为由外部刺激而产生的合理化反应，这种行为模式与生理学的"刺激－反应"模型十分近似，完全曲解了人的行为。内尔诘问道："即便给定这种狭隘的合理性概念，新古典经济学的这种行为模式也是不可接受的。那种决定着在各种可选择变量之间进行最优选择的最大化程序，同样会对各种给定的约束条件做出价值评价，这意味着，倘若改变这些约束条件，同样会发生哪些条件的变化会带来最大化这样的问题。为什么行为者不该质疑和挑战那些给定的约束条件呢？为什么不该去发明新生产方法、新产品、新战略呢？为什么他们不了解，同样的反应型行为只会使他们的日子跟从前一样？如果他们真的想过得更好，为什么不改变刺激的含义，重新调整其偏好呢？如果行为者是理性的，他们就拥有自由意志。他们能够选择，并重新检视他们的环境。"[1]

斯蒂格利茨在其批判新古典微观经济学的力作《社会主义向何处去》中，曾对微观经济学的核心理论即阿罗－德布鲁模型提出了一个全面而深入的批判，他指出，标准的阿罗－德布鲁模型不但没有包括内生性技术创新，而且其理论框架在根本上与技术创新相抵触。[2] 由于排除了任何创新，在新古典微观经济学中，所有经济行为都是适应性的（adaptive），即对于给定数据的适应，这种适应性行为在理论上必定导致整个经济体系趋向静态均衡。新古典经济学之所以拘泥于对人的行为的这种理解，是为了证明一般均衡这个预设的理念，后者被新古典经济学家借用来表达他们对于资本主义经济的内在稳定性的信仰。这种信仰，恰好对应于熊彼特所说

---

[1] Nell, Edward J., *The General Theory of Transformational Growth* (Cambridge: CUP, 1998), pp. 115–116。德国演化经济学家何梦笔认为，新古典经济人属于"思维建构里的物质决定论。正像一种自动机或人工大脑一样，新古典经济人在这种意义上是一种人工制品"。转引自多普菲主编《演化经济学——纲领与范围》，贾根良等译，高等教育出版社，2004，第14页。

[2] 斯蒂格利茨：《社会主义向何处去》，周立群等译，吉林人民出版社，1998，第160页。

的"图景"（vision）①，在熊彼特看来，这一图景是前理论的，运用各种概念工具以构建具体理论，则是为了印证这幅图景。对均衡隐喻的依赖、对方法论个人主义的倚重、对新事象的排斥，构成了新古典经济学在方法论上的"三位一体"特点，并与霍奇逊提出的三大标准形成了不可调和的尖锐矛盾。

第二节　新事象标准与马克思主义经济学的研究对象

那么，马克思是"NEAR 演化经济学家"吗？在演化经济学家内部，对这个问题似乎存在着三种不同的看法。第一种看法以弗里曼和卢桑为代表，在《光阴似箭》一书里，他们直截了当地把马克思认作演化经济学的前驱；第二种看法以纳尔逊和温特为代表，他们虽未明确承认马克思属于演化经济学家，但对马克思持有十分同情的态度②；第三种看法以霍奇逊为代表，据他看来，马克思虽然反对还原论，却不符合接纳新事象这个本体论标准（见图 5-1），从而把马克思逐于演化经济学的殿门之外。

在笔者看来，至少可以从两个角度考察马克思和演化经济学的关系，首先，可以从马克思对经济学研究对象的界定出发，考察马克思经济学和霍奇逊所强调的新事象原则的关系。如果马克思对经济学研究对象的界定排斥这一原则，那么霍奇逊的做法就是合理的，如果马克思的界定包容了这一原则，则依照霍奇逊的分类法，马克思就应划归演化经济学家。其

---

① 参见熊彼特《经济分析史》第一卷，陈锡龄、朱泱、孙鸿敞译，商务印书馆，1991，第 70 页及以下各页。
② "马克思的经济理论有许多是演化的。……我们自己的某些思想与马克思的思想是很一致的，我们都强调，资本主义的生产组织界定一种动态的演化体系，企业的规模和利润的分布也必须从演化体系的角度来理解。"但纳尔逊和温特又说："一个马克思主义者最可能对我们的讨论挑毛病的地方，就是我们不能把关于矛盾和阶级的思想运用于建立我们的实证演化模型和我们的规范分析。"《经济变迁的演化理论》，商务印书馆，1997，第 52~53 页。弗里曼等人的观点则见于 Ch. Freeman and F. Louçã, *As Time Goes By—From Industrial Revolution to Information Revolution* (OUP, 2001), pp. 120-121。

次，还可以从马克思经济学和演化经济学各自的研究主题或分析议程来看待这一问题，如果双方的核心议程是一致的，则马克思自然隶属于演化经济学；如果不一致，则在马克思和演化经济学之间就存在区别。不过，这种分析议程上的差异，并不是将马克思和演化经济学区别开来的最为根本的原因，这是因为，既然双方在研究对象上是相互认同的，在分析议程上的区别，就应视作表面的和暂时的。在这一节里，我们先来讨论第一个问题，第二个问题则留待本章第四节再讨论。

在《资本论》的序言里，马克思将其研究对象界定为资本主义生产方式以及与之相适应的生产关系和交往关系。① 在本书第一章，我们已经提出了一个关于生产方式的结构分析，指出生产方式本身是以占有剩余为目的的两类目的论活动的整体。这里我们想利用这一分析，以与霍奇逊的新事象原则加以比较。由于生产方式还可进一步分解为两种不同的目的论活动，即直接劳动和协调－控制活动，我们暂时撇开第二种目的论活动，先就第一种目的论活动即直接劳动来作分析。

为了便于理解劳动范畴所内含的选择性及其与新事象原则之间的关系，有必要再度回顾一下马克思对劳动范畴的规定。虽然在动物界也能发现一些动物进行劳动，但马克思自始至终强调，人类劳动的特性在于目的论设定。在比较建筑师的劳动和蜜蜂的劳动时，他说："最蹩脚的建筑师从一开始就比最灵巧的蜜蜂更高明的地方，是他在用蜂蜡建筑蜂房以前，已经在自己的头脑中把它建成了。劳动过程结束时得到的结果，在这个过程开始时就已经在劳动者的表象中存在着，即已经观念地存在着。他不仅使自然物发生形式上的变化，同时他还在自然物中实现自己的目的，这个目的是他所知道的，是作为规律决定着他的活动的方式和方法的，他必须

---

① 马克思："我要在本书研究的，是资本主义生产方式以及和它相适应的生产关系和交换关系。"《资本论》第一卷，《马克思恩格斯全集》第二十三卷，人民出版社，1972，第8页。

使他的意志服从这个目的。"①

卢卡奇在其晚年本体论著作中发展了对劳动范畴的本体论分析，他的这个分析有助于我们理解马克思经济学的研究对象与演化经济学所倡导的新事象标准之间的关系。卢卡奇指出，人的目的论活动需要将自在地存在的因果规律转变为"被设定的因果性"，以便达到人的目的。他写道："构成劳动的物质部分的那种独特的、靠目的论推动的因果系列，根本不会自动地、从自然存在的自在地发挥作用的因果系列中产生出来，……自然规律譬如无论在何时何地都没有造出过轮子，尽管轮子的性质和功能完全可以归因于自然规律。"因果规律可以不依存于任何目的论设定而存在，而目的论设定却只有在与因果规律相互联系的条件下，在劳动的具体整体中，才能获得现实的存在。卢卡奇还引用了黑格尔的下面一段话来说明这一点："人利用大自然自己的活动例如钟表发条的弹性、水、风等，在大自然的感性的此在中做出某种与大自然本来想做的完全不同的事情，大自然的盲目作为被人变成了合乎目的的作为，变成了大自然本身的对立面"，而且人"让大自然改变自己的面貌，自己在旁边观看并不太费力地导演着这一切……"②

在劳动过程的目的论设定中，所谓新事象出现于两个环节，第一个环节是设定目的，另一个环节则是确定实现这一目的的手段。

初一看来，劳动的目的在于满足人的需要，因此，在需要和生产的关系上，似乎前者应该占据着先导的位置。可是，马克思一再指出，与动物的需要不同，人的需要不是一成不变的，而是被实践活动设定和改造的对象，是一个不断发展和逐渐丰富的体系。即便那些属于本能的需要，其满足方式也经历了历史性变化。马克思以下述命题深刻而简练地表达了这一点："饥饿总是饥饿，但是用刀叉吃熟肉来解除的饥饿，不同于用手、指

---

① 《马克思恩格斯全集》第二十三卷，人民出版社，1972，第202页。
② 以上征引见卢卡奇《关于社会存在的本体论》下卷，重庆出版社，1993，第362、16~17页。

甲和牙齿啃生肉来解除的饥饿。"① 使人的需要和动物的需要区分开来的标志在于，人的需要无论从内容和满足的手段上看，都是劳动过程的目的设定的产物。卢卡奇指出："从总的趋势上说，劳动使人逐渐摆脱那些纯粹自发地起作用的生物学性质的需要，使人不再单纯从生物学的角度去满足这些需要，并且**让目的论设定变成人的决定性的需要**，而就其本性而言，这种需要立刻就获得了某种可选特征。"②

另一方面，新事象还出现在确定手段的环节上。用卢卡奇的话来说，一个成功的劳动过程，必须扬弃目的和手段之间的异质性，促成"设定的目的"和"设定的因果性"之间的"同质化"，也就是"造成某种自身同质的东西：劳动过程以及最终的劳动产物"。卢卡奇指出："人们不应忽略这样一个朴素的事实，即设定的目的能否实现，这仅仅取决于在确定手段时究竟在多大程度上把自然的因果性转变成了——本体论意义上的——设定的因果性。目的的设定产生于社会的人的需要；然而为了使它成为一种真正的目的设定，对于手段的确定，即对于自然的认识，必须达到一定的与这些手段相适应的水平；如果这些手段尚未获得，那么目的的设定就仅仅是一项乌托邦工程，一种梦想。"③

在这里，知识的形成对于手段的确定是至关重要的前提："确定用以实现所定目标的手段，必须包含对一定的对象性和过程的成因的客观认识，……在这方面，确定手段具有双重职能：一方面，它要揭示在相关的对象中不以人的任何意识为转移地自在地起支配作用的那种东西；另一方面，**它要在这些对象中发现进行新的组合和执行新的职能的可能性**，因为只有把这些可能性发动起来，才能实现在目的论的基础上设定的目的。……假如原始人拾取一块石头作斧子用，那么他必须认识到——往往是偶然产生的——石头的属性与石头的一定的具体的可用性之间的这种关

---

① 《马克思恩格斯全集》第四十六卷上册，人民出版社，1979，第29页。
② 卢卡奇：《关于社会存在的本体论》上卷，重庆出版社，1993，第13页。
③ 《关于社会存在的本体论》下卷，第16、19页。

联。……劳动越发达,这种情况就越清楚。"①

在这些论述里,卢卡奇极其清晰地揭示了新事象是劳动范畴的本质特征。新事象一方面体现于劳动过程的不同环节,另一方面体现在对象化的结果即劳动产品上。在卢卡奇看来,"这种对象化能够成为产生某种真正的新的东西的手段,这种新的东西不仅客观地改造着社会存在,而且还把这种改造变成了人们有意设定的对象"。②

按照熊彼特的界定,创新指的是"生产要素的**新的组合**"。这个定义和卢卡奇的论述在措辞上都是极其相似的,——正是由于在石头中发现了"进行**新的组合**和执行新的职能的可能性",才出现了石斧或轮子等在石器时代具有伟大意义的技术变革。虽然在劳动范畴中产生的新事象和熊彼特的技术创新之间在概念上还存在着差别(在熊彼特那里,创新还意味着发明的商业化),但这种新事象构成了一切创新活动的基础。

最后可以指出的是,上述就直接劳动谈论的一切,原则上也适用于协调－控制活动乃至作为目的论活动的生产方式本身。就协调－控制活动而言,其变革在于改变第二种目的论设定赖以进行的规则、原理和表象,进而改变劳动关系和所有关系本身。这种变革大致对应于熊彼特谈论的制度层面的创新。将直接劳动和协调－控制活动的改变结合在一起,就有了生产方式的变革这样的概念,这种变革将生产力或技术层面的变革与组织或制度层面的变革联系起来,并构成了马克思经济学和演化经济学共同关注的主题。③

---

① 《关于社会存在的本体论》下卷,第16页。重点标记为引者添加。
② 《关于社会存在的本体论》下卷,第382页。
③ 马克思在《资本论》里频繁地使用了"生产方式的变革"或"变革生产方式"这样的提法,例如他说:"必须变革劳动过程的技术条件和社会条件,从而**变革生产方式**本身,以提高劳动生产力。"《马克思恩格斯全集》第二十三卷,人民出版社,1972,第350页;以及"**生产方式的变革**,在工场手工业中以劳动力为基础,在大工业中以劳动资料为基础",同前引书,第408页。两处引文里的重点标识均为引者添加。

第三节　如何看待生物学和经济学的关系

在这一节里，我们专门探讨生物学与经济学的关系。这也是对霍奇逊强调的生物学隐喻原则的一个回应。以纳尔逊、温特、霍奇逊为代表的演化经济学家，"从生物学那里借用了基本的思想"[①]，力图把来自进化论的隐喻变成经济学的范畴。以纳尔逊和温特为例，他们把企业的各种决策规则称为惯例（routine），并将其比作生物学里的基因，用他们的话来说："在我们的演化理论里，这些惯例起着基因在生物进化理论中所起的作用。惯例是有机体的持久不变的特点，并决定它可能有的行为。"[②] 这种与生物进化论直接类比而形成的思想，在演化经济学的发展中起到了重要的推动作用。

在一篇发表于2002年的论文中，霍奇逊专门讨论了经济学和生物学的关系，他说："演化是一个多层次的过程，自然和社会经济层次的主要特征是不同的。因此，不是所有和生物学相关的机制都可以运用于社会经济层面。但是，普适达尔文主义的原理认为，只要多样性、选择和遗传的特征存在着，达尔文解释中的某些一般性特征对于所有层面都是适用的。"[③] 这段话里包含两个观点。第一，即他主张的"普适达尔文主义"（Universal Darwinism，或译一般达尔文主义），用他的话来说，"达尔文主义不仅包含着解释特定生物学机制的特殊理论，而且，撇开特定的遗传或复制机制不谈，还包含着适用于所有演化的开放复杂系统的一般性理论"[④]。

[①] 纳尔逊、温特:《经济变迁的演化理论》，胡世凯译，商务印书馆，1997，第14页。

[②] 纳尔逊、温特:《经济变迁的演化理论》，第17页。

[③] Hodgson, G. M., "Darwinism in Economics: from analogy to ontology", *Journal of Evolutionary Economics*, 2002, Vol. 12, p. 277.

[④] Hodgson, G. M., "Darwinism in Economics: from analogy to ontology", *Journal of Evolutionary Economics*, 2002, Vol. 12, pp. 273–274. 另有："社会和自然有许多共同之处。特别地，它们都是开放的复杂系统，这些系统通过多样性、遗传和选择而演化，即便所涉及的各种机制的具体细节极为不同。为此，达尔文理论的某些一般方面既适用于自然也适用于社会。"（p. 274）在晚近出版的著作里，霍奇逊及其合作者进一步表达了类似思想，见霍奇逊、努森《达尔文猜想：社会与经济演化的一般原理》，王焕祥等译，科学出版社，2013。

第二,霍奇逊同时意识到,生物学在社会科学里的应用存在着界限,"达尔文主义并不能提供对社会经济现象的充分解释。……社会现象并不能还原为生物学现象。"[1] 但问题是,在他开展具体讨论的时候,往往淡化了第二个观点,反而提出,人在社会中的选择和生物界的自然选择在本体论上没有质的区别。老制度主义者康芒斯,对于在经济学中采用生物学隐喻曾有不同看法,理由是经济现象是人为选择而非自然选择的结果。在反驳康芒斯的时候霍奇逊写道:"正在选择的人也是自然进化的产物。在这方面没有什么赋予人以特权凌驾于其他的动物。而且,别的动物也在选择。蚂蚁收集并保存活的蚜虫。老虎选择被捕食者。牛先吃最鲜嫩的草。"[2]

把人在实践活动中的选择和动物的选择等量齐观,可以说暴露了霍奇逊内心的真实思想。卢卡奇曾经深入地讨论了以上两种选择在本体论上的区别,他指出:"就其直接现实存在而言,羚羊包含着——当然不是从目的论的意义上,而是从因果性、同时也是从必然性和偶然性上说——成为狮子的食物的可能性。"另一方面,通过劳动把一根木棍儿变成烤肉扦,则与狮子选择羚羊的过程截然不同:"一根木棍儿虽然适于用作烤肉扦,但是木棍儿的自在之在却永远不会自己表露出这种适用性",只有劳动的人才会发现自然对象(这里是木棍儿)的那些无法直接感知的属性和关系,"并将其变成实现自己目的的合适手段"[3]。

早在达尔文发表其进化论之前,马克思和恩格斯已经提出了历史唯物主义思想,并将其运用于经济学研究。马克思本人并不排斥采用来自生物学的思想和隐喻,在了解了达尔文的观点后,他曾表示进化论可以成为历

---

[1] Hodgson, G. M., "Darwinism in Economics: from Analogy to Ontology", *Journal of Evolutionary Economics*, 2002, Vol. 12, p. 278.
[2] Hodgson, G. M., "Darwinism in Economics: from Analogy to Ontology", *Journal of Evolutionary Economics*, 2002, Vol. 12, p. 267.
[3] 卢卡奇:《关于社会存在的本体论》下卷,重庆出版社,1993,第417~418页。

史唯物主义的自然史基础。① 在其经济学研究中，马克思还时常把社会比作"有机体"，并从生物学那里借用了"再生产"这一概念。在《资本论》第二版的跋中，他曾以赞同的口吻引用了一位俄国作者的评论："经济生活呈现出的现象，和生物学的其他领域的发展史颇相类似……旧经济学家不懂得经济规律的性质，他们把经济规律同物理学规律和化学规律相比拟……"②

马克思的这些观点，和霍奇逊等人的观点有一些近似之处。社会存在和生物界的确存在某种相似性，但问题是，不应该把这种相似性片面地夸大，并用生物学的原理来解释社会发展的规律。在马克思主义史上，考茨基就试图这样做过，在他诠释历史唯物主义的晚期著作里，社会存在被归结为基本上是生物学的范畴，人类历史成为生物学史上的一个具有独特规律的个例。③ 在此意义上，我们甚至可以将考茨基看作"普适达尔文主义"的先驱之一。然而，考茨基没有看到的是，社会存在和生物界作为两种存在类型在本体论上有着重大区别，马克思恩格斯在提出历史唯物主义时强调了这些区别。卢卡奇在其本体论著作中，进一步阐述和发展了历史唯物主义的这些观点，他写道："在这两个存在领域中，再生产对于存在本身来说都是起决定作用的范畴。严格地来说，存在就意味着它如何进行自我再生产。"这一点和物理学里的存在即无机界是截然不同的。"如果要在本体论上正确地把握社会存在的再生产，那么一方面必须从这样的事实出发，就是具有生物学性质并处在生物学上的再生产当中的人，构成了社会存在再生产的不可扬弃的基础；另一方面还必须始终记住这样一点，就是再生产乃是在这样一种环境中进行的，它的基础虽然就是大自然，但是这个基础越来越由于人的劳动、活动而发生变化，以致人的再生

---

① 参见 1860 年 12 月 19 日马克思致恩格斯的信，以及 1861 年 1 月 15 日马克思致拉萨尔的信，马克思、恩格斯：《〈资本论〉书信集》，人民出版社，1976，第 155~156 页。
② 《马克思恩格斯全集》第二十三卷，人民出版社，1972，第 23 页。
③ 参见考茨基《唯物主义历史观》，上海人民出版社，1964。

第五章　马克思主义经济学与演化经济学

产在其中现实地进行的社会，也越来越不再在大自然中'现成'地得到它的再生产条件，而是通过人们自己的社会实践来创造这些条件。"与此相反，生物界生命的再生产基本上是对给定环境的适应。[①]

在我们看来，卢卡奇的这些论述，已经预先批判了霍奇逊等人由于过分强调生物学隐喻的重要性、把生物学规律以片面类比的方式移植到经济学中来而产生的方法论上的迷误。而且，由于盲目地轻视马克思的贡献，以霍奇逊为代表的一些学者也不适当地夸大了演化经济学在方法论上的原创性。事实上，是马克思最先开辟了一条能够解释社会存在的发展或演化的方法论进路。诸如新事象、选择、多样性等现象，都应该作为社会存在的特有范畴来加以解释，而无须特别求助于生物学。还是卢卡奇说得好："生物学的存在领域和社会存在领域固然有这么多关联和类似，但我们依然否认这两个领域任何重大的、本质的相似性，它们两者的质的差别的决定性原因，我们已经在前面详细地阐述过了：劳动、产生劳动的目的论设定、在目的论设定之前必须进行的可选抉择，这些乃是对社会存在的范畴结构起推动和规定作用的现实力量，它们与自然现实的动力毫无相似之处。在社会存在再生产过程中，我们到处都可以揭示出这些特定的社会动力在本体论上的优先地位。"[②]

还应提到的是，在是否可能把生物学概念直接移植于经济学的问题上，许多演化经济学家并不同意霍奇逊、纳尔逊和温特的看法。在其前引论文中，霍奇逊自己就为我们开列了一份持不同意见者的名单，其中包括彭萝丝、罗森伯格、威特等颇有代表性的学者。[③] 以威特为例，他尖锐地指出："把生物学的思想移植到经济学中来仍然存在着严重的缺陷。……

[①] 卢卡奇：《关于社会存在的本体论》下卷，重庆出版社，1993，第152~154页。
[②] 卢卡奇：《关于社会存在的本体论》下卷，第154页。
[③] Hodgson, G. M., "Darwinism in Economics: from Analogy to Ontology", *Journal of Evolutionary Economics*, 2002, Vol. 12, pp. 260–263.

关于经济现象如何演化的重要思想是独立地产生于达尔文主义启示之外的。"① 顺便指出，如果考虑到演化经济学内部的这些不同意见，国内对Evolutionary Economics 的现行译法，即把它译为"演化经济学"，而不是"进化经济学"，便是更为恰当的。② "演化经济学"的译法淡化了它与生物学之间过于机械的类比关系。

第四节 协调以及创新的内生性：演化经济学的核心议程及其意义

虽然马克思主义经济学在本质上并不排斥演化经济学所倡导的新事象原则，但从各自的分析议程来看，两者的确存在着重大区别。演化经济学的核心议程，在笔者看来主要涉及市场经济的可协调性、创新和市场经济在制度上的联系、制度多样性以及竞争在经济演化中的意义等问题。在这些问题中，市场经济能否达成协调（coordination）是最为核心的问题，其他问题大体都是作为协调的实现途径而产生的。在这一节里，我们将从协调的可能性出发进一步讨论演化经济学和马克思经济学的关系，并旁及创新的内生性和制度多样性等问题。关于竞争和经济演化的关系，则留待下一章再作讨论。

亚当·斯密较早涉及了市场经济和分工条件下的协调问题。协调可以区分为微观、宏观等不同层次。在《国富论》开篇有关制针业工场的例子里，要实现专业化分工所带来的效率，需要企业对局部工人的生产率进行有计划的协调，这属于微观层次的协调。斯密更为关注的，是宏观层次的协调，正如纳尔逊和温特所指出的，自斯密以来，经济学关注的首要问题，

---

① 威特：《演化经济学：一个阐释性评述》，收于多普菲主编《演化经济学——纲领与范围》，高等教育出版社，2004，第42页。
② 日本学界采用了后一译法，参见八木纪一郎《进化经济学的现在》，载《政治经济学评论》第2辑，孟捷等译，中国人民大学出版社，2004。

是由各种分散决策带来的经济活动，能否及如何产生了整个经济的秩序。①

斯密对上述问题的回答，是与著名的"看不见的手"原理联系在一起的。马克思批判地考察了斯密的这一原理，认为"关键并不在于，当每个人追求自己私人利益的时候，也就达到私人利益的总体即普遍利益。从这种抽象的说法反而可以得出结论：每个人都妨碍别人利益的实现，这种一切人反对一切人的战争所造成的结果，不是普遍的肯定，而是普遍的否定"。② 作为资本主义经济的"病理学家"，马克思揭示了这一经济体系的内在矛盾，指出这些矛盾必然会带来周期性经济危机。但是，处于经济思想成熟时期的马克思，并没有从这种不断产生的周期性危机出发，直接得出资本主义经济行将崩溃的结论，相反，他曾提出危机必然发生又必然渡过的看法。这意味着，马克思赋予了危机一种特殊的功能，即通过危机使整个经济已遭到破坏的内在联系强制地得到平衡。③ 在他那里，周期性危机事实上是资本主义经济协调过程的内在组成部分。

除了对危机功能的这种看法外，马克思还在《资本论》及其手稿里，发展了关于两类分工的区别和联系的思想。这些思想同样表明，马克思并未完全否定资本主义市场经济达成某种秩序的可能性。④ 熟悉《资本论》第一卷的读者大概都记得马克思对工厂内部分工和社会分工所做的比较，重要的是，在承认这两类分工的差别和对立的基础上，马克思又提出了两类分工相互促进、相互转化的思想，这一点则不太为人所注意。例如，在《1861～1863年手稿》里，他做了如下设问："为什么那种通过商品交换

---

① Richard R. Nelson and Sidney G. Winter,"Evolutionary Theorizing in Economics", *Journal of Economic Perspectives*, Spring 2002, Vol. 16, No. 2, pp. 23 – 46.
② 《马克思恩格斯全集》第四十六卷上册，人民出版社，1979，第102页。
③ 《剩余价值理论史》第2册第17章，是马克思危机理论的重要文本，在那里马克思说："永久的危机是没有的。""世界市场危机必须看作资产阶级经济一切矛盾的现实综合和强制平衡。"《马克思恩格斯全集》第二十六卷Ⅱ，人民出版社，1973，第567页注释；第582页。
④ 参见孟捷《产品创新与马克思的分工理论——兼答高峰教授》，《当代经济研究》2004年第9期。

互相补充成整个社会生产、并通过竞争和供求规律对这种社会生产的各个代表发生作用的社会内部的分工，会同那种标志资本主义生产特征、完全消灭工人的独立性并使工人变成在资本指挥下的社会机构的部件的工厂内部的分工，并行不悖地一起向前发展。"① 他还进一步暗示：这两类分工的相互促进、相互转化，可以使"自由的、似乎是偶然的、不能控制的和听凭商品生产者的任意行动的"局面不至陷入完全崩溃，并达成某种平衡或秩序。对于经济中的保持平衡和破坏平衡这两方面趋势的关系，《资本论》第一卷提供了以下重要论述。

> 在（资本主义）工场手工业中，保持比例数或比例的铁的规律使一定数量的工人从事一定的职能；而在商品生产者及其生产资料在社会不同劳动部门中的分配上，偶然性和任意性发挥着自己的杂乱无章的作用。诚然，不同的生产领域经常力求保持平衡，一方面因为，每一个商品生产者都必须生产一种使用价值，即满足一种特殊的社会需要，而这种需要的范围在量上是不同的，一种内在联系把各种不同的需要量连接成一个自然的体系；另一方面因为，商品的价值规律决定社会在它所支配的全部劳动时间中能够用多少时间去生产每一种特殊商品。但是**不同生产领域的这种保持平衡的经常趋势，只不过是对这种平衡经常遭到破坏的一种反作用**。②

在这里，资本主义生产方式"保持平衡的经常趋势"和"平衡经常遭到破坏"的趋势，被看作一对具有互补性的矛盾，资本主义经济发展实质上就是这两种趋势的相互促进和相互转化。应该指出，马克思的这些思想，和当代演化经济学家的观点是惊人的一致的，让我们从先前的文章里摘引一段：

---

① 《马克思恩格斯全集》第四十七卷，人民出版社，1979，第309页。
② 《马克思恩格斯全集》第二十三卷，第394页。重点号是笔者所加。

第五章 马克思主义经济学与演化经济学

纳尔迅和温特是上个世纪80年代以来出现的、方兴未艾的"演化经济学"的代表人物，他们曾正确地指出：自亚当·斯密以来，经济学所关注的首要问题，是由各种分散决策所产生的经济活动，如何形成了整个经济中的秩序。对于演化经济学来说，秩序并不等于均衡，秩序毋宁说存在于均衡和非均衡的互补性之中。以研究技术创新和长波理论而知名的弗里曼和卢桑，也在方法论上论述了与此相关的问题，他们使用了"协调"这一概念（coordination），并指出："协调概念解释了，为什么存在着非均衡过程，以及非均衡过程为什么会受到约束；……为什么结构性的不稳定性持续地存在着，但又不会驱使整个系统朝向爆炸性毁灭。"另一方面："存在着协调这一事实并不意味着就存在着和谐或均衡，不管均衡在意识形态的意义上指的是资本主义经济的一般特征，或者在其精确意义上指的是市场体系所具有的持久的动态稳定性特征。"两位作者还写道："马克思已经预见到'资本主义作为整体'的协调过程的重要性，并把协调解释为各种基本趋势和反趋势——也就是冲突——的结果。"[①]

弗里曼和卢桑对马克思的诠释是极富创见的。必须强调指出的是，马克思关于资本主义市场经济在一定条件下有可能达成协调的思想，和体现在教科书里的传统马克思主义的某些看法是有区别的。在《反杜林论》里，恩格斯曾提出："个别工厂中的生产组织性和整个社会中生产的无政府状态之间的对立"，是资本主义生产方式的基本矛盾。[②] 恩格斯在这里

[①] 见孟捷《劳动价值论与资本主义再生产中的不确定性》，《中国社会科学》2004年第3期，第10页。弗里曼和卢桑的论述见于 Ch. Freeman and F. Louçã, *As Time Goes By – From Industrial Revolution to Information Revolution* (Oxford: 2001), pp. 120–121。亦可参见该书中译本，弗里曼、卢桑：《光阴似箭：从工业革命到信息革命》，沈宏亮等译，中国人民大学出版社，2007。

[②] 恩格斯：《反杜林论》，载《马克思恩格斯选集》第三卷，第2版，人民出版社，1995，第624页。

流露出以下倾向,似乎资本主义市场经济不可能达成任何协调,只能经由"整个社会中生产的无政府状态"而陷入危机。这种观点日后在马克思主义经济学中产生了深远的影响,并且不断被强化,到了第二国际某些理论家(如卢森堡和格罗斯曼)和后来的斯大林那里,问题更演变为,资本主义将因缺乏协调机制而不可避免地迅速陷入"崩溃"或"总危机"。①

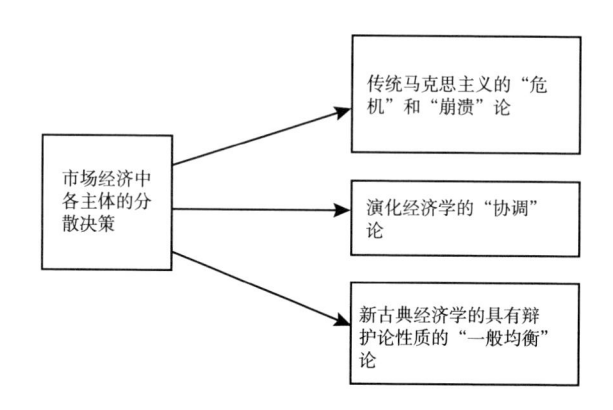

图5-2 三种经济理论对市场经济能否达成协调的不同看法

图5-2形象地概括了在三种不同的经济理论范式中,由分散的经济决策所能产生的三种结果。在传统马克思主义经济学看来,其结果是危机和崩溃;在新古典经济学看来,结果则是趋向于静态均衡;演化经济学可谓居于前两者之间,采取了折中的态度。由于传统马克思主义经济学彻底否定了市场经济在一定条件下实现协调的可能性,就为新古典经济学在"冷战"结束后大行其道开了方便之门。相对于前两种截然对立的范式,演化

---

① 还可指出的是,传统马克思主义经济学关于资本主义向社会主义过渡的思想,是建立在把两类分工的对立绝对化的基础上的。这一点体现在,上述对立的消失,是以矛盾的一方被消灭而实现的。以列宁为例,为了解决恩格斯所概括的矛盾,他提出了社会主义将把整个经济变成一个大工厂的思想,这样一来,工厂内部分工和劳动的社会分工的区别以及由这种差别所带来的矛盾就被消灭了。列宁的这种思想为日后在苏联实行的计划经济奠定了基础。在发展社会主义市场经济的前提下,将两类分工截然对立的看法在实践中自然失去了依据,但在理论上,依然需要对两类分工何以相互转化和相互促进,以及经济中的保持平衡的趋势和破坏平衡的趋势如何实现彼此的互补,给出一个恰当的说明。解决这个问题,事实上是建立当代中国社会主义政治经济学的关键所在。

经济学家如弗里曼和卢桑所主张的协调论，或许是更为可行的理论出路。

将协调问题正式纳入马克思主义分析的视野，大概肇始于两个深受马克思主义影响的制度分析学派，即法国调节学派和美国社会积累结构学派。这两个学派都有一些马克思主义者，但两个学派的研究非尽属马克思主义。以阿格列塔（M. Aglietta）、利佩茨（A. Lipietz）、布瓦耶（R. Boyer）等人为代表的法国调节学派，将资本积累一般规律和具体的历史制度型式相结合，开创了所谓中间层次的政治经济学理论，并据此探讨了在特定的调节方式和积累体制下达成协调的条件和过程。[①] 调节学派提出，与福特主义劳动过程的发展相伴随的阶级斗争，带来了诸如集体谈判、年金制度、福利国家这样的制度型式，这些制度型式——阿格列塔称之为"结构型式"（structural forms）——是以资本主义基本经济关系即雇佣劳动关系为基础发展起来的，它们推动了工人阶级消费方式的转变，确立了稳定增长的工人阶级消费标准，进而为整个积累体制在宏观上的协调创造了有利条件。在此意义上，这些结构型式可以视为促进私人劳动向社会劳动转变、确保整个社会经济达成协调的中介。在调节学派的理论中，上述结构型式的总体构成了所谓调节方式（mode of regulation），后者界定了一种稳定而持续增长的积累体制（regime of accumulation）。[②] 调节学派没有将分析的重心放在资本主义向社会主义过渡的可能性上，而是考察了在特定积累体制下（福特主义积累体制）达成协调的条件和过程，这是其有别于正统马克思主义经济学的地方。大概由于调节学派的这个特点，某些学者还将其视为演化经济学的一个流派。[③]

在调节学派和社会积累结构学派的理论中，历史制度因素在协调的达

[①] 对调节学派和社会积累结构学派的方法论特点的分析，可参见孟捷《资本主义经济长期波动的理论：一个批判性评述》，《开放时代》2011 年第 10 期。

[②] 参见 Aglietta, M., *A Theory of Capitalist Regulation* (London: Verso, 1979), pp. 186–189。

[③] 参见贾根良《演化经济学》，山西人民出版社，2004，第 135~145 页。对调节学派的进一步分析，可参照孟捷《战后黄金年代是如何产生的：对两种马克思主义理论的批判性分析》，《马克思主义研究》2012 年第 5 期。

成中起着关键作用。对制度的协调作用的重视，在方法论上导向有关资本主义制度多样性的分析，这也正是演化经济学一贯重视的研究领域。① 需要指出的是，在《资本论》里，马克思并没有提出资本主义制度多样性的问题。马克思当时的任务是要分析资本主义生产方式的一般运动规律，在他看来，这些规律在很大程度上是普适的，不同发展程度的国家或迟或早都要隶属于这些规律，用《资本论》第一卷序言里的话来说，"工业较发达的国家向工业较不发达的国家所显示的，只是后者未来的景象。"这样一来，马克思就从理论上忽略了研究资本主义制度多样性的必要性。美国学者拉佐尼克为此批评了马克思，他写道："马克思关于资本主义发展的理论是以世界上第一个工业国度的经验为基础的，所以马克思无法预见和比较十九世纪后期及其后不同国度的资本主义经济崛起的状况，并从中提升出更深刻的理论。即使生产力都一样，当政治和文化背景不同的时候，生产关系也会不同。因此，资本主义企业的成败在不同的国家和地域有不同的表现，因为不同的政治文化背景会产生不同的社会权力结构，而这又会产生不同的劳动与报酬分配关系。"②

在给俄国民粹派的回信中，马克思开始意识到，不能把他根据西欧经验得出的规律无条件地应用于地球上的其他国度。在马克思之后，虽然也有一些研究涉及不同资本主义国家的具体历史特点（比如列宁针对不同帝国主义国家的差异的分析），但总体而言，马克思主义分析传统所注重的是对资本主义历史演变的纵向考察，对于不同国度资本主义制度多样性的研究则显得异常贫弱。直到"冷战"结束后，资本主义各国内部的制

---

① 被看作调节学派第二代学者的阿玛巴，探讨了现代资本主义多样性的问题，见 Amable, B., *The Diversity of Modern Capitalism* (Oxford: OUP, 2003)。
② 拉佐尼克：《车间的竞争优势》，徐华等译，中国人民大学出版社，2007，第75页。马克思忽视对不同国度资本主义制度多样性的研究，在某种程度上还与《资本论》的下述假设有关，马克思曾提出："我们在这里必须把整个贸易世界看成一个国家，并且假定资本主义已经到处确立并占据了一切产业部门。"（《马克思恩格斯全集》第二十三卷，第637页注释21a）这个假设意味着，《资本论》的分析抽象了国别的差异以及不同国家的历史制度因素对于资本主义运动规律的影响。

度差别才开始成为注意的焦点,人们发现资本主义并不是铁板一块,不同国家的市场经济体制存在着持久的制度差异。用法国作者阿尔贝尔的话说:"苏联的解体使资本主义两种模式之间的对立凸现出来","它们互相对峙,形成'资本主义反对资本主义'"。[①] 以阿尔贝尔、拉佐尼克、多尔等人为代表的来自不同国家的学者,自"冷战"结束以来发展了对资本主义制度多样性的分析。[②] 这些分析不仅具有理论价值,而且带有十分重要的政策含义,因为一旦认可这种多样性,就等于宣布,各国完全有理由根据自己独有的历史传统、文化传统和政治传统,建设有自身特色的市场经济体制(包括有中国特色的社会主义市场经济体制)。反之,如果我们否认上述制度多样性的存在及其意义,就意味着只能接受唯一版本的市场经济,譬如在20世纪80年代以来崛起的英美新自由主义经济体制,从而成为"制度拜物教"观念的俘虏。

与协调相关联的另一个问题,是如何解释技术创新与市场经济在制度上的内在联系。熊彼特虽然认识到创新之于资本主义经济增长的重要性,但对于这种内在联系,分析得不够充分。在其晚年的著作《资本主义、社会主义与民主》中,熊彼特提出,资本主义大公司的发展,使创新贬低为可由少数专家依照计划开展的"日常事务",企业家的职能和文化逐渐趋于消失,据此可以推断,伴随这一发展,资本主义将趋于灭亡,并为社会主义所代替。[③] 然而,20世纪下半叶的发展并没有证实熊彼特的这种观点,演化经济学关于国家创新体系的比较分析(譬如对苏联和日本的国家创新体系所做的研究)证明,以市场经济为前提的创新体系在鼓励

[①] 阿尔贝尔:《资本主义反对资本主义》,杨祖功等译,社会科学文献出版社,1999,第17、5页。
[②] 可参见 Dore, R., W. Lazonick and M. O'Sullivan, "Varieties of Capitalism in the Twentieth Century", *Oxford Review of Economic Policy*, 1999, Vol. 15, No. iv;多尔:《股票资本主义·福利资本主义》,李岩、李晓桦译,社会科学文献出版社,2002。
[③] 熊彼特:《资本主义、社会主义与民主》,吴良健译,商务印书馆,1999,第211、257页。

创新方面享有一个纯粹的计划经济所难比拟的优越性。① 基于这种考虑，演化经济学家罗森伯格和纳尔逊对熊彼特的上述观点提出了一个反驳，他们指出：在现代资本主义经济中，创新并没有完全降低为资本主义大公司的日常事务；由于其固有的不确定性，创新也不能完全由中央计划机关通过命令来规划；以分散决策为特征的市场经济，为各种思想的经济实验提供了制度条件。②

马克思主义经济学家一般不否认，技术创新及其引致的投资，是帮助资本积累克服其内在矛盾，推动经济增长和结构性变迁的重要力量。马克思主义经济学经常忽略的，是技术创新与市场经济在制度上的内在关联。技术创新能否以及在多大程度上为资本积累所诱致，这可称为创新的内生性问题。若以较为形象的语言来表达，这一内生性问题指的是，市场经济在何种程度上会成为推动技术创新的发动机。需要指出的是，在创新的内生性问题上，存在以下两种极端的看法，一些新熊彼特派长波理论家，如德国学者门施和荷兰学者凡·杜因，倾向于把技术创新看作纯粹内生的，创新浪潮的涨落完全是由资本积累周期所引致的。③ 相反，马克思主义经济学家如巴兰和斯威齐，则把技术革命仅仅作为影响资本积累的外生因素，完全否认两者之间具有任何内生性关系。笔者反对这两种极端的观点，更趋向于认为技术创新具有某种"半内生性"，即一方面，创新受到积累及其周期的影响；另一方面，由于知识存量的增长有其自主性，并受到非经济的制度因素的制约，创新也相应地具有某种外生性。鉴于这一问题对于马克思主义经济学的重要性，下文将从思想史的角度对此再作一番

---

① 参见弗里曼、苏特《工业创新经济学》，华宏勋等译、柳卸林译，北京大学出版社，2004，第12章。
② 罗森伯格：《探寻黑箱》，王文勇、吕睿译，商务印书馆，2004，第5章；纳尔逊：《经济增长的源泉》，汤光华等译，舒元校，中国经济出版社，2001，第112~113页。
③ Mensch, G., *Stalemate in Technology: Innovations Overcome the Depression* (English trans., Cambridge, Mass.: Ballinger, 1979); Van Duijn, J. J., *The Long Wave in Economic Life* (London: George Allen and Unwin, 1983).

更为细致的分析。

戈登是社会积累结构学派的奠基人，在该学派中间，大概也只有他对技术创新和资本积累的关系有过系统的讨论，但这些讨论大体只限于他在1980年发表的、标志着该学派诞生的经典论文，在戈登以后的著作中，分析的重心转向了制度之于积累的作用，先前强调过的技术因素基本消失殆尽。在1980年的这篇论文里，戈登主张创新具有完全的内生性，反对那种把技术创新看作资本积累的外生因素的观点，并将熊彼特、巴兰和斯威齐、曼德尔一概视为外生性观点的代表，他写道：

> 熊彼特、巴兰和斯威齐，以及曼德尔都强调了使资本积累得以恢复的那些刺激源泉的外生性：他们以不同的方式强调了外生的技术创新的极端重要性。我认为，这样强调的根源在于，他们都没有看到，当经济危机深化时，各种经济斗争日益加强的**结构性导向**的极端重要性。由于我们关于积累阶段的分析框架强调了资本家、工人和其他集团为造就解决危机的条件而斗争的内生过程，我也倾向于强调各种特定"创新"的内生决定因素，这些创新使积累率得以恢复。正如我不相信新的积累的社会结构是从天上掉下来的一样，我对经济危机动态的分析也促使我怀疑技术创新的外生源泉。我认为，其他几位之所以强调外生的技术创新，部分地是因为技术决定论的缘故，后者最近受到了布雷弗曼和其他人的挑战。这样做的政治危险自然在于，在等待戈多带着他那划时代的思想来临之前，我们可能早已白白地浪费掉那些宝贵的政治机遇。[①]

[①] Gordon, D. M., "Stages of Accumulation and Long Economic Cycles", in Hopkins, T. K., and I. Wallerstein, eds., *Processes of the World-System* (Sage Publications, Inc., 1980); Reprinted in Bowels, S., and T. E. Weisskopf, eds. *Economics and Social Justice* (Cheltenham, UK: Edward Elgar, 1998), p.118. 这里提到的戈多——作为熊彼特意义上的企业家的隐喻——是爱尔兰作家塞缪尔·贝克特的戏剧《等待戈多》里虚构的人物。

戈登对熊彼特和曼德尔的上述指摘是值得商榷的。熊彼特的遗憾在于，他终其一生未能在理论上将创新成功地内生化，但他的确认识到创新是内生的，这也是新熊彼特派如门施和凡·杜因何以继承他的衣钵并试图发展一种内生创新理论的原因所在。另一方面，戈登对曼德尔的看法也存在偏差。根据曼德尔的理论，在资本主义经济的长期涨落中，由结构性危机和萧条向一次新的扩张性长波的转折，是由非经济外生因素引起的，这些外生因素涉及战争、革命乃至金矿的发现等具有一定历史偶然性的因素，这些因素的共同作用抵消了内生经济规律的负面影响，造成利润率的提高和世界市场的扩大，当这两个条件同时得到满足时，资本积累便开始加速扩张。但是，非经济的外生因素虽然能带来这一转折的发生，却不能保证经济扩张会长期持续下去，在曼德尔看来，使得已经开始的经济扩张得以长期延续下去的原因，在于企业对技术创新的大规模投资，而企业之所以愿意进行这种大规模投资，源于资本积累扩张所造成的有利条件。① 因此，在曼德尔那里，技术创新并不是作为外生因素促成了由危机和萧条向扩张性长波的转折，而是在经济周期已经发生转折后由积累的扩张所诱致的，在此意义上，创新在其理论中便具有某种内生性。

笔者认为，事实上只有巴兰和斯威齐才真正符合戈登的批评，在他们两人合著的《垄断资本》一书中，技术革命被明确地划归影响积累的外生因素。② 他们承认，在自由竞争资本主义阶段，竞争和由此带来的技术创新，的确会开辟新的投资出路，提高经济增长率（这是马克思在其相对剩余价值生产理论中描绘的图景），但是，他们否定这一规律在垄断资本主义阶段的适用性。巴兰和斯威齐刻意区分了两类技术创新，一类是所谓"划时代的创新"，即新熊彼特派意义上的技术革命；另一类则被称作

---

① Mandel, E., *Long Waves of Capitalist Development* (London: Verso, 1995), 2nd, pp. 18 – 19.
② 巴兰、斯威齐：《垄断资本》，商务印书馆，1979，第91、207页。

"正常的"技术创新,它被定义为"在整个资本主义时期源源不断地涌现的那种新方法和新产品"。与新熊彼特派经济学不同的是,在巴兰和斯威齐看来,技术革命即那些"划时代的创新"是完全外生的,在历史上也很少出现,因而在一个解释垄断资本主义的一般理论中可以撇开不论。至于后一类创新,他们提出,垄断资本主义倾向于降低这类创新的速度。总之,在他们看来,资本主义进入垄断资本主义阶段后,发明的速度虽没有减慢,但是,"一般说来,采用革新技术(即创新——引者按)的速度比在竞争的标准下慢一些"。[1]

尽管垄断资本主义的确会造成对创新的某种抑制,但认为此时创新在速度上要普遍慢于自由竞争资本主义,并没有得到经验研究的支持。更为关键的是,巴兰和斯威齐将技术革命完全归于外生原因,在理论和经验上是难以成立的。高峰教授就此曾指出,把技术革命看作纯然外生的,等于将马克思的观点还原为技术决定论,并"构成了他们(巴兰和斯威齐——引者注)理论的一个根本弱点"。[2] 巴兰和斯威齐将技术革命和所谓"正常"创新截然对立起来,认为双方互无联系,这也是错误的。和这种主张相反,以弗里曼为代表的新熊彼特派经济学家,曾对创新进行了细致的分类,将其划分为技术革命、技术体系的变革、重大创新和渐进创新这四种类型,并透彻地考察了这几类创新之间相互推动、相互转化的关系。[3]

在其1980年的论文里,戈登试图结合制度分析,提出一个内生的技术创新理论。他认为,对基础设施的大规模投资,不仅为扩张性长波的形成奠定了物质基础,而且植根于建立新的社会积累结构的需要。被戈登列为基础设施投资的内容,大都属于历次技术革命的产物,具有成批出现的特

---

[1] 巴兰、斯威齐:《垄断资本》,第93、96~97页。
[2] 高峰:《发达资本主义经济中的垄断与竞争》,南开大学出版社,1997,第377页。
[3] 参见 Freeman, Ch., *Technology Policy and Economic Performance* (London and New York: Pinter Publisher, 1987).

点。例如，19世纪中叶对铁路的大规模投资；19～20世纪之交因殖民地扩张、城市基础设施建设和电力工业的发展而产生的投资；二战以后对高速公路、航空运输、石化工业综合体、新型通信设备的投资等。这些投资集中出现于一个新的积累阶段或长波的开端，通过乘数和加速器效应产生了基础设施投资周期。[①] 重要的是，在戈登看来，围绕基础设施的投资归根结底是由阶级斗争主导的内生性制度变革的产物。在提出这一假设时，戈登明显地受到布雷弗曼的影响。在《劳动与垄断资本》一书中，布雷弗曼提出，资本主义生产关系主宰了技术创新的轨迹和方向；资本主义企业的一切技术创新，都只是加强劳动对资本的实质隶属的工具。戈登在方法论上接受了这种观点，并将其运用于积累和长波理论。然而，戈登的这种看法，即将基础设施投资视为新的社会积累结构的形成所带来的产物，意味着对下述反向过程的忽略，即制度变革的发生也可能出于对技术革命的适应或调整。后面这种观点是新熊彼特派经济学家佩蕾丝所强调的（详见后文）。

颇具反讽意味的是，戈登虽然在1980年的论文里认同创新具有某种内生性，并为此批评了巴兰和斯威齐，但他自己很快放弃了这种见解。时隔两年，在给SSA学派带来了"确定形式"的著作（即《分割的劳动、分化的工人》）里[②]，戈登——作为该书三位作者之一——的态度发生了重大变化。在该书的一个脚注里我们发现，作者此时转而把技术创新看作受内生经济条件影响的"外生力量"，我们读到："尽管不可否认那些基本上是外生的事件在产生长期波动中的重要后果，我们还是注意到在这些外生力量中诸如人口趋势和技术创新会受到内生经济条件的重大影响。"[③]

[①] Gordon, "Stages of Accumulation and Long Economic Cycles", pp. 110-117, p. 124 note 51.

[②] Gordon, D. M., Richard Edwards and Michael Reich, *Segmented Work, Divided Worker* (Cambridge University Press, 1982). 美国学者科茨等人认为，该书使"SSA进路获得了确定的形式（definitive form）"，见 Kotz, D. M., T. McDonough and M. Reich, eds., *Social Structures of Accumulation: the Political Economy of Growth and Crisis* (Cambridge University Press, 1994), Introduction, p. 2.

[③] Gordon, et al., *Segmented Work*, p. 27.

对于前后观点的这种微妙变化，戈登自己并没有做出必要的交代。他的思想的这一前后变化，似乎也从未得到研究者的关注。

戈登等人在《分割的劳动、分化的工人》一书中将资本主义经济长期波动的原因主要归于社会积累结构在多大程度上促进或妨碍了积累。在这一著作中，先前有关基础设施投资的观点被压缩到一个脚注里，其内容如下："重大的基础设施投资集中在资本主义一个崭新阶段的开端，并且是作为新的生产结构和新的交通及通信体系的结果而出现的。基础设施投资的这种成批出现会在一个新的积累的社会结构的开端给经济带来巨大的刺激。"[1] 在这里，虽然出现了与新熊彼特派类似的观点，但总体说来，这种零星出现的观点在书中并未得到充分的讨论，而是被边缘化了。

从笔者掌握的资料来看，戈登前后观点的这种微妙变化，很可能受到了其合作者的影响。美国学者赖克（M. Reich）是《分割的劳动、分化的工人》的另一位作者。在一篇发表于1997年的文章里，赖克回顾了SSA学派的缘起，其中特地谈到了戈登1980年论文里所包含的熊彼特因素。赖克指出，戈登当时过于看重技术创新以及基础设施投资在长波的形成中所起的作用，而赖克自己反对这种观点，主张代之以制度因素来解释长波。[2] 戈登是否主动地接纳了合作者的观点，抑或只是被动地妥协，笔者尚不得而知。但不管出于何种原因，戈登的观点无疑发生了变化，这一变化深刻地影响了SSA理论此后发展的路径。该理论的后继者几乎全都接受了赖克的观点，专注于对制度和积累的相互关系的分析，而对技术创新的作用则长期保持缄默。在该学派最近十多年来的著作中，尤其是在1994年和2011年出版的两册颇具代表性的文集中，我们找不到对技术创

---

[1] Gordon, et al., *Segmented Work*, p. 246, note 11.
[2] Reich, M., "Social Structure of Accumulation Theory: Retrospect and Prospect", *Review of Radical Political Economics*, 1997, Vol. 29, No. 3, p. 5.

新的任何解释，在这两本书的索引中，有关技术变革的条目也寥寥无几。[1] 技术创新的内生性问题，就这样令人遗憾地从 SSA 理论中淡出了。

和 SSA 学派相比，调节学派显得更为重视技术的作用。以布瓦耶为例，他与新熊彼特派经济学家过从甚密，并曾受邀为多西、弗里曼、纳尔逊等人联袂主编的重要著作《技术变革与经济理论》撰写过两篇论文。在他看来，调节理论的发展所面临的关键问题，在于如何解释一种给定的技术体系与积累模式之间的一致性和相容性。他赞赏多西和佩蕾丝在相关问题上的研究，主张调节理论应与新熊彼特派相结合。[2]

戈登观点的前后变化和社会积累结构学派看待技术创新的态度，折射出马克思主义经济学在理解技术创新的内生性问题上所面临的困难。在笔者看来，自曼德尔以来，西方马克思主义经济学在这一问题上就没有取得根本的进展。相形之下，新熊彼特派技术创新和长波理论在以佩蕾丝等人为代表的研究中，却有了长足的进步。在第一代新熊彼特派经济学家如门施和凡·杜因那里，"基本创新"（即重大产品创新）的蜂拥出现解释了扩张性经济长波的形成，而基本创新的衰落，则解释了扩张性长波向萧条长波的转折；门施的一个贡献是，他还提出了萧条引致基本创新的假说，即在经济处于萧条时，反而会刺激基本创新的成批产生，进而拉动经济进入新一轮扩张性长波。在这一解释中，技术创新是完全由资本积累的周期变化来调节的，创新因而具有完全的内生性质。与第一代新熊彼特派学者

---

[1] Kotz, D. M., T. McDonough and M. Reich, eds., *Social Structures of Accumulation: the Political Economy of Growth and Crisis* (Cambridge University Press, 1994); McDonough, T., Michael Reich, D. M. Kotz, eds., *Contemporary Capitalism and Its Crises* (Social Structure Theory for the 21st Century, Cambridge University Press, 2010).

[2] Boyer, R., "Technical Change and the Theory of 'Regulation'", in Dosi, G., C. Freeman, R. Nelson, G. Silverberg, and L. Soete, eds., *Technical Change and Economic Theory* (London and New York: Pinter Publishers, 1988), p. 68, pp. 89–90。该书中译本为多西、弗里曼、纳尔逊、西尔弗伯格、苏蒂（主编）：《技术变革与经济理论》，钟学义等译，经济科学出版社，1991。

不同，佩蕾丝通过引入制度因素，避免了前者对内生性问题的这种过于简单而机械的解释。20世纪80年代以来，佩蕾丝一直试图提出一个分析框架，以解释技术、经济和制度这三个系统的协同演化。她所关注的问题是，一场技术革命如何起到发展的动力作用，即如何才能最终带动整个制度和经济的变化，掀起一次"发展的巨潮"。

佩蕾丝在其理论中进一步发展了演化经济学家多西首倡的"技术－经济范式"这一概念。按照她的定义，"技术－经济范式是一个最佳惯行做法的模式（a best-practice model），它由一套普遍的、通用的技术原则和组织原则所构成，代表着一场特定的技术革命得以运用的最有效方式，以及利用这场革命重振整个经济并使之现代化的最有效方式。一旦得到普遍采纳，这些原则就成了组织一切活动和构建一切制度的常识基础"。[1]

一般而言，技术革命总是发端于个别部门，此时新技术还无力证明自己有能力对整个社会经济予以全盘改造。和技术革命相伴而生的技术－经济范式则不同，从一开始它就具有普遍的示范意义。这样一来，一次潜在的技术革命能否成为席卷所有主要经济部门的真正意义上的革命，就取决于技术－经济范式被普遍接纳的程度。在技术革命和技术－经济范式这两个概念的基础上，佩蕾丝进一步定义了所谓"发展的巨潮"，它是"一次技术革命及其范式在整个经济中得以传播的过程，这一过程不仅在生产、分配、交换和消费诸方面带来了结构性变化，而且也在社会中产生了深刻的质的变化"。[2]

根据佩蕾丝的模型，在新范式的传播得以造就一次发展的巨潮之前，

---

[1] 佩蕾丝：《技术革命与金融资本》，第21页（译文略有修改）。另见 Perez, C., "Technological Revolutions and Techno-economic Paradigms", *Cambridge Journal of Economics*, 2010, Vol. 34, No. 1, p. 186, p. 194。

[2] 佩蕾丝：《技术革命与金融资本》，第25页。另见 Perez, "Technological Revolutions and Techno-economic Paradigms", p. 190。佩蕾丝在后一文献里还强调了发展的巨潮与新熊彼特派长波概念的差异。

整个社会还需要经历一场深刻的制度变革,她将其称作"制度的创造性毁灭"。佩蕾丝写道:"社会制度框架适应着每一种范式,进而影响着技术潜能得以展现的方向,以及这一潜能的成果被分配的方式。但是,这种深度适应对于下一次技术革命的引进和扩散会逐渐地成为一个障碍。一个已经建立了无数常规、习惯、准则和规章的社会,为了适应前一次革命的条件,会发现难以消化新的革命。因此,一场**制度的创造性毁灭过程**就发生了,在拆毁旧框架的同时,逐渐建起新的。"①

关于何为制度,以及它与技术和经济这两个领域的关系,佩蕾丝还有过如下论述:"制度领域是每一阶段的政治、意识形态和社会的**一般思维地图**所盘踞的地方。它也是标准、法律、规则、监督机构和负责社会治理的整个结构所组成的网络。作为社会的体现,制度领域在某种程度上包含着另外两个领域。"② 不难发现的一点是,在佩蕾丝那里,技术－经济范式本身也是一个制度概念,它被界定为经济决策者的思维地图、常识或思维定式。③ 在本书第一章,笔者曾结合对生产方式的目的论结构的分析,试图在历史唯物主义概念体系中确定技术－经济范式这一范畴的意义。在笔者看来,技术－经济范式对应于生产方式下属的两类目的论活动(即直接劳动和协调－控制活动)中的"思想成分"(借用戈德利耶的术语),是在缔结劳动关系和所有关系时所遵循的各种常识、原理、规章和准则。

根据佩蕾丝的上述观点,技术－经济范式的嬗替(作为制度的创造

---

① 佩蕾丝:《技术革命与金融资本》,第165页(译文有修改)。佩蕾丝的理论在某种程度上克服了传统新熊彼特派的技术－经济决定论倾向,对马克思主义也有一定的借鉴意义。弗里曼和卢桑曾指出,佩蕾丝关于技术革命和社会制度框架之间矛盾的描述,展现出和历史唯物主义的某种相似性(参见弗里曼、卢桑《光阴似箭》,中国人民大学出版社,2007,第154~155页)。佩蕾丝本人将资本主义社会内部的系统性制度变迁称作增长方式,并将这个概念和马克思的生产方式概念相比较,认为两个概念非常相似,但增长方式的含义较为狭窄(见佩蕾丝《技术革命与金融资本》,第40页注释10)。
② 佩蕾丝:《技术革命与金融资本》,第169页。
③ 佩蕾丝:《技术革命与金融资本》,第22、第26页。

性毁灭)决定了技术革命的产生和普及的程度。这意味着,技术创新和资本积累之间的关系是以制度和制度变革为中介的;创新在多大程度上具有内生性,即在多大程度上由积累及其周期所引致,要受到制度因素的调节和约束。这样一来,佩蕾丝就将创新的内生性解读为由制度调节的"半内生性"。这一观点在很大程度上克服了第一代新熊彼特派经济学家如门施等人对这种内生性的过于简单而机械的解释,同时也拉近了新熊彼特派经济学和马克思主义经济学的距离,并使两者之间的建设性对话变为可能。这里我们想再度引入曼德尔的理论,将他与佩蕾丝加以对比。

在曼德尔的理论中,技术革命或大规模投资于创新要受到积累过程内在矛盾的制约,这一点体现在,资本积累在长期内会同时造成利润率下降和有效需求不足,从而抑制对创新的投资。由于利润率下降和有效需要不足是由资本积累内在规律造成的,单凭这些内在规律或内生经济原因自然也无法摆脱这一对矛盾。为此,曼德尔诉诸"外生震荡",即非经济因素的影响,以解释在积累的长周期中何以会同时出现利润率上升和市场的重大扩张。曼德尔强调资本积累的运动规律或内生经济原因具有抑制创新的效应,这在方法论上有其合理之处,也是马克思主义分析相对于新熊彼特派分析的优点,但问题是,在这种抑制效应之外,资本积累和竞争对于创新也有诱致效应。正如新熊彼特派经济学家所主张的,在资本积累长周期的萧条阶段,会形成一种新的竞争动机,促使企业投资于重大产品创新。在先前的著作中,笔者曾专门讨论过这一问题,并对曼德尔提出了一个批评。曼德尔认为,在平均利润率低迷、有效需求不振的条件下,企业注定不能投资于创新。这一观点忽略了,个别资本的行为并不完全取决于平均利润率,而且是由个别资本的利润预期所决定的;在涉及重大产品创新的场合,需求也是崭新的,因而并不存在通常理解的有效需求的约束。因此,只要知识存量的增长为重大产品创新提供了可能,对这类创新的投资就始终是企业在竞争中的一个选项。① 然而，第一代新熊彼特派经济学家由此出发，以为这种对个别资本的诱致效应足以克服萧条，推动经济进入扩张性长波，也未免过于简单化。对于形成一场技术革命而言，单纯依靠个别资本投资是远远不够的，技术革命的推进和技术－经济范式的确立，有赖于对集体生产资料和集体消费资料的大规模投资，个别资本对此既无能力也缺乏足够的意愿，为此需要通过制度的创造性毁灭，借助于国家和金融资本的力量来解决这一问题。

第一代新熊彼特派经济学关于资本积累长波和创新的内生性的观点，在很大程度上是对资本主义经济的自我协调能力的美化，在此意义上，他们和新古典经济学的距离并不太远。和这类观点不同，马克思主义者反对以机械的观点解释由创新带来的创造性毁灭所发挥的作用。正如曼德尔所说的，资本主义经济并不能自动地通过熊彼特的创造性毁灭来克服危机和萧条；相反，从历史上看，要在资本主义制度的界限内为经济长期扩张造就相应的条件，不仅意味着激烈的阶级斗争，而且可能以战争和大规模杀戮为代价。他写道："不要忘记世界资本主义为克服 20 世纪 20、30 年代的停滞危机而采取的各种'适应'，这些'适应'包括法西斯、奥斯维辛、第二次世界大战及其巨大的毁灭，……。这是人类为着以资本主义的方法克服大萧条以及开始一个长期扩张的新阶段所付出的社会和人的代价。'破坏性适应'是为'创造性毁灭'所必须的，在此条件下，（创造

---

① 包括曼德尔在内的现代马克思主义经济学普遍忽略了产品创新之于资本积累的重要性。在此我们乐意向读者介绍笔者本人力图把产品创新纳入资本积累理论的研究，参见孟捷《马克思主义经济学的创造性转化》，经济科学出版社，2001；孟捷《产品创新与马克思主义资本积累理论》，载张宇、孟捷、卢荻主编《高级政治经济学》，经济科学出版社，2002；Jie Meng, "Product Innovation and Capital Accumulation: An Attempt to Introduce Neo-Schumpeterian Insights into Marxian Economics", *Research in Political Economy*, Vol. 28, ed. by Paul Zarembka, Emerald Group Publishing Limited, 2013；孟捷：《产品创新与马克思的分工理论——兼答高峰教授》，《当代经济研究》2004 年第 9 期；高峰：《产品创新与资本积累》，《当代经济研究》2004 年第 5 期。

第五章 马克思主义经济学与演化经济学

性毁灭）这个公式才是有效的。"①

曼德尔在此强调的观点，即阶级斗争对于积累的作用，在调节学派和 SSA 学派那里发展为一种制度分析，根据这一分析，由阶级斗争推动而形成的调节方式或社会积累结构在相当长的时段内决定了经济增长的绩效。这一分析同时构成了对佩蕾丝理论的补充。以佩蕾丝为代表的第二代新熊彼特派学者，通过引入与技术－经济范式相关联的制度变迁过程，对创新的内生性提供了新的更为灵活的解释。佩蕾丝和上述两种马克思主义制度分析的区别是，双方所谈论的制度和制度变革，在内容上各有侧重，前者涉及的多是与生产力和资本之间的竞争相关联的制度，后者重视的则是与雇佣关系和阶级斗争相关联的制度。② 然而，这种差异的存在并不妨碍我们建立一个更为综合的分析框架，将调节学派或 SSA 学派所注重的那一类制度变革与佩蕾丝强调的制度的创造性毁灭结合在一起。在这个新的框架中，资本积累对创新的诱致效应和抑制效应最终由谁占据上风，将取决于上述两类制度变革的共同作用。图 5-3 概括了这一分析框架的特点，其中包含了与创新的内生性相关的几种解释。从图中可以看到，上述两种制度因素共同决定了积累和创新的关系。重要的是，在这一框架内，我们还可以运用本书前三章提出的制度（或生产关系）包含双重功能的观点，以深化对制度的创造性毁灭的理解。根据这种观点，当制度的创造性毁灭顺利实现的时候，流行的制度型式将满足生产力发展和经济增长的需要；当这一创造性毁灭失败的时候，流行的制度型式将更多地满足统治阶级榨取剩余的需要，从而使生产力发展的潜能无法得到充分释放。这样一来，创新的内生性问题，就与本书前三章讨论的历史唯物主义理论联系了起

---

① Mandel, *Long Waves of Capitalist Development* (London: Verso), 1995, p. 93（由于商务印书馆出版的中译本此处存在翻译错误，这段引文是由笔者直接从英文版翻译的）。
② 在佩蕾丝那里，"制度的创造性毁灭"是在形形色色的决策者（"设计者、工程师和管理者"）之间展开的。这意味着，围绕着制度变革所发生的冲突，主要也是资本之间在竞争中的冲突。见佩蕾丝《技术革命与金融资本》，第 46 页。

来——在本质上，创新是否具有内生性，以及在多大程度上具有内生性，是与两类制度（或生产关系）的消长相联系的有机生产方式变迁的问题。

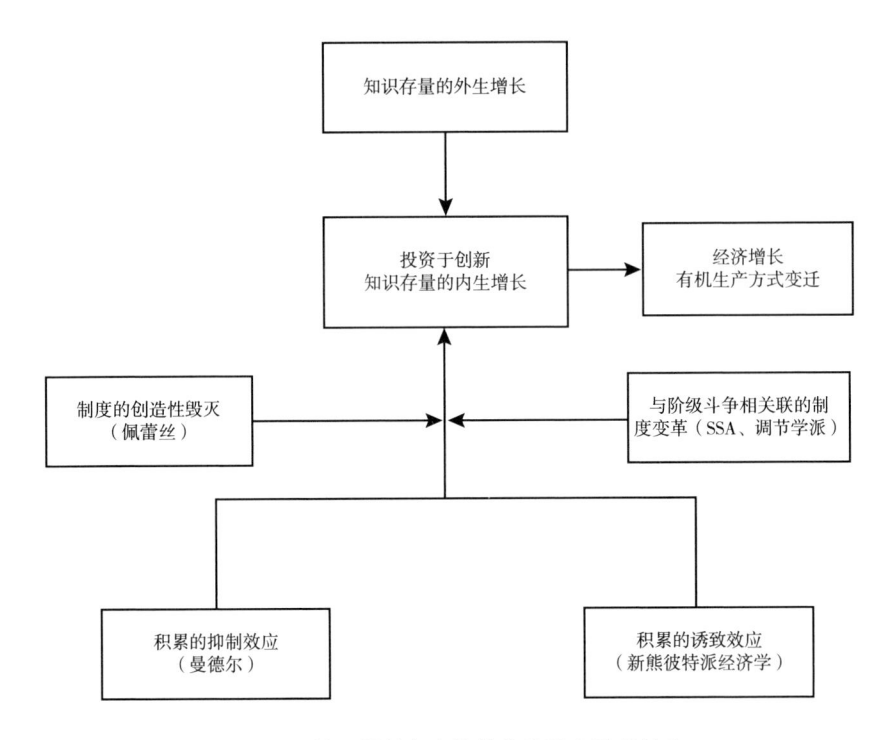

图 5-3 关于创新内生性的几种观点及其综合

演化经济学的上述研究主题在当下中国语境中具有格外重要的意义。在过去的三十年间，中国经济形成了别具一格的社会主义市场经济体制，这一经济体制虽然和其他国家的市场经济体制存在明显的差别，但也享有任何市场经济都具有的共性。这种共性，一方面体现在市场经济体系会内在地产生为马克思主义经济学所指认的各种矛盾；另一方面，这些矛盾也不断地受到演化经济学所注重的技术和制度因素的协调。在这种背景下，传统马克思主义经济学由于专注于对市场经济的"病理学"分析，就难以为"当代中国社会主义政治经济学"的建设提供充分的理论资源。在笔者看来，当代中国社会主义政治经济学至少应有两大思想来源：其一是传统马克思主义经济学；其二则是包括演化经济学在内的异端经济学或"当代古典经济学"。迄今为止，这两种思想来源在研究议程上一直各有侧重，但这种差异——借用科学哲学的话语来说——并不代表两种范式在其"内核"上的差异，而更多的是在"保护带"上的区别。为此，笔者乐意在此重申本章开篇提到的观点，即只有将马克思主义经济学和包括演化经济学在内的"当代古典经济学"创造性地综合成一个新的体系，当代中国社会主义政治经济学的发展才有未来。

第六章 演化马克思主义的竞争理论：一个方法论的探讨

竞争理论在马克思经济学中占据着重要地位。在马克思为其经济学著作拟就的"六册计划"中，《竞争》曾被列为《资本》册中的一个分册。在《资本论》里，竞争在诸多基本理论——如价值理论、剩余价值理论、资本积累理论、利润率平均化理论和利润率下降理论——中都扮演了重要角色。然而，竞争理论在马克思经济学中并没有得到充分的展开，建立一个体系完备的马克思主义竞争理论，今天仍是有待完成的任务。

这一章讨论了与马克思主义竞争理论相关的几个方法论问题，它们分别涉及"竞争一般"概念与马克思竞争理论的关系、如何根据"知识的分立"重新理解资本在部门内的竞争、熊彼特的企业家概念与马克思经济学的关系以及竞争在整个经济的协调中所起的双重作用。后面三个问题因与演化经济学密切相关，所作讨论可以看作前一章内容的直接延续。在笔者看来，建立马克思主义竞争理论，大致需要完成两项任务，其一是形成一个涵盖所谓"三阶段"的理论体系（详见本章第一节），其二是汲取演化经济学在相关问题上的见解，对知识的意义以及竞争在市场经济中的协调作用给予全面的分析和评价。正是基于后一方面的考虑，我们才有了"演化马克思主义的竞争理论"这一新的提法。[1]

---

[1] 曾有作者提出，演化马克思主义经济学构成了近十余年来国内政治经济学研究的诸多流派之一，笔者本人也被划归演化马克思主义这一流派，见薛宇峰《当代中国马克思主义经济学的流派》，《经济纵横》2009年第1期。

第六章　演化马克思主义的竞争理论：一个方法论的探讨

第一节　"竞争一般"与马克思主义竞争理论

雇佣劳动关系和许多资本之间的竞争关系是资本主义生产关系的两个基本维度，彼此之间是密切联系的。用马克思的话来说就是："自由竞争使资本主义生产的内在规律作为外在的强制规律对每个资本家起作用。"[①] 所谓"资本主义生产的内在规律"，首先是指资本在雇佣劳动关系的基础上无止境地追求剩余价值这一内在本性。在个别资本的循环中，这一点体现为资本作为价值的自我增殖的运动。资本的这种自我扩张的运动，一方面要以资本和劳动的对立为前提，另一方面是在许多资本的竞争中实现的。正是在竞争中，资本的内在本性（它人格化为资本家的动机和行为模式）才获得了具体而充分的展现。马克思为剩余价值生产所概括的两个基本类型，即绝对剩余价值生产和相对剩余价值生产，既是资本的内在本性的具体实现方式，也是个别资本在竞争中所采用的方法。在绝对剩余价值生产中，正是因为竞争，延长工作日、提高劳动强度才会发展到在前资本主义生产方式下闻所未闻的地步；而在相对剩余价值生产中，剩余价值率的普遍提高，是在个别资本以推动技术进步为手段的竞争中产生的结果。

在《资本论》里，马克思提出：18世纪产业革命的兴起，使资本主义生产方式摆脱了工场手工业的束缚，转而过渡到以机器大工业为基础的"特殊的资本主义生产方式"，从此，以变革生产方式、提高生产率为特点的相对剩余价值生产，就成为生产剩余价值的最主要方法。[②] 在马克思

[①] 马克思：《资本论》第一卷，《马克思恩格斯全集》第二十三卷，人民出版社，1975，第300页。

[②] 马克思："特殊的资本主义生产方式一旦掌握整整一个生产部门，它就不再是单纯生产相对剩余价值的手段，而一旦掌握所有决定性的生产部门，那就更是如此。这时它成了生产过程的普遍的、在社会上占统治地位的形式。"《马克思恩格斯全集》第二十三卷，第558页；另有："自从剩余价值的生产永远不能通过延长工作日来增加以来，资本就竭尽全力一心一意加快发展机器体系来生产相对剩余价值。"《马克思恩格斯全集》第二十三卷，第449页。参见本章第二节对此问题的讨论。

那里，资本家必须将剩余价值用于生产性投资，并使生产方式不断地革命化，这一点是和资本主义生产关系的确立联系在一起的。《共产党宣言》这样写道："资产阶级除非对生产工具……不断地进行革命，否则就不能生存下去。反之，原封不动地保持旧的生产方式，却是过去一切工业阶级生存的首要条件。生产的不断变革，一切社会状况不停的动荡，永远的不安定和变动，这就是资产阶级时代不同于过去一切时代的地方。"① 美国社会积累结构学派的学者鲍尔斯等人在他们撰写的政治经济学教科书《理解资本主义》里，也着力强调了马克思经济学的这一核心思想，他们写道："资本主义是第一个这样的经济制度，其精英阶层的成员必须将剩余进行投资——进而是生产的革命化——以求生存并保持他们的精英地位。由于土地产出低下，封建主不过是窘迫的贵族，而在成本高昂或产品质量低劣的工厂，资本家可能很快就会失去资本家的地位。"②

当马克思提出，生产剩余价值的主要方法不是绝对剩余价值生产而是相对剩余价值生产时，他事实上强调了这样一点：在资本主义生产方式中，剩余的增长和生产力进步在很大程度上是相互统一的。这无疑是在历史唯物主义的立场上对资本主义制度合法性的一个辩护。美国学者布伦纳继承了马克思的这一观点，并对其做了独到的发挥。布伦纳提出了所谓农业资本主义起源的理论，按照他的观点，资本主义的产生并不是由贸易和市场的扩张带来的自发演进的过程，农业生产中的阶级关系的变化才是促使生产方式向资本主义转变的根本原因（参见本书第二章的讨论）。在16~17世纪的英国，一方面，地主控制了大片阡陌相连的土地，小农土地所有制遭到普遍遏制；另一方面，由于农民在农奴制解体和中世纪人口衰减后通过阶级斗争取得了一定的权力，也阻止了农奴制在英国的复辟。在这种条件下，最终在17世纪的英国产生了"地主－资本主义佃

---

① 马克思、恩格斯：《共产党宣言》，载《马克思恩格斯选集》第一卷，人民出版社，1995第2版，第275页。
② 鲍尔斯等：《理解资本主义》，中国人民大学出版社，2010，第135页。译文有更改。

农 - 农业雇佣工人"这样的阶级结构。布伦纳分析了在这种阶级关系下资本主义佃农的行为,他们作为大片土地的租赁者,实际上是乡村里的资本家。为了在竞争中生存下来,这些佃农必须从事专业化生产,引进新的生产方法,只有这样才能以具有竞争性的成本出售其产品。布伦纳写道:"资本主义佃农的成本如果高于平均水平,作为其采纳落后生产方法的后果,他将面临双重的压力。一方面,如果他试图按现行水平交纳地租,利润率将落在平均水平以下,他的积累资金就会减少,在市场的地位也会进一步被削弱。另一方面,如果他试图交纳的租金偏低,他就会受到地主的惩罚,后者将转而寻求更有能力从事必要的改良的新佃农,以便在市场上开展竞争。"[①] 在当时英国的阶级结构下,佃农很难靠压榨雇工的"绝对剩余劳动"来增加剩余,因为这些雇工在摆脱农奴制后取得了人身自由,他们可以自由地迁移、买地或租赁土地。另一方面,这些佃农"完全可以通过在大面积农场里引入新的生产技术,以大量增加相对剩余劳动"。"概而言之",布伦纳写道,"资本主义唯独在西欧得到成功的发展,这是由阶级制度、产权制度、剩余榨取制度决定的,在这种制度下,剩余榨取者为了增加剩余而被迫采用的方法,在前所未有的程度上——尽管并不完美——与发展生产力的需要相适应。把资本主义与前资本主义生产方式区别开来的,在于资本主义要求那些控制了生产的人主要通过增加所谓相对的、而非只是绝对的剩余劳动,来提高他们的'利润'(剩余)"。[②]

从布伦纳的论述来看,资本主义阶级结构一经确立,相对剩余价值生产就成了增加剩余价值的主要方法。这与马克思的见解似乎有所差别,在马克思看来,相对剩余价值生产是在特殊的资本主义生产方式出现后才居于主导地位的。这样一来,问题便产生了:布伦纳和马克思谁更正确呢?

---

① Brenner, R., "The Origins of Capitalist Development: a Critique of Neo-Smithian Marxism", in *New Left Review*, 1977, No. 104, July-August, p. 76.
② Brenner, R., "The Origins of Capitalist Development: a Critique of Neo-Smithian Marxism", in *New Left Review*, 1977, No. 104, July-August, p. 78, p. 68.

笔者不能对这一问题做最终的裁决。不过，从民主德国历史学家库钦斯基的著作中，倒是可以为布伦纳的观点寻到一个佐证。假如布伦纳的观点是正确的话，在16世纪，即在资本刚刚登上世界历史的舞台时，应该就能见到社会经济结构变迁带来生产力革命的相关历史证据。库钦斯基恰恰为我们提供了这样的证据。他提出，远在18世纪产业革命之前，从1540年到1640年，英国已经出现了一次生产力革命，这也是世界历史进入资本主义时代后发生的第一次生产力革命。在此期间，生产力的最主要因素即人从封建束缚中得到了解放，资本主义手工工场得到发展。能源则从使用木炭转向使用煤。1640年，英国的煤产量等于整个欧洲生产的煤的总存量的3倍。煤在16世纪的使用极大地促进了生产力、工艺学和科学的发展。传统工业如纺织业、盐业和造船业得到巨大发展，并出现了玻璃、明矾、火药和肥皂等新兴工业。与此同时，农业也有了长足发展。①

撇开布伦纳和马克思的分歧不谈，两者之间也有共同点，这体现在，他们都从资本主义雇佣劳动关系出发理解竞争，把竞争视为资本的内在本性的外在的、必然的表现。正如马克思指出的："从概念来说，竞争不过是资本的内在本性，是作为许多资本彼此间的相互作用而表现出来并得到实现的资本的本质规定，不过是作为外在必然性表现出来的内在趋势。"②为了便于理解竞争概念及其和资本主义雇佣劳动关系之间的联系，我们需要借助于资本一般的概念。这个概念是马克思在《1857～1858年经济学手稿》里提出来的，那里对资本一般做了如下规定：第一，马克思试图抽象掉资本内部的区别，把资本一般界定为资本与雇佣劳动之间的阶级关系，他说："如果我考察某个国家内与总雇佣劳动（或者也与地产）相区别的总资本，或者说，我把资本当作与另一个阶级相区别的某一阶级的一般经济基础来考察，那我就是在考察资本一般。这就同从生理学上考察与

---

① 库钦斯基：《生产力的四次革命》，洪佩郁等译，单志澄校，商务印书馆，1984。
② 《马克思恩格斯全集》第四十六卷上册，第一版，人民出版社，1979，第397～398页。

动物相区别的人一样。"第二，资本一般也被规定为带来剩余价值的价值。① 在《资本论》第二卷，在此意义上的资本概念被规定为一种运动，即作为价值不断保持自我同一和自我增殖的运动。

资本一般的概念一经提出，下述问题便产生了：资本一般和竞争是什么关系？在考察属于资本一般层面的问题时，能否将竞争完全撇开？竞争是否构成了资本一般概念的内在组成部分？英国学者布里安在考察马克思的竞争概念时提出了这些问题。在他看来，在马克思经济学中存在着属于不同抽象层次的竞争概念，与市场结构相对应的竞争概念属于较具体的层次，与资本一般概念相对应的竞争则属于抽象的层次。他将后一种竞争命名为"竞争一般"，并认为资本主义生产方式的一般运动规律正是借助于这种意义的竞争建立起来的。②

竞争一般的概念如果成立，必然涉及对资本一般概念的再诠释。在《1857～1858年经济学手稿》里，资本一般概念是和"许多资本的相互作用"即竞争相对应的。在马克思那里，把资本一般和竞争区分开来，最初是为了给自己的经济学著作分篇而提出来的。在《1857～1858年经济学手稿》里，马克思有时流露出这样的倾向：为了从资本一般的角度分析资本的内在规律，可以暂时抽象掉竞争。③ 然而，在这部手稿里，我们也不难为另一种观点找到依据。从方法论上看，资本一般在概念上并不必然排斥竞争，两者事实上构成了既对立又统一的矛盾。马克思对这种矛盾关系做了如下表述：竞争"是资本贯彻自己的生产方式的手段"；"竞争

---

① 《马克思恩格斯全集》第四十六卷下册，人民出版社，1979，第382页。汤在新教授曾经辨析了资本一般概念的四种含义，见其与张钟朴、成保良主编的《〈资本论〉续篇探索》，中国金融出版社，1995，第85～86页。
② Bryan, R., "Monopoly in Marxist Method", *Capital and Class*, Summer 1985, 26, pp. 72 - 91.
③ 例如："资本本身作为预先存在的价值，会怎样依照其再生产费用的提高和降低，或者由于利润的降低等而改变其价值，这显然只是属于把资本作为现实资本，作为多数资本的相互作用来考察的那一篇要谈的问题，而不应该在目前考察资本的一般概念时来谈。"《马克思恩格斯全集》第四十六卷下册，1980，第157～158页。

187

无非是许多资本把资本的内在规定互相强加给对方并强加给自己";"资本的内在规律,资本的趋势只有在竞争中,即在资本对资本的作用中,才能得到实现。"① 在这些表述中,资本的内在规定与其在竞争中的外在表现的关系,是一种相互依赖、彼此渗透的关系。②

资本一般与竞争的这种辩证关系意味着,在两者间像刀割斧削一般划出一条界线来,其实是难以成立的。马克思虽然区分了资本的本性及其外在实现,但正如他自己又指出的,在资本的本性里包含着对其他资本的排斥,即包含着许多资本的概念:"因为价值是资本的基础,资本必然只有通过和对等价值相交换才能存在,所以资本必然自己排斥自己。因此,普遍资本,没有与它交换的其他资本同它相对立,……这样的资本是毫无意义的。在作为已经实现了的交换价值的资本中已经包含着各个资本的互相排斥。"③ 以具体理论而言,不仅在《资本论》第三卷(一般认为,第三卷的论述突破了《1857～1858年经济学手稿》所界定的属于"资本一般"的内容),而且在《资本论》第一卷讨论剩余价值生产的概念时,马克思也引入了竞争。成保良教授曾系统地总结了《资本论》全部三卷涉及竞争的论述,按照他的意见,无论是价值规律的实现还是剩余价值规律的实现,都是和竞争分不开的。他还特地提到,甚至在第一卷讨论相对剩余价值生产和绝对剩余价值生产时,马克思也引入了竞争。④ 就相对剩余

---

① 《马克思恩格斯全集》第四十六卷下册,人民出版社,1980,第247、160、271等页。
② 学者内田宏在其阐释《1857～1858年经济学手稿》(即《政治经济学批判大纲》)的著作中强调了这一点,他认为:"资本分裂为多个个别资本,形成资本的特殊化。资本越是拥有具体个性,资本的一般本性在特殊化的过程中越是渐次展现出来。大量的单个资本通过竞争和相互依赖(社会性的物质代谢),作为一个资本,其一般本性越来越明显化。"为此他还引征了马克思的以下论述:"各个资本之间的相互作用,恰恰导致它们必须作为资本来行事;各个资本的表面的独立作用,以及它们相互间的无规则的冲突,恰恰是它们的一般规律的确立。……恰恰是各资本作为单个资本而相互作用,才使它们作为一般资本而确立起来,并使各个资本的表面独立性和独立存在被扬弃。"内田弘:《新版〈政治经济学批判大纲〉的研究》,北京师范大学出版社,2011,第9～12页。马克思的话见于《马克思恩格斯全集》第四十六卷下册,第166～167页。
③ 《马克思恩格斯全集》第四十六卷上册,第408～409页。
④ 汤在新等主编《〈资本论〉续篇探索》,中国金融出版社,1995,第135页。

价值生产理论而言，那是一个绝好的例证，说明价值规律和剩余价值规律是在个别资本竞争的基础上，即在个别资本追求超额剩余价值的基础上实现的。在此意义上，笔者难以接受美国学者莫斯里提出来的下述见解，即相对剩余价值生产所涉及的技术进步纯粹是作为资本一般的内在趋势而推衍出来的。[1]

因此，把竞争从资本一般的概念中完全抽象掉，其结果只能是使资本一般成为过度的抽象。在《1857～1858年经济学手稿》里，马克思本人或许在一定程度上意识到这一点，他在那里承认，资本一般这个概念"逻辑学性质较多而经济学性质较少"。[2] 然而，在这部手稿里，马克思并没有明确地将资本一般和竞争的关系交代清楚。马克思的缄默，甚至诱使一些学者得出结论，认为马克思在19世纪60年代即在正式编成《资本论》第一卷时最终放弃了资本一般的概念。MEGA2——《马克思恩格斯全集》历史考证版——的一位德国编者亨利希就持有这种观点，他写道："'资本一般'之所以消解了，是因为抽象了许多资本的运动，就不可能阐明从'一般性'到'实际运动'的过渡所必须的所有形式规定。"[3] 亨利希的观点包含着中肯的地方，但是，主张马克思完全放弃了资本一般概念也是不必要的。《资本论》的叙述方法的确不可能严格依据将资本一般和竞争彻底两分的蓝图来进行，但这并不意味着资本一般作为范畴是没有意义的。在MEGA2的编者中间还有另一种意见，认为从19世纪60年代开始，资本一般概念不是遭放弃，而是被修改了。在新修正的计划里，一方面，有关资本一般的论述同时接纳了一些属于竞争概念的必要的内容；另一方面，资本一般和关于竞争的更为具体的理论之间仍然存在着区别。

---

[1] Moseley, F., "Capital in General and Marx's Logical Method: a Response to Heinrich's Critique", *Capital and Class*, 1995, Vol. 19, No. 2, p. 37.

[2] 《马克思恩格斯全集》第四十六卷上册，第445页。在《资本论》里，马克思甚至从未使用过这个概念。

[3] Heinrich, J., "Capital in general and the structure of Marx's Capital: New insights from Marx's Economic Manuscripts of 1861–63", *Capital and Class*, 1989, Vol. 13, No. 2, p. 75.

"六册计划"中原先规划的竞争篇,仍然可以视作不同于现行《资本论》的一本独立著作。① 这个意见在我们看来似乎是更为合理的。

英国学者威克斯也讨论了马克思经济学的竞争概念。一方面,他错误地认为,资本一般概念抽象了竞争即许多资本之间的关系;② 另一方面,他又正确地提出,应该撇开竞争的具体形式以界定竞争的一般概念。他写道:"资产阶级经济学是在一个相对低的抽象水平上开始分析竞争的,结果对竞争的处理是在极其复杂的形式上进行的。在这种抽象水平上,必须从一开始就解释价格竞争、产品差别化、资本的流动及其障碍,以及资本集中的过程。这样一来,其分析就流于折衷主义。在资本主义条件下竞争性斗争所采取的形式就不是来自竞争概念本身,而是作为这一概念的例外。正是为了避免这种折衷主义,我们将竞争定义为'资本本身的内在本性',并且正是凭着这个简单的概念,我们才能达到资本之间的竞争这样更为复杂的概念,以及同样复杂的价格竞争的概念。"③

需要指明的是,把竞争直接定义为"资本本身的内在本性",是将竞争与资本一般混同了。在威克斯之后,布里安正式提出了竞争一般的概念,在定义这一概念时,布里安和威克斯一样,也将竞争一般界定为"资本本身的内在本性"。威克斯和布里安的这一定义似有曲解马克思之嫌,马克思的原话是(前文已有引述):"从概念来说,竞争不过是资本的内在本性,是作为许多资本彼此间的相互作用而表现出来并得到实现

---

① 参见 Fineschi, R. "'Capital in General' and 'Competition' in the Making of Capital: The German Debate", *Science & Society*, 2009, Vol. 73, No. 1, pp. 54–76.
② 例如他说:"尽管积累和竞争是密切联系的,前者却能先于竞争分析而概念化,并据此得到理解。这是因为积累是资本循环的不断扩张,而资本循环首先是着眼于资本的整体而分析的,无须提及许多资本的相互关系。这里我们必须强调,我们提到的是许多资本的竞争,因为资本的基础是劳动与生产资料的分离,资本循环不可能把资本与劳动的竞争,也就是阶级斗争给抽象掉。"Weeks, J., *Capital and Exploitation* (Princeton University Press, 1981), p. 155.
③ Weeks, J., *Capital and Exploitation*, p. 160.

第六章 演化马克思主义的竞争理论：一个方法论的探讨

的资本的本质规定，不过是作为外在必然性表现出来的内在趋势"。在这里，竞争不仅是资本的内在本性，而且是其内在本性的外在必然表现。

布里安建议把竞争区分为竞争一般和具体形式的竞争，博得了其他一些学者的支持。英国学者威洛克借鉴日本学者宇野的"三阶段论"，把竞争概念进一步区分为三个层次。按照宇野的观点，政治经济学理论在整体上涉及三个层面的内容，第一个层次是资本主义生产方式的一般运动规律，这些规律的运作以资本主义基本经济制度为基础，适用于资本主义发展的不同阶段；第二个层次是与不同阶段的制度特征相联系的资本积累，前述一般规律在此取得了具体的、阶段性的表现形式；第三个层次则是针对资本主义经济在经验中的实际状态的分析。相应的，威洛克提出，竞争研究也可区分为三个层次：①布里安所说的竞争一般；②在资本主义发展的各个阶段具有不同形式的竞争或垄断；③在各种具体环境里竞争的实际表现和竞争策略。他还指出，新古典经济学着重分析了属于最后一个层次的问题。[①] 威洛克的这个观点，为我们按照从抽象到具体的方法构筑马克思主义竞争理论，指出了一条可行的路径。

然而，困难不在于从方法论上区分竞争一般和其他层面的竞争，困难在于如何界定竞争一般本身。像布里安那样将竞争一般界定为资本的内在本性是远远不够的，这一定义并没有把握竞争一般和资本一般的区别，我们还需要一个在内容上更为切近的规定。在原则上，对竞争一般的界定只应涉及那些和资本主义生产方式的一般运动规律相关联、作为这些规律的内在环节的竞争，并与具体形式的竞争区别开来。笔者最初在探讨这个问题时，曾建议将竞争一般界定为提高生产率、降低成本的竞争。高峰教授在其商榷文章中对此提出了批评，认为这一定义并不具有足够的一般性。

---

① Weelock, J., "Competition and Monopoly: A Contribution to Debate", *Capital and Class*, Winter 1985, pp. 185 – 186.

高峰教授提出，可将竞争一般定义为许多资本对剩余价值的相互争夺。①经过一番斟酌后，笔者现在乐意接受高峰教授的这个意见。还可补充的一点是，如果我们考虑的是生产性资本之间的竞争，则个别企业对剩余价值的争夺将表现为其劳动时间的货币表现（MELT）的增长。②然而，在接受高峰教授定义的同时，笔者又认为，在竞争一般这一概念中，还可进一步分梳出两种作为理想类型的竞争，其中一种竞争在获取更多剩余价值的同时促进了生产力的发展，而另一种竞争则不必以生产力的发展为前提，甚至还可能破坏既有的生产力。前者或可称为生产型竞争，后者或可称为榨取型竞争。依靠直接生产过程的过度剥削或流通领域的不平等交换作为取得剩余的手段，便属于后一类竞争。了解本书前三章观点的读者会意识到，对竞争一般的这种界分，与生产关系具有两重功能的观点在方法论上是一致的。在本章最后一节，我们还将进一步讨论对竞争一般的这种界分所具有的理论意义。

需要指出是，在涉及上述第一种类型的竞争时，有必要把提高生产率、降低成本的竞争与削减价格的竞争区分开来，后者不属于竞争一般的范畴。在马克思的相对剩余价值生产理论中，提高生产率、降低成本与削减价格的竞争是联系在一起的，后者要以生产率进步和成本下降为条件。但是，削减价格的竞争是在通常所说的自由竞争条件下更为流行的竞争形式，并不适用于自由竞争以外的其他条件，因而不属于竞争的一般规定。与之不同的是，提高生产率、削减成本的竞争则不仅适用于19世纪的自由竞争资本主义，而且在垄断资本主义阶段，这类竞争同样具有重要意义。正如巴兰和斯威齐在《垄断资本》里所说："我们可以得出结论：垄

---

① 孟捷、向悦文：《竞争与制度：马克思主义的相关分析》，《中国人民大学学报》2012年第6期，第37页；高峰：《关于马克思主义竞争理论的几个问题》，《中国人民大学学报》2012年第6期，第45页。
② 在下述研究中，我们考察了劳动时间的货币表现之于企业的"代谢竞争"，即以产品性价比为前提的部门内竞争的意义，见孟捷、冯金华《部门内企业的代谢竞争与价值规律的实现形式》，《经济研究》2015年第1期。

第六章 演化马克思主义的竞争理论：一个方法论的探讨

资本主义经济强加在它的成员身上的成本纪律，同它的前身竞争资本主义经济是同样严厉的；此外，它还产生了新的和强大的从事技术革新的推动力。所以，对于垄断资本主义下生产成本下降的趋势不可能有任何怀疑。"[①]

可以提出这样的看法：提高生产率、降低成本的竞争与削减价格的竞争分属威洛克所说的第一层次和第二层次的竞争。依照这种观点，削减价格的竞争是提高生产率、降低成本的竞争在自由竞争条件下（或自由竞争资本主义阶段）更为具体的表现形式。与此对应，在垄断资本主义阶段，提高生产率、降低成本的竞争可能采取其他不同的表现形式。调节学派的创立者阿格列塔针对"福特主义积累体制"下的垄断竞争的分析，就揭示了这样一种竞争形式。

"二战"结束后，发达资本主义经济的核心部门普遍采纳了集体谈判制度，依靠这种制度，工人得以分享生产率进步所创造的价值。由于战后形成的集体谈判是在全行业甚至更高的层次上展开的，工资增长机制出现了相当程度的社会化，即工资水平的提高在行业内部甚至在行业之间服从于集体谈判所确立的某种统一标准。另一方面，在上述核心部门，产品或服务的价格是按成本加成制度形成的，这种定价制度意味着，寡头垄断企业在劳动力和原材料成本增长的基础上，根据一个预期利润率设定价格。在这种定价制度下，寡头垄断企业之间的竞争受到一定程度的遏制，降低价格已不再是竞争的主要手段。集体谈判制度和成本加成制度的结合，对竞争一般的实现形式产生了重要影响。由于不同部门的工资成本大体按相同比率增长，那些生产率更高的企业可以利用这一点，通过提高工资来挤压落后企业的利润。换言之，在自由竞争条件下，竞争压力一般是通过削减价格来传递的，而在垄断竞争条件下，增加工资成本成为传递竞争压力的新的渠道。阿格列塔通过下面这个基于劳动价值论的简单模型描述了这

[①] 巴兰、斯威齐：《垄断资本》，商务印书馆，1977，第 72～73 页。

一竞争过程的特点。①

假设某个部门的所有企业在技术变革前每日生产 10 件产品，单位劳动小时的货币表现为 1 元，每日产出的价值构成为 $C+V+S=10+8+2=20$（元），单位产品的价值构成为 $C+V+S=1+0.8+0.2=2$（元）。假定个别先进企业采用了新技术，使生产率增加一倍，每日可生产 20 件产品。与此同时，假定每日工资率也从 8 元上升到 12 元。从单位成本来看，该企业在旧生产条件下的单位成本（$C+V$）为 18/10 = 1.8（元），在新生产条件下的单位成本下降为 32/20 = 1.6（元）（见表 6 – 1）。

假设新的工资率通过集体谈判成为全行业的普遍标准，在这种情况下，其他落后企业将被迫担负更高的工资成本。根据表 6 – 1，落后企业的单位成本从 1.8 元提高到 2.2 元。由于我们假设该行业的产品仍然按照不变的社会价值（2 元）出售，落后企业此时将因工资成本过高而陷入亏损的境地（其单位产品的成本为 2.2 元，低于 2 元的社会价值）。与此同时，先进企业则可获得超额剩余价值或超额利润。在上面的例子中，先进企业依靠单位产品取得的超额利润等于 0.4 元，全部超额利润等于 8 元。

表 6 – 1　以集体谈判和工资增长为中介的垄断竞争

项目	遵循旧生产条件的企业	遵循新生产条件的企业
劳动生产率（每日产出）	10 件	20 件
单位产品的社会价值	2 元	2 元
每日需支付的可变资本	8 元	12 元
总成本价格（$C+V$）	18 元（= 10C + 8V）	32 元（= 20C + 12V）
单位成本价格	1.8 元	1.6 元
工资成本普遍提高后的单位成本价格	2.2 元 $\left(=\left[\frac{10C+12V}{10}\right]\right)$	
总产出的社会价值	20 元	40 元

---

① Aglietta, M., *A Theory of Capitalist Regulation* (London: Verso, 1979), pp. 304 – 306.

第六章　演化马克思主义的竞争理论：一个方法论的探讨

竞争一般概念的提出，还有助于我们理解通常所说的自由竞争和垄断的关系。垄断本身产生于自由竞争，但它本身也是一种竞争形式，即垄断竞争。马克思曾在《哲学的贫困》中写道："垄断产生着竞争，竞争产生着垄断。垄断者彼此竞争着，竞争者变成了垄断者。……垄断只有不断投入竞争的斗争才能维持自己。"① 列宁也认为："从自由竞争中生长起来的垄断并不消除自由竞争，而是凌驾于这种竞争之上，与之并存，因而产生许多特别尖锐特别剧烈的矛盾、摩擦和冲突。"② 竞争一般概念表达了自由竞争与垄断竞争之间的共性，即它们都是资本内在本性的实现形式，都体现了对剩余价值的竞夺。除了上述围绕工资成本的竞争外，垄断竞争还有许多其他形式。例如，巴兰和斯威齐在研究垄断竞争时，把围绕"销售努力"的竞争，即在产品差别化、广告、产品形状和包装的多样化等方面的竞争，视为垄断竞争的主要形式之一。这种形式的垄断竞争往往与生产力进步没有太多关联，主要是利用凡勃仑所说的"声誉消费"而开展的竞争。此外，当代马克思主义经济学家还把知识产权垄断看作垄断竞争的新形式。③

对竞争一般的讨论在理论上具有重要意义，这一概念反映了资本主义雇佣劳动关系以及资本积累一般运动规律对于许多资本之间的相互关系的影响。如果我们将马克思主义竞争理论看作一个立体结构的话，竞争一般概念构成了这一结构的基础，在这一基础之上，是一些抽象程度较低的理论。当代马克思主义经济学家（如调节学派的阿格列塔、SSA 学派的克罗蒂乃至垄断资本学派的巴兰和斯威齐）立足于资本主义发展的特定阶段，发展了被称为竞争体制（regimes of competition）的理论，这些理论的特

---

① 《马克思恩格斯选集》第一卷，第176页。
② 列宁：《帝国主义是资本主义最高阶段》，《列宁选集》第二卷，人民出版社，1995，第650页。
③ Perelman, M., "Intellectual Property Rights and the Commodity Form: New Dimensions in the Legislated Transfer of Surplus Value", *Review of Radical Political Economics*, 2003, Vol. 35, No. 3, pp. 304–311.

点，是研究了资本主义发展特定阶段的制度型式与竞争一般的关系，进而提出了有关垄断竞争的制度理论。① 与竞争一般概念相比，这些理论在抽象程度上属于"中间层次"。在这些中间层次的理论之上，则是更为具体的有关竞争策略的理论。美国学者布伦纳在《全球动荡的经济学》一书中发展了这一理论。② 迄今为止，上述所有三个层次的理论都是相对独立地发展的。建立一个体系完备的马克思主义竞争理论，需要将这些分属不同层次的理论进一步综合为统一的有机整体。

第二节　知识的分立与企业的代谢竞争

在《资本论》第一卷，马克思以很大篇幅研究了资本主义生产方式从工场手工业到机器大工业的过渡。马克思将立足于机器大工业的资本主义生产方式称作"特殊的资本主义生产方式"。这里"特殊的"一词还可译为"特有的"或"专有的"。换言之，特殊的资本主义生产方式意味着资本主义专有的生产方式。马克思认为，特殊的资本主义生产方式不同于以往生产方式的地方，不仅在于使用了机器，而且在于机器本身也是以大工业的方式来生产的。③ 特殊的资本主义生产方式的形成一方面为相对剩余价值生产（即以生产率进步为前提的剩余价值生产）提供了技术基础，

---

① Aglietta, M., *A Theory of Capitalist Regulation* (London: Verso, 1979); Crotty, J., "Rethinking Marxian Investment Theory: Keynes-Minsky Instability, Competitive Regime Shifts and Coerced Investment", *Review of Radical Political Economics*, 1993, Vol. 25, No. 1; Crotty, J., "Structural Contradictions of the Global Neoliberal Regime", *Review of Radical Political Economics*, 2000, Vol. 32, No. 3; Crotty, J., 2002, "Why There Is Chronic Excess Capacity", *Challenge*, Nov. – Dec；巴兰、斯威齐：《垄断资本》，商务印书馆，1977。
② Brenner, R., *The Economics of Global Turbulence* (London: Verso, 2006).
③ 马克思说："大工业必须掌握它特有的生产资料，即机器本身，必须用机器来生产机器。这样，大工业才建立起与自己相适应的技术基础，才得以自立。"马克思：《资本论》第一卷，《马克思恩格斯全集》第二十三卷，人民出版社，1972，第421~422页。

第六章 演化马克思主义的竞争理论：一个方法论的探讨

另一方面，也使相对剩余价值生产成为生产剩余价值的更主要的方法。[①]从本书第三章的观点来看，马克思的这些观点（抑或假设）意味着，在这种生产方式崛起之后，剩余价值的增长便与生产率进步相结合，即使得有机生产方式的变迁成为资本主义生产方式的一个规律。显然，这一根本性变化在资本主义以前的生产方式中是不可想象的。

植根于机器大工业的特殊的资本主义生产方式的崛起，同时也改变了知识的性质，以及知识的生产和利用方式。马克思曾以如下生动的笔触描绘了这一变化：

> 很能说明问题的是，各种特殊的手艺直到十八世纪还称为：mysteries（秘诀），只有经验丰富的内行才能洞悉其中的奥妙。这层帷幕在人们面前掩盖起他们自己的社会生产过程，使各种自然形成的分门别类的生产部门彼此成为哑谜，甚至对每个部门的内行都成为哑谜。大工业撕碎了这层帷幕。大工业的原则是，首先不管人的手怎样，把每一个生产过程本身分解成各个构成要素，从而创立了工艺学这门完全现代的科学。社会生产过程的五光十色的、似无联系的和已经固定化的形态，分解成为自然科学的自觉按计划的和为取得预期有

[①] 马克思："相对剩余价值生产以特殊的资本主义生产方式为前提。"《马克思恩格斯全集》第二十三卷，第557页。在《资本论》第一卷第五篇里，马克思不仅指明了特殊的资本主义生产方式对于加速积累和提高资本构成的重要意义，而且认为特殊的资本主义生产方式和劳动生产率的发展要比积累的增进快得多。他写道："一定程度的资本积累表现为特殊的资本主义生产方式的条件，而特殊的资本主义生产方式又反过来引起资本的加速积累。因此，特殊的资本主义的生产方式随着资本积累而发展，资本积累又随着特殊的资本主义生产方式而发展。这两种经济因素由于这种互相推动的复合关系，引起资本技术构成的变化，从而使资本的可变组成部分同不变组成部分相比越来越小。"（《马克思恩格斯全集》第二十三卷，第685页）以及："特殊的资本主义生产方式，与之相适应的劳动生产力的发展以及由此引起的资本有机构成的变化，不只是同积累的增进或社会财富的增长保持一致的步伐。它们的进展要快得多。"（同前引书，第690页）这些讨论包含了下述结论，即以特殊的资本主义生产方式为前提的相对剩余价值生产将在剩余价值生产方法中占据主导地位。另可参见同上引书，第558页。

用效果而系统分类的应用。①

马克思的这段论述先前并没有引起足够的注意，其中蕴含的思想及假设，或可称之为"帷幕撕碎论"，下面我们就试着对这一理论略做些分析。

正如美国演化经济学家罗森博格指出的，马克思在《资本论》中深刻地提出了以下问题：将科学全面而系统地运用于生产过程是以技术在性质上的变化为前提的，这些技术究竟具有哪些新的特征呢？② 马克思根据当时的工业水平和科学发展水平，对这个问题做出了相当深入的研究。在工场手工业时期，分工作为提高生产力的主要手段发展到了相当高的程度。但这种分工本质上仍然是以手工劳动为基础的，不能摆脱对人的技能（如力量、速度、准确性等）的严重依赖。工场手工业分工的这个特点也意味着，在生产过程里采用的技术具有今日所谓暗默知识（tacit knowledge）的特点。马克思虽未使用暗默知识这样的现代术语，但上述引文里"帷幕"一词指明了同一含义。由于这类暗默知识的普遍存在，各个工业部门就像起了一道"帷幕"一般难以被理解，分工和技术进步也因之受到阻碍。导致这一切发生改变的，是机器大工业的出现。机器大工业的发展改变了生产过程对人的技能即各种被"帷幕"遮蔽的暗默知识的严重依赖，甚至干脆消灭了这些技能，使得生产过程得以被科学地分解为一系列独立的可以由机器完成的步骤，为科学在生产过程中的系统而普遍的应用创造了条件。

在马克思那里，机器大工业的产生，使技术摆脱了先前作为暗默知识的性质，变为受科学主宰的、作为科学在生产中的运用的新型技术。按照技术史家的研究，这种新的技术概念滥觞于培根，他曾在科学、技术和工业生产的关系上提出了一个"线性的"解释模式，即主张理论科学推动

---

① 《马克思恩格斯全集》第二十三卷，第533页。
② 罗森博格：《作为技术研究者的马克思》，骆桢等译，《教学与研究》2009年第12期，第13~14页。

第六章 演化马克思主义的竞争理论：一个方法论的探讨

了应用科学的发展，应用科学推动了技术的开发，继而带来工业和财富的增长。培根的这种观点有别于斯密日后在《国富论》里形成的看法。作为瓦特的同时代人，斯密有机会实际观察到资本主义手工工场内的技术进步，他发现，技术除了受到科学的推动外，还有自己独立的发展源泉和路径，这就形成了不同于上述线性模式的对技术进步源泉的另一种解释。[①]不过，自工业革命以来，斯密的观点并未占据上风，更有影响力的似乎是上述培根模式。按照后一种观点，技术只是科学在生产中的运用，因而相对于科学而言只具有从属和不独立的地位。从《资本论》的论述来看，马克思在这些问题上的见解堪称培根模式的延续和发展。在马克思以后，类似见解也一直为马克思主义者所继承。20世纪英国著名科学史家、马克思主义者贝尔纳是一个突出的例证，他像培根那样，相信科学最终会完全掌握工业活动。在他眼中，一般的趋势是："随着科学和工业一起进步，工业中的科学成分的比重会逐渐增加，而工业中的传统成分的比重会逐渐减少。"最终将形成"一个彻底科学化的工业"。[②]

需要指出的是，马克思的"帷幕撕碎论"可以在几种不同的维度上来理解。在上引段落中，"帷幕被撕碎"是着眼于资本在不同部门间的竞争而言的。机器大工业的发展导致各个部门之间的知识帷幕被撕碎，从而消除了横亘在不同部门之间的进入门槛，使资本得以跨越不同部门展开自由竞争。除了这一维度以外，"帷幕撕碎论"在马克思的理论中还涉及另外两个维度。资本除了在部门间相互竞争以外，还会在同一部门内开展竞争。可以设想，在工业革命之前，同一部门内的不同企业之间也会形成知识的帷幕。而在马克思分析部门内竞争的时候，这一帷幕事实上也已假定被撕碎。此外，"帷幕撕碎论"还涉及资本一般即资本与劳动的关系这一维度。在资本主义工场手工业中，由于生产还以手工劳动为基础，关于生产

[①] 对此问题的详细探讨，参见基莱《科学研究的经济定律》，王耀德等译，河北科学技术出版社，2002。
[②] 贝尔纳：《科学的社会功能》，陈体芳译，张今校，商务印书馆，1982，第196页。

过程的各种知识就在很大程度上掌握在熟练工人手里，易言之，在资本和熟练工人之间，也隔着一层知识的帷幕，这层帷幕可以用来保护工人自身的利益。机器大工业的发展导致资本与劳动之间的这层知识帷幕也被撕碎，工人的技能日益为机器取代而沦为简单劳动，即造成了所谓去技能化。依循这一思路，马克思在《资本论》第一卷里还进一步分析了劳动对资本的实际隶属的深化以及所谓"资本主义积累的一般规律"等一系列问题。①

由此看来，"帷幕撕碎论"在马克思经济学里具有极为重要的意义。它事实上为《资本论》中的主要理论（包括竞争理论在内）奠定了一个技术史的基础。不过，这个观点的提出也使马克思付出了代价——从此以后，知识的生产及其协调问题就淡出了马克思的视野。对他来说，这些问题似乎无须再作讨论了。工业技术作为科学在生产过程中的应用，对于个别资本家而言几乎是唾手可得的，或者至少不存在取得这些知识的根本障碍。

由于演化经济学家的努力，我们今天得以认识到上述"帷幕撕碎论"的片面性。既然暗默知识在工业生产中仍然大量存在，对这些知识的协调和利用就是资本主义生产所面临的核心约束之一。作为现代演化经济学的先驱之一，哈耶克率先对知识的性质及其协调问题进行了批判的反思。在1936年的一篇题为《经济学和知识》的演讲中，哈耶克引入了"知识分立"这样的概念，他说：

> 显而易见，这里存在着一个知识分立（division of knowledge）的问题，这个问题不仅与分工（division of labor）问题颇为相似，而且还至少与分工问题一样重要。的确，自我们所研究的这门学问创始以

---

① 参见《马克思恩格斯全集》第二十三卷，第707~708页。马克思在那里写道：在资本主义生产方式中，"一切发展生产的手段都变成统治和剥削生产者的手段，都使工人畸形发展，成为局部的人，把工人贬低为机器的附属品，使工人受劳动的折磨，从而使劳动失去内容，并且随着科学作为独立的力量被并入劳动过程而使劳动过程的智力与工人相异化"等等（第708页）。

来，分工问题就一直是论者们研究的主要论题之一，但是知识分立的问题却被完全忽略了，尽管在我看来，知识分立这个问题乃是经济学（亦即作为一门社会科学的经济学）中真正的核心问题。[1]

知识分立的根源在于所谓"个人知识"的存在，后者是由哈耶克最先提出的概念。他指出，在现实生活中事实上存在着"一种极其重要但却未经系统组织的知识"，它是一种存在于特定时空内的、关于特定情形的知识。恰恰是在这方面，每个人都拥有他自身的知识优势，因为这种特定时空内的、关于特定情形的知识一定是由身在其中的人才能了解和掌握的；当某件事情的决策需要用到这种特定知识的时候，只有与之紧密相关、并熟悉特定情形的人才能提供。哈耶克这样写道："一个靠不定期货船的空程或半空程运货谋生的人，或者一个几乎只知道瞬间即逝之机会的地产捐客，或者一个从商品价格在不同地方的差价中获利的套利人，都是以他们所具有的有关其他人并不知道的那些一瞬即逝之情势的特殊知识为基础而在社会中发挥极大作用的。"[2]

按照奥地利学派的当代传人柯兹纳的诠释，哈耶克的洞见在于：经济中可用的知识总量绝不会以集中或整合的形式存在，而体现为分散的知识，即由彼此分离的个体所掌握的不完全的甚至往往相互矛盾的知识片段。知识不会全部赋予任何单个人。[3] 哈耶克在此前提下进而提出，能够协调和利用个人知识的唯一机制，便是市场价格机制。这个观点成为他为

---

[1] 哈耶克：《个人主义与经济秩序》，邓正来译，生活·读书·新知三联书店，2003，第74页。需作说明的是，邓正来把"the division of knowledge"翻译为"知识分工"，本书则改译为"知识分立"。相应地，"劳动分工"也简化为"分工"，因为"分工"两字本身在中文里就足以表达"division of labor"的含义了。这也正是郭、王在翻译《国富论》时采用的译法。在笔者看来，倘若劳动分工一语尚属语词不经济的话，所谓知识分工就纯属误译了。

[2] 哈耶克：《个人主义与经济秩序》，邓正来译，生活·读书·新知三联书店，2003，第120~121页。

[3] 柯兹纳：《市场过程的含义》，冯兴元等译，中国社会科学出版社，2012，第143~144页。

市场经济辩护，向计划经济诘难的基础。后文会谈及，后世演化经济学虽然继承了知识分立的观点，但在最后这一问题上和哈耶克拉开了距离。

在哈耶克的思想提出后不久，著名社会学家卡尔·波兰尼的胞弟、科学哲学家迈克尔·波兰尼于20世纪50年代系统地提出了暗默知识（或译默会知识）论。迈克尔·波兰尼认为："人类的知识有两种。通常被描述为知识的，即以书面文字、图表和数学公式加以表述的，只是一种类型的知识。而未被表述的知识，像我们在做某事的行动中所拥有的知识，是另一种知识。"① 他把前者称为明确知识或明言知识（articulate knowledge），将后者称为暗默知识（tacit knowledge）。需强调的是，迈克尔·波兰尼的暗默知识论不只限于指出暗默知识的存在，在他看来，暗默认识本质上是一种理解力，是一种领会、把握和重组经验，以期达到对它的理智的控制的能力；心灵的默会能力在人类认识的各个层次上都起着主导性的、决定性的作用，暗默维度相对于明言知识具有理论上的优先性。

迈克尔·波兰尼的暗默知识论颠覆了自笛卡儿以来的西方理性主义认识论传统。在笛卡儿那里，事物被清楚而明白地理解，被当作认识论的真理标准。培根和法国百科全书学派对科学和技术的性质的理解，和这种认识论上的理性主义是彼此呼应的。这种理性主义深刻地影响了现代经济学对知识的理解。

20世纪80年代，演化经济学家纳尔逊等人开始将暗默知识论引入经济学。纳尔逊提出了"组织知识"的概念，认为分散的个人知识可以通过组织（譬如企业）而不仅仅是市场价格机制得以协调和利用，即形成组织知识；组织知识的生产往往是和企业专有的制度型式相联系的，这就给企业的异质性提供了新的解释。②

与此同时，若干马克思主义者也将暗默知识论运用于当时刚刚兴起的

---

① M. Polanyi, *Study of Man* (The University of Chicago Press, 1958), p. 12.
② 对演化经济学的这些观点的一个介绍，可参见孟扬、孟捷《默会知识和企业理论》，《经济学动态》2010年第10期。

第六章　演化马克思主义的竞争理论：一个方法论的探讨

有关资本主义劳动过程的争论。这场争论是围绕美国马克思主义者布雷弗曼的名著《劳动与垄断资本》而展开的。布雷弗曼在马克思的基础上主张，去技能化、概念和执行的分离构成了资本主义劳动过程发展的唯一可能的趋势。一些批评者借助暗默知识的概念质疑了布雷弗曼的这一观点，他们指出，由于暗默知识在资本主义车间根深蒂固的存在，管理者无法单独运用强制的手段，而要依靠一定程度的合作，才能利用工人掌握的这些知识。在先前发表的一篇论文里，笔者曾探讨了这种新的分析视角对于重新理解价值创造过程的意义。[①] 在这里，我们还想利用这一分析视角进一步反思和拓展马克思的竞争理论。

在本节余下的部分，我们想结合上述讨论专门谈谈马克思关于部门内竞争的理论。这个理论是在《资本论》第一卷讨论超额剩余价值生产的时候提出来的，并且构成了相对剩余价值生产理论的基础。需要预先指出的关键一点是，在马克思的这个理论里，竞争几乎不受知识的约束。

在讨论超额剩余价值的形成时，马克思区分了一个部门内的两类企业，即创新型企业和模仿型企业。创新型企业在部门内率先采用新技术，实现了生产率进步，并以一个低于社会价值的个别价值，与其他企业开展竞争，争夺市场份额。迫于这种压力，其他企业被迫跟随或模仿这个先进企业，采纳新技术以提高生产率，否则就将面临在竞争中被击垮的危险。在此过程中，创新型企业起初可以凭借其较低的个别价值，实现超额剩余价值。但是，随着其他企业也相继采用了新技术，社会价值降低到与创新型企业的个别价值相当的水平，这种超额剩余价值就会消失。

重新审视马克思的这个理论模型，可以发现他忽略了模型背后暗藏的一些假设。譬如，这个率先创新的企业为什么会出现？它所采纳的新技术来自何处？当其他企业迫于压力开始在技术上模仿创新型企业时，这种模

[①] 对此争论的进一步介绍，可参见孟捷《劳动与资本在价值创造过程中的正和关系研究》，《经济研究》2011年第4期。

仿为何一定会成功？在现实的市场竞争中，不断会有落后企业遭到淘汰，说明新的技术或新的生产方式并不会自动地扩散到所有企业。技术扩散的这种不确定性反过来也意味着，创新型企业有可能凭借其先发优势击败所有其他企业以取得部门内的垄断，并攫取超额垄断利润。果如此，竞争就导向了自身的反面。如果不是这样，即如马克思曾经说过的，除了这种趋向垄断的"向心力"，还存在着起抵消作用的"离心作用"，那我们就需要分析构成这种离心力的因素究竟是什么。[①]下面我们就依次来讨论这些为马克思所忽略的问题。

在马克思那里，对超额剩余价值或超额利润的追求，被看作个别企业率先实施技术变革的根本原因。但问题是，所有企业事实上都具备这种追逐超额利润的动机，在这种情况下，使得创新型企业脱颖而出并与其他企业区别开来的原因，肯定不在于这种一般性动机，而毋宁在于企业内部制度层面的差异，正是这些制度因素的存在使得个别企业在组织知识的生产上具备了某种有别于其他企业的优势。令人遗憾的是，马克思在其模型中显然没有考虑这一层面的问题。尽管和新古典经济学相比，马克思并未使用代表性企业这样错误的假设，并且实际上设定了创新型企业和模仿型企业的差别，但他忽视了企业在内部组织和制度方面的差异，以及由此带来的组织学习能力的差异。这样一来，在马克思的理论中，企业也几乎成了半个"黑箱"。

马克思理论的这种缺失最初是由美国学者拉佐尼克明确地提出来的。拉佐尼克指出，技术的创新和扩散是与企业组织的性质相联系的。在他看来，马克思在其理论中假定，新技术的产生和扩散与企业的内部组织无关（或者换一种表达——伴随新技术的产生和扩散，似乎企业组织也在自动被模仿或扩散）。这样一来，马克思就没有提出和回答以下问题：为什么特定

[①] 参见《马克思恩格斯全集》第二十五卷，第275页。

的企业组织在特定的时间和地点表现出格外突出的创新能力和学习能力?[①]拉佐尼克的可贵之处在于,他着重分析了不同类型的企业组织在协调劳动和资本的关系上体现出来的差异,以及这些协调方式对于企业技术创新的不同影响。[②] 他的这些分析为我们反思马克思的竞争理论构成了必要的铺垫。

在上述认识的基础上,我们或可描绘出进一步发展马克思的部门内竞争模型的大致方向。在《资本论》中,部门内竞争被还原为同质产品间的价格竞争。马克思曾特地指出,在考察部门内竞争时,面对的是"生产部门相同、种类相同、质量也接近相同的商品"。[③] 不同企业生产完全同质化的使用价值这一假设,是与不存在企业专有的组织知识这一假设相呼应的。一旦我们放弃后一假设,转而从组织知识的生产这一角度来看问题,前述产品同质性假设就需要做出相应的修改。由于不同企业是以各自拥有的组织知识为前提开展生产的,这就造成同一部门的企业生产的是互有差异的产品。这样一来,部门内竞争实际上就天然具有张伯伦所说的垄断竞争的色彩。演化经济学家乔治斯库-罗金在评价新古典竞争理论时曾提出了类似看法,他指出:"在每一个领域,尤其是在经济学领域,竞争首先意味着以与所有其他人稍微不同的方式行事。""个体所关心的竞争的最一般形式是产品差异化,包含一点创新,但不包括恶性杀价的行为。"梅特卡夫在评论这一点时也指出,在竞争概念里包含一个悖论,即"只有在企业是异质的事实上添加一个垄断要素,才可能存在积极的竞争"。[④] 需要

[①] Lazonick, W. , *Business Organization and the Myth of Market Economy* (CUP, 2001), p. 121, pp. 282 - 283. 笔者也试图在不违背劳动价值论的前提下,进一步讨论了在劳资合作的基础上,一种分配上的正和关系是如何可能的。见孟捷《劳动与资本在价值创造中的正和关系》,《经济研究》2011年第4期。

[②] 参见拉佐尼克《车间的竞争优势》,徐华等译,中国人民大学出版社,2007。

[③] 《马克思恩格斯全集》第二十五卷,人民出版社,1974,第201页。

[④] Georgescu-Roegen, N. , "Chamberlin's New Economics and the Production Unit", in R. Kuenne, ed., *Monopolistic Competition Theory* (New York: Wiley, 1967)。转引自梅特卡夫《演化经济学与创造性毁灭》,冯健译,中国人民大学出版社,2007,第19页。梅特卡夫的评论见于该书同页。

澄清的一点是，在部门内自由竞争的模型里纳入垄断要素，并不是要否认马克思主义经济学对资本主义的自由竞争阶段和垄断阶段的划分，而是承认即便在自由竞争阶段，部门内竞争也不是通常想象的那种纯粹的价格竞争，而是在产品的使用价值性质具有一定差异的前提下开展的竞争。为了进一步分析这个问题，让我们在马克思的理论和新古典理论之间略做比较。

在马克思理论和新古典理论之间存在一点相似，即两者都假设，部门内竞争是以同质化产品为前提的竞争。然而，与马克思不同的是，新古典完全竞争理论采用了代表性企业这样的假设，企业异质性被彻底抛诸脑后。在此前提下，市场上也只存在一种价格，任何企业都无力单独改变这种价格。为了便于和马克思的理论模型相比较，我们将新古典经济学所设想的这种竞争格局称为"部门内竞争的静态平面结构"。相较而言，马克思虽然也在部门内竞争模型中提出了同质化产品的假设，但马克思并不依赖代表性企业这样的概念，而是区分了创新型企业和模仿型企业，这两类企业的产品分别对应着两种不同的价格。用演化经济学的术语来说，马克思在其部门内竞争模型中运用的是个体群或种群的概念，而不是代表性企业这样的理想类型式的概念。在马克思的模型中，创新型企业率先提高了生产率，引入一个更低的价格，并据此获得超额利润。这迫使其他企业开始模仿、学习和引进新的技术，并最终导致部门内出现的两种价格重新收敛为一种价格。在收敛实现后，新的创新又会在个别企业内再次出现，并再一次引入新价格。但随着其他企业对新技术的模仿，两种价格又会再度收敛，回到一种产品对应一个价格的局面。我们将马克思描绘的这种竞争格局称为"部门内竞争的动态平面结构"。这里的"动态"一词，意指马克思所分析的是一个基于技术变迁的动态过程。这个特点在新古典完全竞争理论中并不存在，因为后者抽象了技术创新。"平面"一词则想强调，尽管存在技术变迁，每一轮竞争的后果却是价格的收敛和超额利润的消失。换言之，在取得超额利润的能力上，企业之间不存在持久的差异。

第六章 演化马克思主义的竞争理论：一个方法论的探讨

现在让我们把组织知识创造的专有性和产品差异性引入分析。① 我们假设，在部门内存在两种企业，分别生产在使用价值性质上有所区别但又隶属于同一部门的产品。这两种产品具有不同的"性价比"，后者可定义为产品的使用价值与其个别价值的比率。此处的使用价值可定义为产品功能数与其使用寿命的乘积。性价比的概念意味着，两种产品事实上是在两种不同的技术或不同的生产方式下生产出来的，这两种生产方式分别对应着不同的组织知识生产过程。根据前文的讨论，组织知识由于其专有性，并不能在竞争中被对手轻易地模仿和学习。在这种情况下，不同产品的性价比作为两种组织知识生产过程的结果，就会持久地形成差异。与性价比之间的差别相对应的，是在两种产品之间不会形成统一的社会价值和价格，而是在各自的个别价值基础上形成两个长期并存的价格。

在这样一个市场上，由技术进步带来的竞争同样存在。如果那个处于相对弱势的一方通过提高生产率和改进产品品质，提高其产品的性价比，就会吸引更多的需求转向自己，争夺市场份额的竞争也就随之开始了。在这种情况下，这个企业的价格－价值比率（或者劳动时间的货币表现）也能得到改善，甚至也能取得超额利润。总之，在这样一个市场上，竞争一般来自两种产品性价比的增长率的差异。我们建议把这种竞争格局命名为"竞争的动态层级结构"。"动态"含义一如其旧，即表明技术创新所推动的竞争过程仍然存在；"层级"这个新的术语则想表达一种等级制结构，处于不同层级的企业在取得利润的能力上存在持久的差异。

在结束这一节之前，笔者还想就上述讨论可能带来的后果再作一番探讨。在所谓动态平面竞争结构中，马克思假定落后企业会通过模仿或学习以改进生产率。但是，由于马克思并没有分析这种模仿必然实现的理由，事实上默认了相反的情形会以同等概率出现，即面对先进企业提高生产率

---

① 笔者曾和冯金华教授合作，发展了一个有关该问题的正式模型，见孟捷、冯金华《部门内企业的代谢竞争与价值规律的实现形式》，《经济研究》2015 年第 1 期。

和扩大市场份额的压力,其他企业无力通过模仿来应对,最终在竞争中落败,并被驱离该部门,使得该部门为个别先进企业所垄断。在这种情况下,马克思的动态平面结构理论事实上可以直接用来解释资本主义由自由竞争向垄断的过渡。易言之,动态平面结构理论初看起来是一个解释竞争的理论,但也可以成为一个解释垄断产生的理论。马克思本人事实上也是这样做的。在《资本论》第一卷论述资本积累的章节,马克思就提出竞争会直接导致资本的集中和垄断。

相较而言,动态层级结构理论则可以更好地解释竞争的持续存在。在动态层级结构内,当两种产品性价比的增长率发生改变时,竞争就会产生。但由于竞争面临着组织知识生产的约束,动态层级结构内的竞争并不会导致价格的收敛和超额利润的消失,而是带来利润实现能力的等级制即某种相对意义的垄断。在这个结构内,除非一方产品的性价比以异乎寻常的速率增长,否则不会轻易地颠覆整个层级结构。更容易出现的结果是一种将竞争和相对的垄断结合在一起的局面。在一个部门内基于性价比而展开的这种市场份额竞争,在传统理论中一直鲜有研究。笔者受陈平教授启发,将这种竞争命名为"代谢竞争"(Metabolic Competition)。①

在《资本论》第一卷,马克思曾谈到资本之间的竞争是推动集中和垄断形成的力量。马克思还曾设想了在一个部门内甚或在一个社会中,资本集中所能达到的极限。就一个部门而言,这一极限是将全部资本融合为一个单一资本;就全社会而言,是将社会总资本合并在唯一的资本家公司手中。② 另一方面,正如马克思指出的,资本在概念上指的就是同时存在的许多资本,单个资本与资本的概念是相矛盾的。在《1857~1858年经

---

① 参见陈平《代谢增长:市场份额竞争、学习不确定性和技术小波》,《清华政治经济学报》第 2 卷,社会科学文献出版社,2014;该文的英文版发表于 *Journal of Evolutionary Economics*,Vol. 24,Issue 2,2014。

② 参见《马克思恩格斯全集》第二十三卷,人民出版社,1972,第一版,第 686~687、688 页。

济学手稿》中，马克思这样说道："资本是而且只能是作为许多资本而存在，因而它的自我规定表现为许多资本彼此间的相互作用。"① 这意味着，一旦资本失去与其他的资本的对立，一旦失去竞争，也就不复存在资本主义。为此，马克思自己也意识到，用竞争带来垄断这个线性的规律来描绘资本积累发展趋势是过于简单化了。在《资本论》第三卷的一个地方，他又补充指出，"如果没有相反的趋势不断与向心力一起又起离心作用，这个过程（指资本集中的无限过程——引者注）很快就会使资本主义生产崩溃"。② 遗憾的是，马克思在这里仅为我们留下了只言片语，并未明确分析这些离心力到底是由哪些因素构成的。在我们看来，承认部门内竞争的动态层级结构的存在，似乎有助于解决这个理论上的难题。在竞争的动态层级结构里，竞争和某种相对的垄断总是伴随的，垄断并没有消除以技术创新为前提的竞争，后者作为离心力始终在限制或扭转一个部门迈向绝对垄断的趋势。

上述竞争的动态层级结构尽管是用来刻画部门内竞争的概念，但这种层级结构的存在对于部门间竞争也会带来微妙的影响。概而言之，部门内的这种层级结构有可能阻碍利润率在不同部门间的平均化。马克思的利润率平均化理论实际上是以部门内的充分竞争为前提的，这一点却经常为人们所遗忘。在马克思讨论的部门内竞争的平面结构里，竞争的结果是在不同企业之间带来大致相等的生产率，在此基础上会形成产品的统一的社会价值，以及一个不包含超额利润的标准利润率。这个标准利润率事实上是各个部门的资本互相比较并据以在部门间流入或流出的依据。然而，一旦引入部门内竞争的层级结构，这个标准的利润率就不存在了，因为部门内此时持续地存在着几个高低不同的利润率。在这种情况下，资本就失去了在不同部门之间对利润率进行比较的唯一标准，从而难以做出进入或退出

---

① 《马克思恩格斯全集》第四十六卷上册，人民出版社，1979，第 398 页。
② 《资本论》第三卷，《马克思恩格斯全集》第二十五卷，人民出版社，1974，第 275 页。

某个行业的判断。资本完全可能留在本部门内，通过提高性价比的竞争来追逐超额利润，而不必转移到别的部门。

进而言之，在讨论部门间竞争的时候，马克思也没有考虑组织知识的生产对这种竞争的约束。在演化经济学的理论中，组织知识的生产并不局限于企业的层面，在部门、区域乃至国家的层面同样存在着组织知识的生产及其协调的问题。为此，演化经济学又进而发展了部门创新体系、区域创新体系、国民创新体系等隶属于不同层次的理论。由此看来，个别资本倘若无力加入特定行业、特定区域、特定国度的组织知识的生产，要想在部门间流动也是非常困难的。考虑到这一点，马克思的部门间利润率平均化的模型就完全可能为一个新的模型所取代，在这个新模型里，不同部门间的利润率也存在层级化的结构，且不易平均化。

依循上述思路必然还会提出以下问题：既然在竞争模型里也存在相对的垄断，而垄断又不能阻绝竞争，将资本主义区分为自由竞争阶段和垄断阶段的依据何在呢？事实上，自20世纪70年代以来，马克思主义经济学内部一直存在着争论，其中一方坚持在传统意义上对自由竞争和垄断这两个阶段的划分，另一方则怀疑这种划分，指摘前者忽略了竞争在当代资本主义经济中的作用。[①] 笔者赞同这样的观点，即资本主义从自由竞争阶段步入垄断阶段并不仅仅与资本集中度的提高有关，更重要的取决于金融资本在资本主义经济中的地位和作用的变化。在这个意义上，对自由竞争阶段和垄断阶段的划分，与资本主义部门内始终并存的垄断和竞争并不是一回事。承认后者并不等于否定对资本主义历史阶段的上述界分。

第三节 《资本论》中存在熊彼特意义上的企业家吗？

在熊彼特乃至新熊彼特派的理论中，竞争是和企业家这样的概念联系

---

① 20世纪70年代以来相关争论的介绍可参见高峰《发达资本主义经济中的垄断与竞争》，南开大学出版社，1996。

在一起的。企业家的职能在于创新。在熊彼特看来,资本主义作为一种发展过程、一种本质上动态的现象,是由创新推动的。创新推动了资本主义的发展,这个观点事实上蕴含在马克思的整个理论中,并不能视作熊彼特的首创。熊彼特的首创意义主要是相对于新古典经济学而言的,他的《经济发展理论》一书在结构上体现了这一点。在这本奠定了他的经济思想史地位的重要著作里,熊彼特直言不讳地指出,一个抽象了创新的经济(他称之为"循环流转"),归根结底是静态的。而一个像这样趋于静态均衡的经济,只是思想的构造物,并不符合现实中的资本主义。在他看来,资本主义的"创世纪"是由一次"大爆炸"(在他那里即是创新)开始的,并持续地为之所推动。这些观点自然是有别于一切正统的新古典主义者的。一方面,正如熊彼特经常承认的,他的这些思想来自马克思。另一方面,熊彼特也的确说出了马克思本来可以表达但限于政治立场而表达得不够充分的思想,这主要体现在,熊彼特以更鲜明的态度把资本主义视为由创新推动的发动机,并强调资本主义具有通过"创造性破坏"而自我更新的可能。然而,熊彼特(以及新熊彼特派经济学家)在强调这一点的同时,又倾向于把创新看作完全是由资本主义经济内生的,这就相对忽略了那些主宰着资本主义经济的内在矛盾所带来的消极影响,过高地估计了资本主义经济的自我协调能力。[1]

在熊彼特那里,企业家是创新的承担者。关于什么是企业家,如众所周知的,他先后表达了两种不同的观点。在其早期,比如在《经济发展理论》里,企业家是充满英雄主义的个人。在其晚期,企业家则被看作资本主义的大公司。不过,在笔者看来,熊彼特的企业家理论的真正特质,或者说真正有别于其他人(如马克思)的地方,仍在于他的早期观点。在熊彼特早期的著作里,企业家并非在纯粹经济学的意义上界定的,

---

[1] 对熊彼特思想的一个批判性分析以及和马克思理论的比较,可参见孟捷《熊彼特的资本主义演化理论:一个再评价》,《中国人民大学学报》2003年第2期。该文另收入陈劲主编《理解熊彼特》,科学出版社,2012。

而是在人类学或社会学的意义上首先提出来的。熊彼特曾在人类学的意义上把人划分为两类，一类是具有静态性格的人，另一类则是各行各业的领导者，完全不为享乐主义的需要所主宰。他曾这样说：

> 在每个领域都有着具有静态性格的人和领导者。前者的特征是，他们的行动以他们所学的东西为依据，他们在传统的框架内行动，他们的观点、性格和行为是由他们所在领域里的既定的数据所决定的。后一类人的特征则在于，他们看到了某种新东西，他们改变其行动的传统框架，改变他们所在领域的给定的数据，……在任何地方这两类人都有着鲜明的界限，一类人发展出新的文化潮流，建立起新的学派和政党；另一类人则为新的文化潮流、新学派和新政党所发展。①

在《经济发展理论》里，熊彼特把这种类型学区分运用于经济学。在他的经济分析中存在着两类人：一类是新古典意义上的理性经济人，也是在他的静态经济模型或循环流转里发挥职能的当事人；另一类则是非理性的企业家，他们带来了资本主义发展这一动态现象。他指出，企业家从事经济活动的动机绝非基于享乐主义的物质需要，而是出于一种从静态模型的眼光来看属于非理性主义的动机。熊彼特在谈到这后一类人时还特地分析了其动机的构成，认为其中含有以下方面：其一，一种寻找私人王国的梦想和意志；其二，一种征服的意志和战斗的冲动，一种证明自己比他人优越的冲动，在这方面，经济行为和体育运动变得颇为相似；其三，一种把事情办成的快乐，施展个人的能力和智谋的快乐。他指出，在这三种

---

① 熊彼特《经济发展理论》德文第一版，转引自 Shionoya, Y., *Schumpeter and the Idea of Social Science* (Cambridge: CUP, 1997), p.38。国际知名的熊彼特研究者盐野谷祐一（即 Y. Shionoya，曾任一桥大学校长）认为，熊彼特的企业家概念和 20 世纪初许多非理性主义哲学家的思想，如尼采的超人哲学、柏格森的生命哲学、帕累托的精英循环理论等，都有内在的联系。

动机中，只有第一种是和私有财产相关的，其他两种都不可用金钱的收益来衡量。① 企业家身上的这种特质在资本主义初期那些发现新大陆的航海家身上体现得格外明显。资本主义文明的兴盛，恰恰是得益于那种心系航海、蔑视谋生的浪漫主义和英雄主义，而非一般所谓理性主义或享乐主义。②

现代经济学一直在以不同的方式阐释着熊彼特的思想。在这些阐释中，有一个派别试图把熊彼特的思想综合在新古典主义均衡框架中。现代奥地利学派的柯兹纳就是这一派的代表，依照他的解释，竞争是一种有效的发现程序，企业家在其中的作用是发现那些未被注意到的利润机会，这些发现有助于降低经济中的无知程度，推动市场迈向均衡。③ 如果说柯兹纳的诠释代表了奥地利学派的右翼，另一位学者拉赫曼则代表着奥地利学派的左翼，后者强调企业家是基于对未来的想象构思他的计划的，创造而不是发现才是企业家的真正功能。正如一位作者帕勒莫在对两人的比较中指出的，在柯兹纳那里，企业家只剩下"发现"的职能，而失去了更为重要的"创造"功能，后者才是熊彼特着力强调的。④

熊彼特的企业家概念有两个重要的特点。首先，在企业家的动机中，存在着无法还原为享乐主义即纯粹经济因素的主观价值维度。但是，这种主观价值维度赖以形成的根源在他那里并未获得充分的解释。这样一来，企业家的行为就在很大程度上被归于先验地存在的、非凡的人格特质。而这又意味着，对熊彼特而言，创新产生的根源最终在经济学上变得不可解

---

① 熊彼特：《经济发展理论》，商务印书馆，1990，第102~103页。另见孟捷《熊彼特的资本主义演化理论：一个再评价》（《中国人民大学学报》2003年第2期，第92~93页）的讨论。
② 参见熊彼特《资本主义、社会主义与民主》，商务印书馆，1999，第249页。
③ 柯兹纳：《市场过程的含义》，冯兴元等译，中国社会科学出版社，2012，第13~14、50~52页。
④ 参见帕勒莫《发现与创造：奥地利学派市场过程观的含义》，载霍奇逊主编《制度与演化经济学现代文选：关键性概念》，贾根良等译，高等教育出版社，2005，第94~95页。

释了。熊彼特的这个缺点在新熊彼特派经济学那里得到了某种校正，后者一方面探讨了人的主观价值维度赖以形成的制度基础，另一方面（以佩蕾丝为例）又将创新的蜂拥出现归结于技术革命生命周期和制度的创造性毁灭之间的相互作用，这样一来，解释的重点就不是企业家个人的性格特质，而是制度、技术和经济因素的互动关系如何造就了使企业家应运而生的客观形势（参见本书第五章最后一节的讨论）。

其次，在熊彼特那里，企业家的行为与循环流转模型里的经济人不同，其行为不再是对给定数据的适应，而是要打破任何给定的约束条件。在《经济发展理论》所构建的理论体系中，循环流转是为了向资本主义发展动态过渡而预设的一个类似于思想实验的模型。在这个模型里，所有当事人的行为只是在既定的需求指引下，对给定数据的适应而已，在这里不存在任何无法预测的不确定性。当熊彼特要向动态模型过渡时，他提出了这样的观点，即在企业家进行产品创新时，市场上并不存在对新产品的既定需求，这种新的需求是被生产者创造出来的。另一方面，由于创新的实现需要将生产要素从给定的用途中吸引出来，以服务于新产品的生产，这就势必会打破经济中原有的资源配置均衡局面。这样一来，创新的发生事实上终结了既定的需求曲线和成本曲线，给相关企业带来了无法预料的不确定性。这种不确定性也深刻地影响了企业之间的竞争。企业的适应性行为，即在给定数据下进行最大化算计的行为，在一个充满不确定性的环境里自然失去了原有的意义。个别企业要在这种条件下成功地应对不确定性，唯一的出路依然只有创新。

现在让我们转来讨论这一节标题所提出的问题：在《资本论》里存在熊彼特意义的企业家吗？这个问题很难用是或否这样绝对的方式来回答。笔者的观点带有某种折中性：一方面，马克思的确没有提出过企业家这一概念，他笔下的资本主义生产当事人甚至在某种意义上排斥这样的概念；另一方面，透过《资本论》第一卷的部门内竞争模型，马克思事实上区分了资本主义当事人的不同行为，为引入企业家概念做了铺垫。此外，正如本书第四章所讨论的，在劳动价值论的基础上，马克思透彻地理解了与资本积累中相伴随的不确定性，这也为接纳熊彼特的企业家概念提供了条件。

《资本论》中关于人的行为和动机模型的观点，是透过资本主义生产当事人的概念来表达的，在本书第四章，我们系统地研究过这个问题。依照马克思的定义，资本主义生产当事人"只是经济范畴的人格化，是一定的阶级关系和利益的承担者"。换言之，人的动机和行为模式，是在特定的生产关系的基础上厘定的。这一点也构成了马克思的资本主义生产当事人和新古典经济人之间的根本区别，后者是在脱离了具体的生产关系的前提下，作为超历史的先验人性来规定的。在《资本论》里，资本主义生产当事人的内在动机是追求剩余价值，其行为则是积累（甚至是为积累而积累）。竞争的作用则是以外在强制的方式迫使资本家遵循这种特定的行为和动机模式。

马克思笔下的资本主义生产当事人具有如下特点：第一，这些当事人不过是资本主义大机构上的构件，执行着系统的运行所要求承担的功能。换言之，这个概念具有某种结构主义的特点；第二，这些当事人的动机只是根据经济利益来规定的，撇开了非经济因素对人的动机和行为所能造成的影响。而这样一来，在资本主义生产当事人和新古典经济人这两个似乎截然不同的概念之间就产生了某种共鸣——二者均忽略了人的动机和行为模式可能具有的多样性，以及非经济因素在这种多样性的产生中所起的作用。

资本主义生产当事人的概念所具有的上述弱点，凸显出它与熊彼特的企业家概念之间的区别。前者刻意抽象了熊彼特所注重的主观价值维度，同时也抽象了历史制度因素给人的行为和动机模式带来的影响，而事实上，正是这种影响决定了人的主观价值维度的形成。这样一来，尽管在《资本论》第一卷的部门内竞争模型中，马克思引入了创新和模仿这两类不同企业的行为，但由于他没能从制度分析的角度进一步探究造成这种行为差异的原因，从而丧失了发展一种企业家理论的机会。

不过，马克思虽未提出企业家的概念，却深刻地分析了与资本积累相伴随的不确定性，从而为在他的理论体系中接纳企业家这一角色奠定了基础。由于不确定性的存在，在一个资本主义经济中，当事人的行为并非全然是以结构主义的或决定论的方式被规定的。《资本论》第一卷的部门内竞争模型是一个例证，在那里，资本主义生产当事人尽管同时都受到来自竞争的外在压力，在行为上却会出现分化，在多数当事人沿袭适应性行为的同时，却有一类人会选择技术创新，并以此成为敢于挑战和利用不确定性的熊彼特意义的企业家。对这两类不同企业的区分意味着，马克思的确意识到创新型企业的存在，问题只在于，他未能明确提出不同于标准的资本主义生产当事人的企业家概念，并结合历史和制度因素分析其特殊的行为和动机模式。这一缺失在某种程度上削弱了马克思竞争理论的解释力。

第四节　竞争的两重性与市场经济的协调

马克思主义经济学、新古典经济学和演化经济学是当代最有代表性的三种经济学范式，竞争理论在这些范式中无不占据着重要地位。这些各不相同的竞争理论大致形成了一条从"保守"到"激进"的光谱：新古典经济学位于"保守"的一端，它通过完全竞争理论得出一般均衡和帕累托最优的结论，并试图借此来证明资本主义市场经济内在地具有稳定性；传统马克思主义经济学位于"激进"的一端，对竞争以及由此带来的社会生产无政府状态持批判的态度，甚至认为资本主义经济完全不具备自我协调的能力；相较而言，当代演化经济学位于在这条光谱的中间，一方面，它强调竞争和创新在资本主义动态演化中的协调作用；另一方面，也指出了这种协调失灵的可能性。新古典经济学的完全竞争理论具有鲜明的辩护论性质，其逻辑上的弊端不仅受到马克思主义者的批判，也为哈耶克

第六章 演化马克思主义的竞争理论：一个方法论的探讨

这样的学者所诟病①，此处无须多言。传统马克思主义经济学的竞争理论则一方面是未完成的，另一方面也低估了竞争在推动资本主义经济的动态演化上所起的正面作用。在第五章我们曾提出，马克思主义经济学虽然在一些最基本的方法论问题上和当代演化经济学是一致的，但也需要借鉴演化经济学的分析议程和分析方法，以扩大自身的解释范围。在这一节里，我们拟将这个观点运用于对竞争的协调作用的一个十分初步的研究。

马克思主义经典作家对竞争的论述，最早可追溯到青年恩格斯的《政治经济学批判大纲》。《大纲》是马克思主义经典作家的第一篇经济学文献，在马克思主义经济思想史上具有十分重要的地位。在这篇日后被马克思赞誉为"天才的大纲"的著作里，恩格斯首次考察了同时代资产阶级经济学的竞争理论。他发现，竞争范畴在资产阶级经济学中占据着核心地位——"只要私有制存在一天，一切终究都会归结为竞争。竞争是经济学家的主要范畴，是他最宠爱的女儿，他始终爱抚着她。但是请看，在这里出现的是一张什么样的美杜莎的怪脸"。②需要提醒读者的是，在撰写《大纲》的时候，青年恩格斯在政治上刚刚转变为共产主义者，他把对资产阶级社会的批判完全化约为对竞争的批判，用他自己的话来说，即要彻底揭露竞争这张"美杜莎的怪脸"。

《大纲》对竞争的研究包含着许多值得肯定的、深刻的内容。首先，《大纲》正确地分析了竞争的制度前提，将竞争的出现归因于私有制和普遍化的商品生产。在谈论普遍化的商品生产时，恩格斯和波兰尼类似，将劳动力和土地的商品化作这种普遍化的商品生产得以形成的根本前提；并且提出，如果任由这种商品化肆意发展，其结果将是人的毁灭。③

---

① 哈耶克：《个人主义与经济秩序》，邓正来译，生活·读书·新知三联书店，2003。
② 《马克思恩格斯全集》第一卷，人民出版社，1965，第611~612页。
③ 恩格斯写道，资本主义"最终使人变成了商品，使人的生产和消灭也仅仅取决于需求；……竞争制度因此屠杀了，并且每日屠杀着千百万人"。《马克思恩格斯全集》第一卷，人民出版社，1965，第621页。

其次,《大纲》分析了竞争和垄断的对立统一关系,指出资本主义私有制不可避免地造成个人对生产资料或财产的或大或小的垄断,这种财产权的垄断是竞争的前提。为了争夺这种垄断权,人们之间会展开激烈的竞争,竞争又会导致进一步的垄断。但垄断并不能阻挡竞争的洪流;它本身还会引起竞争。

最后,《大纲》指出,竞争造成了整个经济体系的无政府状态,使生产难以和需求的变动相适应,从而导致生产过剩的危机。恩格斯写道:"经济学家用他那绝妙的供求理论向你们证明'生产永远不会过多',而实践却用商业危机来回答,这种危机就像彗星一样定期再现,在我们这里现在是平均每五年到七年发生一次。八十年来,这些商业危机像过去的大瘟疫一样定期来临。"①

然而,《大纲》对竞争的分析往往还带有浓重的道德审判的意味。例如,《大纲》提出,把土地和劳动力作为买卖的对象是"不道德的"。建立在资本主义私有制基础上的竞争,造成了资本同资本、劳动同劳动、土地同土地相对立,并且同样又使每个因素同其他的两个因素相对立,总之,竞争造成了一切人和一切人相对立。"在这种共同的利害关系的敌对状态中,人类目前状况的不道德达到了登峰造极的地步,而竞争就是顶点。"②

《大纲》还从道德批判的角度评价了竞争对于价值决定的影响(这看起来有点像中世纪的公平价格理论)。其中写道:"由竞争关系所造成的价格永远摇摆不定的状况,使商业丧失了道德的最后一点痕迹。至于价值就更不用说了。看来非常重视价值的并以货币的形式把价值的抽象形态转化为一种特殊存在物的制度,本身就通过竞争破坏着物品所固有的一切内在的价值,并且在每时每刻改变着物品与物品的价值关系。在这个旋涡中哪里还可能有基于道德准则的交换呢?"③

---

① 《马克思恩格斯全集》第一卷,第614页。
② 《马克思恩格斯全集》第一卷,第612页。
③ 《马克思恩格斯全集》第一卷,第615页。

第六章 演化马克思主义的竞争理论：一个方法论的探讨

青年恩格斯在《大纲》里表达的这些看法和西斯蒙第的观点是极为近似的，后者作为古典经济学阵营中与英国"财富学派"截然不同的另一派别，同样反对竞争和现代雇佣劳动制度。[①] 这种近似性表明，在写作《大纲》的时候，青年恩格斯和西斯蒙第一样，都没能寻觅到一种超越单纯的人道主义批判，更为辩证地理解竞争和市场经济的理论和方法。在上述引文中，恩格斯把竞争所带来的价值变动看作道德准则的丧失，这和《资本论》里的观点迥然不同。在《资本论》里，商品单位价值的下降是在生产率进步的前提下实现的，而生产率进步又是部门内竞争所造成的结果。反观《大纲》，通篇竟未谈及竞争在推动技术进步上所起的积极作用[②]，这一缺失与恩格斯对竞争的纯粹道德评判是互为表里的。

在《资本论》及其手稿中，马克思为我们留下了大量关于竞争的论述。就本书所关心的问题而言，这些论述中有两点内容值得我们格外关注。

第一，马克思透过相对剩余价值生产理论，分析了竞争推动技术进步的具体机制和过程。如前所述，在特殊的资本主义生产方式形成后，相对剩余价值生产就成为生产剩余价值的最主要方法。竞争的压力迫使企业采纳新技术，推动生产率变革，最终在提高剩余价值率的同时促进了整个社会生产力水平的提高。在这里，马克思在相当程度上为资本主义完成了一个"辩护"。因为按照相对剩余价值生产理论，剩余价值的增长和生产率进步，是一个互为前提、合二为一的过程。如果说前者即剩余价值最大化体现了资本主义生产当事人的贪欲，后者则代表了"人类的生产力"的进步。此外，在相对剩余价值生产中，由于消费品的单位价值量因生产率提高而普遍下降，还造成了实际工资增长的可能性。这样一来，相对剩余价值生

[①] 西斯蒙第称竞争为"反社会的"，见其《政治经济学研究》第二卷，商务印书馆，1989，第152页。对西斯蒙第人道主义经济学的批判性分析，可参见孟捷《古典经济学与人道主义》，《社会科学战线》1997年第1期。

[②] 恩格斯在《大纲》里批评了当时流行的一种经济学观点，即以为科学只是公共知识，资本无须为此支付任何费用。但他同时也流露出以下态度：推动财富生产的科学和发明是一种外生因素，其发展与竞争无关。见《马克思恩格斯全集》第一卷，第607页。

产过程在某种程度上就成了"看不见的手"原理的马克思主义版本,因为它从资本家个人追求剩余价值的贪欲出发,最终达到了促进社会生产力进步和提高工人的实际工资的结果,也就是说,最终促进了全社会的利益。① 不过,我们在此也不应无限夸大这种类比。因为在马克思那里,剩余价值最大化和生产率进步虽然最初是并行不悖的,最终却会加剧资本积累的内在矛盾(剩余价值生产和剩余价值实现的矛盾),为危机的形成铺就道路。在这个意义上,马克思又指出了"看不见的手"原理或市场的自我调节的根本局限。

第二,在一部分马克思主义者眼中,竞争是社会生产无政府状态的同义语,后者不仅构成了危机的直接根源,而且使整个资本主义生产方式面临彻底倾覆的危险。这种观点追根溯源来自恩格斯的《大纲》,并在斯大林的资本主义总危机理论中达到了巅峰。与这类完全否定竞争和市场的自我调节作用的观点不同,马克思在《资本论》里实际上形成了一种更为辩证的看法。一方面,在他的理论中,与竞争相伴随的无政府状态并不全然是消极的,而是技术进步内在机制中的组成部分。另一方面,即便对于古典周期中的危机,马克思有时也会从正面来理解,即把它看作克服资本主义经济的内在矛盾、使失去平衡的关系强制性地恢复平衡的途径。为此,在《资本论》第四卷里,马克思还特地表达了这样的看法:并不存在永久的危机,危机必然发生,但又必然渡过。②

---

① 美国马克思主义者、著名社会学家布洛威认为,剩余价值率和实际工资同时提高的可能性,意味着在资本家和工人之间存在着分配的正和关系。对此问题的进一步分析,可参见孟捷《资本和劳动在价值创造中的正和关系研究》,《经济研究》2011 年第 4 期。

② 参见第五章第四节的有关讨论。马克思和恩格斯所面对的危机只是古典危机,即传统经济周期的一个阶段。马克思、恩格斯并未思考也不可能思考资本主义发展的长波问题,因而也未曾分析作为长波转折点的结构性危机。后一种危机的起因和古典危机不尽相同,更多地与技术革命和制度因素有关。诸如 19 世纪 70 年代、20 世纪 20~30 年代、20 世纪 70 年代的危机,都是这种结构性危机。这些危机不同于古典危机,无法像马克思所说的那样自动地渡过,而要借助于制度变革和技术革命的力量才能化解。由于不同国家在不同时期的制度调整能力互有差异,这就给处于具体历史 - 地理环境下的资本主义发展留下了充满不确定性的空间。对这类危机的分析,是当代政治经济学流派,如法国调节学派和美国社会积累结构学派研究的重点。

第六章 演化马克思主义的竞争理论：一个方法论的探讨

演化经济学家梅特卡夫曾经提出了一个由所谓三阶段构成的经济演化模型，这个模型和马克思的经济理论存在某种可比性。梅特卡夫认为，经济增长的实质是经济的结构性转变（economic transformation），这一结构性转变有两重含义，其一是在制度结构内的转变，其二则是制度结构本身的转变。作为一个演化过程，经济的结构性转变包含下述三个阶段：第一阶段是行为的变异或微观多样性的形成；第二阶段是使变异转变为一种经济变迁模式的选择过程，与弗里曼等人类似，梅特卡夫还将此一过程称为"协调"；第三阶段则是行为变异再度发生的过程，他将第三阶段称作发展过程。

梅特卡夫强调，如果没有发展过程，一个演化的分析框架便有严重的缺陷，用他的话来说，"演化不能简化为仅仅是变异和选择的问题。正是通过发展过程，我们才有了产品和生产方法的创新，通过选择过程，才有了不同经济活动相对重要性的连续变化。"关于选择（或协调）过程与发展过程的关系，他还指出："关键步骤是要认识到，任何选择过程都要摧毁其赖以存在的多样性，正如列万廷所言：'演化消耗掉了它自身的燃料。'因此，演化理论不仅需要解释个体群中最初存在的大量的多样性，而且需要解释这种多样性的历时补充。如果没有新的多样性，演化过程将衰竭。发展过程为这一谜团提供了答案，于是演化就成为包括行为多样性的生成和毁灭在内的三阶段纲要。经济演化尤为如此，熊彼特对它的特征做出了简要的表述：'创造性毁灭'，纳尔逊和温特以来演化增长理论的主要文献对此也表示认同。而且，正是选择过程和发展过程的相互依赖才构成了对演化增长内生解释的关键。选择过程的结果塑造了发展过程，反之亦然。"[①]

变异、选择和发展这三个阶段，定义了梅特卡夫心目中的经济演化。

---

① 见梅特卡夫《个体群思维的演化方法与增长和发展问题》，收于多普菲主编《演化经济学——纲领与范围》，高等教育出版社，2004，第131、139页。

梅特卡夫的这个模型不仅可用于解释宏观经济的演化，而且可用于解释以部门为代表的中观（meso）经济。如果我们将马克思的相对剩余价值生产理论看作一个主要属于中观层次的理论[①]，则该理论同样包含与梅特卡夫模型相对应的三个阶段：在第一阶段，个别企业率先进行创新（即带来行为的变异），提高生产率，并形成高于其他企业的超额剩余价值率；在第二阶段，通过部门内竞争，创新型企业的个别生产率转化为统一的部门生产率，与此同时，所有企业的剩余价值率也在一个更高水平上收敛，先前体现于个别企业的行为变异转化为一种遍及整个部门的技术变迁模式；然而，动态过程并未就此结束，变异或创新又会重新出现，这样便进入第三阶段，即梅特卡夫所说的发展过程。

在马克思的经济学理论中，位于第二阶段的协调占据着格外重要的位置。梅特卡夫提出，这种协调涉及三个层次，分别对应于部门内部、部门之间及整个宏观经济。[②] 在相对剩余价值生产模型中，部门内竞争作为一种选择机制，将新的生产率标准转化为部门内通行的社会标准，并使领先企业的个别价值转化为新的社会价值，因而属于梅特卡夫意义上的第一层次（即部门内）的协调。在各部门产品的社会价值得以确定的基础上，通过资本在部门间的竞争，又会形成一般利润率，进而实现等量资本获得等量利润的原则，这属于第二层次的协调。最为复杂且十分困难的协调出现在第三个层次，即在宏观层面或社会总资本再生产层面的协调。在马克思那里，第三层次的协调是以达成社会年产品的实现条件为标志的。在一个马克思－卡莱茨基模型中，社会年产品的实现条件归根结底取决于全社

[①] 相对剩余价值生产理论涉及微观、中观和宏观三个层次，但该理论的核心在于中观层次。这一理论在方法论上给予我们重要的提示，即中观领域是将微观和宏观联系起来的中介，在微观领域发生的变异（技术和组织变革）最终将通过中观层次的协调，对整个宏观经济发生影响。在相对剩余价值生产理论中，由这种协调造成的对整个宏观经济的影响，最终反映于全社会剩余价值率的提高和由此诱发的资本积累的扩张。
[②] 参见梅特卡夫《个体群思维的演化方法与增长和发展问题》，收于多普菲主编《演化经济学——纲领与范围》，高等教育出版社，2004，第135页。

会的投资水平。① 然而，由于整个社会生产的无政府性质和由此带来的剩余价值生产和剩余价值实现的矛盾，投资需求常常低于达成上述平衡条件所必要的水平，为此经济危机或停滞就构成了资本主义经济的自发协调机制的内在组成部分。

在梅特卡夫的三阶段模型里，协调主要发生在第二阶段。而在新熊彼特派经济学那里，对宏观层次的协调起到决定性作用的，是重大产品创新和技术革命所引致的投资浪潮，后者在梅特卡夫那里属于第三阶段即发展阶段。在笔者看来，梅特卡夫所定义的发展阶段和协调阶段事实上是难以区分的，因为正是发展阶段在整体经济的协调中起到了根本性的作用。由这个角度看，梅特卡夫的这个模型似乎太过拘泥于生物学的隐喻，并没有准确地把握新熊彼特派经济学所强调的重点。另一方面，从马克思的协调理论中也可以看到，新熊彼特派经济学所强调的创新因素在宏观层次的协调中也不占据重要的位置，这一点同样削弱了马克思的理论。

还可指出的是，在对上述各层次协调机制的描绘中，劳动价值论在马克思经济学中起到了重要作用，这一点通常没有得到足够充分的注意和讨论。② 在笔者看来，如果说存在着"马克思主义的"竞争和协调理论的话，其依据便在于劳动价值论在解释这一协调过程时所起的作用。相形之下，演化经济学虽然重视经济的结构性转变，但在看待价值理论的态度上则是含混不清的。就笔者所知，演化经济学迄今为止还没有形成一个独立的价值理论。而是否需要一个演化的价值理论，在演化经济学家那里似乎也未被讨论过。这一缺失或许标志着演化经济学自身发展的欠成熟。

与经济演化的上述三阶段模型相适应，梅特卡夫还提出，资本主义经济的效率与新古典意义的资源配置静态效率全然无关，资本主义市场经济的效率在于其接纳创新的动态能力。用梅特卡夫的话来说，"市场制度的

---

① 参见孟捷《马克思主义经济学的创造性转化》，经济科学出版社，2001，第4章。
② 对此问题的一个初步探讨，可参见孟捷《劳动价值论与资本主义再生产中的不确定性》，《中国社会科学》2004年第3期。

重要特征就在于它们促成了对新机遇的调适，同时创造激励以诱发对现状的新挑战。它们在静态意义上是否有效率并不是问题。重要的是，市场机制具有使经济体系向更有效率的状态演化的能力"。① 类似的，美国著名经济学家鲍莫尔也在其近著里写道："典型的资本主义经济与所有其他经济体系最鲜明的差别就是自由市场经济中存在的压力迫使企业不断地进行创新，因为创新对许多企业而言是生死攸关的。标准福利经济学所强调的静态效率特征并不是资本主义经济最重要的特性。"有趣的是，鲍莫尔并不是严格意义上的演化经济学家，他的观点是具有变革精神的新古典主义者和演化经济学家的某种综合。在他的书里，一方面是对演化经济学甚至对马克思和恩格斯思想的极力推崇，另一方面又充满了"小心翼翼"的辩白，以期证明自己并非对新古典主义的彻底背叛。②

演化经济学家围绕竞争、创新和市场经济的动态效率所做的讨论，必须和马克思有关资本积累运动规律的分析相结合，才能达成对资本主义经济制度的全面而透彻的理解。然而，如何实现这一结合，在马克思那里并不能找到现成的答案。马克思的某些论述，甚至有可能妨碍了我们开展这种结合。例如，在马克思那里，竞争往往是作为资本积累运动规律的"结果"和"表现形式"来看待的，这一点在《1857～1858年经济学手稿》里体现得似乎更明显。马克思在那里这样说："竞争，这个资产阶级经济的重要推动力，不能创立资产阶级经济的规律，而是这些规律的执行者。所以，无限制的竞争不是经济规律的真实性的前提，而是**结果**——是经济规律的必然性得到实现的**表现形式**。对于象李嘉图那样假定存在着无限制的竞争的那些经济学家们来说，这就是假定资产阶级生产关系特征的

---

① 梅特卡夫：《个体群思维的演化方法与增长和发展问题》，载于多普菲《演化经济学：纲领与范围》，贾根良等译，高等教育出版社，2004，第140～141页。另见梅特卡夫：《演化经济学与创造性毁灭》，冯健译，中国人民大学出版社，2007，第14页。
② 加引号的征引见鲍莫尔《资本主义的增长奇迹》，中信出版社，2004，前言第Ⅵ页，另见该书第6～7页。他对马克思恩格斯思想的高度评价，见于该书前言第Ⅷ页，以及第5、11页诸处。

第六章 演化马克思主义的竞争理论：一个方法论的探讨

充分现实性和充分实现。因此，竞争不能说明这些规律，它使人们看到这些规律，但是它并不产生这些规律。"类似的，马克思还说："只有**在竞争之前，并且不管竞争如何**，利润率已普遍地、不断地、以作为规律起作用的方式下降的情况下，竞争才能够不断地压低一切工业部门的利润率，即平均利润率。竞争使资本的内在规律得到贯彻，使这些规律对于个别资本成为强制规律，但是它并没有发明这些规律。竞争实现这些规律。因此，单纯用竞争解释这些规律，那就是承认不懂得这些规律。"[①]

将竞争仅仅理解为资本积累运动规律的"表现形式"和"结果"，取决于以下假设，即资本一般（从而资本积累运动规律），是"在竞争之前，并且不管竞争如何"而存在的。本章第一节已经批评了这种假设，并提出竞争是资本一般或资本积累运动规律的内在环节。从这一角度看，《1857～1858年经济学手稿》里的上述观点忽略了下述事实：资本积累运动规律归根结底是由资本主义生产当事人的目的论活动所发动的，从资本之间的关系来看，这些目的论活动恰恰体现为竞争。无数个别目的论活动的综合虽然可能超出个别当事人的目的，达成诸如一般利润率下降这种事与愿违的结果，但也可能通过"创造性毁灭"的过程，协调资本积累的内在矛盾，达成对整体经济有利的结果。演化经济学或新熊彼特派经济学通过对所谓基本创新（重大产品创新）和技术革命的经济后果的分析，指明了后一种可能性；而传统马克思主义经济学则相对低估了这一可能性。

在笔者看来，竞争作为资本积累运动规律的"表现形式"和"结果"的观点，应该同竞争作为资本积累运动规律的内在环节这一观点相结合。将这两个命题结合在一起，有利于引申出竞争的双重意义，即一方面，竞争在贯彻资本积累运动规律的同时，会进一步加剧由这些规律产生的矛盾；另一方面，竞争也有可能改变资本积累运动规律的运作条件，进而协

[①] 《马克思恩格斯全集》第四十六卷下册，第47、270～271页。重点标识均为引者添加。

调这些矛盾。从这个角度看，就可以对竞争在类型学上加以区分，以对应于竞争的这两种不同的功能。在本章第一节里，我们曾在两个最基本的维度上区分了竞争一般：第一，以促进生产力发展为前提的竞争；第二，与生产力的发展无关的竞争。这种区分还可以进一步深化。笔者认为，至少可以从四个维度区分两类不同的竞争，这四个维度分别涉及：①竞争的一般目的；②竞争的手段；③竞争与协调的关系；④竞争所对应的制度型式。表6-2概括了这种四维划分的结果。

表6-2 两类竞争及其划分标准

	竞争的一般目的	竞争的手段	竞争与协调的关系	竞争与制度
第一类竞争（生产型竞争、"相互尊重的竞争"）	在促进生产力发展的前提下取得剩余	重大产品创新、组织创新等熊彼特意义上的创新	有利于协调	"相互尊重的竞争体制""福特主义竞争体制"及其他
第二类竞争（榨取型竞争、"无序的竞争"）	在和生产力发展无关甚至破坏生产力的前提下取得剩余	过度剥削、不平等交换、在生产能力闲置的前提下继续开展资本深化型投资等	不利于协调	"无序的竞争体制""新自由主义竞争体制"及其他

上述两种类型的竞争在现实中按不同比例的混合，界定了资本主义发展不同阶段的竞争格局。这里我们想介绍一位美国马克思主义经济学家克罗蒂，他研究了发达资本主义经济在"二战"后出现的两种竞争体制，即所谓相互尊重的竞争体制和无序的竞争体制，分析了这两种竞争体制相互转化的条件。从概念上看，他所定义的这两种竞争体制，大致对应于表6-2对竞争的类型学区分。①

---

① 熊彼特最先发展了"相互尊重的竞争"理论，用以概括垄断资本主义条件下竞争的特点，见熊彼特《资本主义、社会主义与民主》，第155页。克罗蒂采纳了熊彼特的这一概念，进一步发展了现代竞争体制的制度分析。对克罗蒂这一理论的介绍和评价，可参见孟捷、向悦文《克罗蒂和布伦纳的破坏性竞争理论比较研究》，《经济纵横》2013年第5期。

第六章 演化马克思主义的竞争理论：一个方法论的探讨

在克罗蒂看来，现代资本主义经济的核心产业大多具有自然寡头垄断的特征，在这些产业内只有建立适当的竞争体制，才能将破坏性竞争限制在一定范围内，尽可能地发挥竞争的正面效应。他指出，"二战"结束后，在主要资本主义国家形成了大资本之间"相互尊重的竞争"，企业之间的竞争是受调控并有限度的，这种调控涉及企业的定价策略、投资和创新等不同方面。在这一竞争体制下，以重大产品创新为前提的资本扩展型投资占据了重要位置，对利润率有不利影响的纯粹的资本深化型投资则受到某种约束。相互尊重的竞争体制与所谓"资本－劳动协议"（capital-labor accord）相结合，在宏观层面协调了总供给和总需求的矛盾，造就了资本主义历史上前所未有的"黄金年代"。

然而，克罗蒂指出，相互尊重的竞争体制并不会一直持续下去，有两方面的因素可能终结这一竞争体制。一方面，企业外部环境可能因总需求增长乏力或金融市场的影响而趋于恶化；另一方面，由于竞争压力减弱，企业的官僚化趋势将导致其效率下降，进而吸引潜在的进入者参与竞争。当内外部生存环境的改变超过一定的界限之后，相互尊重的竞争体制赖以生存的条件就不复存在，并转化为无序竞争。在无序竞争体制下，企业面临着不投资即死亡的危险，即便已经存在大量过剩生产能力，仍会将资本深化型投资作为主要竞争策略，从而导致社会生产力的巨大浪费，尽管对个别资本而言，这种竞争策略可能有利于巩固其市场地位，保持或增加其赢利能力。克罗蒂认为，20世纪80年代以来，发达资本主义经济诸多核心产业的发展，验证了这种趋势。

克罗蒂对上述两种竞争体制的讨论，虽然在不同程度上涉及表6－2概括的两类竞争的特点，但主要集中在与竞争相关的制度型式的分析，对于技术革命生命周期和竞争之间的联系，以及围绕重大产品创新和技术革命的竞争对于整个经济的协调作用，则分析偏于薄弱。在这些方面，他的理论需要从演化经济学家那里获得相应的补充。

在解释相互尊重的竞争向无序竞争的转换时，克罗蒂忽略了一点，即相互尊重的竞争体制之所以能建立并得到长期维持，归根结底取决于新熊彼特派经济学家所界定的第四次技术革命带来的创新和投资机会。在其生命周期的初期，第四次技术革命推动了重大产品创新以及与之相关的资本创业型投资和扩展型投资，促进了生产率的快速增长。而在这次技术革命生命周期的晚期，依照弗里曼等人的假设，创新的主导类型由重大产品创新向工艺创新转变，相应的，投资类型也从资本扩展型投资向资本深化型投资过渡。[1] 在美国，从20世纪60年代中后期开始，这一转折逐渐加剧了剩余价值生产和剩余价值实现的矛盾，生产率增长出现减速，利润份额和利润率迅速下降，最终带来了波及整个发达资本主义世界的1974～1975年衰退。在这一过程中，相互尊重的竞争体制逐步解体，并让位于20世纪80年代以后崛起的新自由主义无序竞争体制。

尽管围绕重大产品创新和技术革命的竞争在资本积累内在矛盾的协调中起到了关键作用，但正如本书第五章所指出的，对相关问题的分析一直没有得到马克思主义经济学的足够充分的重视。笔者在多年前的研究中，曾力图结合新熊彼特派经济学的贡献，把产品创新纳入马克思资本积累理论，即在某种程度上将产品创新内生化。《资本论》对技术进步和资本积累的相互关系的讨论，是以抽象了"基本创新"（即重大产品创新）为前提的，而后者恰恰成为熊彼特及其后继者着力研究的对象。正如熊彼特指出的，围绕产品创新的竞争，完全不同于其他类型的竞争，"这种竞争比其他竞争有大得多的效率，犹如炮轰和徒手攻击的比较"。在这种竞争的基础上，带来了他所谓的"创造性毁灭"。"创造性毁灭"是一种"产业突变"，"它不断地从内部使这个经济结构革命化，不断地破坏旧结构，

---

[1] 参阅 Freeman, C., J. Clark, L. Soete, *Unemployment and Technical Innovation: a Study of Long Waves and Economic Deveeloopment* (West Port, Connecticut: Green Wood Press, 1982); Mensch, *The Stalemate in Technology* (New York: Ballinger, 1979); Kleinknecht, A., *Innovation Patterns in Crisis and Prosperity* (London: MacMillan, 1987)。

不断地创造新结构"①。在熊彼特和演化经济学那里，具有上述特点的竞争，是使市场经济的内在矛盾得以协调并推动其不断向一个更为复杂的体系演化的最根本的力量。笔者在将熊彼特的洞见纳入马克思资本积累理论时，曾总结了这一协调形式所具有的重要意义，不妨援引于此，作为本章的结束：

> 资本主义生产方式只有在一个不断扩容的分工体系中才能繁盛起来。产品创新及新兴产业部门的建立，在质上扩大了劳动的社会分工体系，使得'劳动（从而剩余劳动）的质的差别的范围不断扩大，越来越多样化，本身越来越分化'，由此扩大了既有的交换价值体系，为资本创造了对等价值的新的源泉。卢森堡在强调资本积累的地域空间的重要性的时候，忽略了分工和交换价值体系的内生性扩张。资本可以通过这种内生空间的创造，周期性地克服它在运动中、在时间中遇到的界限。②

---

① 熊彼特：《资本主义、社会主义与民主》，商务印书馆，1999，第149、147页。
② 孟捷：《马克思主义经济学的创造性转化》，经济科学出版社，2001，第103页。笔者的这一研究得到了高峰教授的认同，他提出，这一研究成果"是马克思主义资本积累理论研究中的一个重大进展。"高峰：《产品创新与资本积累》，《当代经济研究》2004年第4期，第3页；该文另收入高峰《资本积累与现代资本主义》第二版，社会科学文献出版社，2014，第396页。

第七章
资本占有剩余价值在什么意义上是符合（或不符合）正义的
——试论马克思的三种正义概念

正如恩格斯所说，剩余价值理论和历史唯物主义一道，构成了马克思毕生的两大发现。当代资产阶级经济学家萨缪尔森深知马克思剩余价值理论的重要性，他曾提出："（马克思经济学）的关键性概念是有关'剩余价值'的概念"，马克思正是通过这一概念，"企图（a）揭露资本家剥削劳动者的性质，以及（b）说明经济发展和垂死的资本主义的运动规律"。针对第一点他还说："剩余价值是在道德上没有理由的超过劳动成本之上的加值。"马克思的这一理论"如果正确的话，这看来是对资本主义的罪行的一个严重判决"[①]。

在这里，萨缪尔森触及了剩余价值论的两个维度，第一，这个理论旨在揭示资本主义生产方式的运动规律；第二，这个理论是对资本主义生产方式是否合乎正义的一个判决。换言之，剩余价值理论既是一个实然性理论，也是一个关乎正义的理论。那么，如何理解这两个维度的关系呢？在什么意义上，占有剩余价值成了资本主义的"罪行"？又在什么意义上，占有剩余价值是合乎历史唯物主义视野中的正义的呢？

---

① 此处引证分别见于萨缪尔森《经济学》中册，商务印书馆，1981，第348页；萨缪尔森《经济学》下册，商务印书馆，1982，第316~317页。

第七章　资本占有剩余价值在什么意义上是符合（或不符合）正义的

第一节　与既定生产方式相适应的正义

最先把剩余价值论（以及劳动价值论）作为一个正义理论来看待的，是19世纪英国的李嘉图派社会主义者。他们利用劳动价值论复活了洛克提出的劳动的自然法理论，后者将劳动看作个人财产权的基础。李嘉图派社会主义者提出，既然只有活劳动创造价值，劳动者就应该凭借一天的劳动获得全部劳动产品。马克思看待这些空想社会主义者的态度，具有微妙的两面性。[①]一方面，马克思指出，李嘉图派社会主义者抓住了古典经济学无意中表述出来的矛盾，向古典经济学家指出，你们自己驳倒了自己：资本不过是对工人的诈骗，劳动才是一切，因为价值是劳动创造的。在这种批判中，马克思似乎在暗示，李嘉图派社会主义者的主张存有某些合理的因素。另一方面，正如下文将要分析的，和这些空想社会主义者不同，马克思又明确地拒绝将剩余价值理论作为一种正义理论来看待。因此，在他那里，剩余价值论的上述两个维度，只能说是"自在地"并存着，换言之，马克思并没有自觉地区分这两个维度，并阐明这两个维度之间的联系。而且，在《资本论》中，马克思主要是把剩余价值论（以及劳动价值论）作为一个实然理论来看待的，即将其作为资本主义生产方式的基本运动规律，并用以阐明其他规律。

马克思思想里的后一面倾向，集中反映在他生前的最后一篇经济学著作《评阿·瓦格纳的政治经济学教科书》中。在那里，马克思结合对瓦格纳的评述，进一步阐述了他的立场。他写道：

>这个蠢汉（指阿·瓦格纳——引者按）偷偷塞给我这样一个论断：只是由工人生产的"**剩余价值不合理地**为资本主义企业主所得"。然而我的论断完全相反：商品生产发展到一定的时候，必然成

[①] 参见《马克思恩格斯全集》第二十六卷Ⅲ，人民出版社，1974，第285页；《马克思恩格斯全集》第十三卷，人民出版社，1962，第52页。

为"资本主义"的商品生产，按照商品生产中占统治地位的**价值规律**，"剩余价值"归资本家，而不归工人。①

按照马克思这里的观点，占有剩余价值的基础在于：第一，资本家"不仅'剥取'和'掠夺'，而且……帮助创造属于剥取的东西"；第二，"资本家只要付给工人以劳动力的实际价值，就完全有权利，也就是符合于这种生产方式的权利，获得剩余价值"②。

马克思对瓦格纳的这种批判是可訾议的。根据马克思的观点，资本家只要付给工人以劳动力的实际价值，就完全有权利，也就是符合于这种生产方式的权利，获得剩余价值。可是，什么是劳动力的价值？劳动力价值并不是由单纯的经济原因预先给定的，政治因素如阶级斗争也会参与劳动力价值的决定。经济规律的作用，如产业后备军的形成，使工资不至于上涨到把新价值全部吞噬掉，但在这个上限内，实际工资，从而劳动力价值的大小（在消费品单位价值既定条件下）是由阶级斗争决定的。果如此，资本家付给工人以劳动力的实际价值这个条件，在很大程度上就是不确定的。③ 笔者认为，占有剩余价值的正当性并不能依此得到充分的论证。

剩下来的理由就是，资本家也帮助创造可供剥取的东西。但这也不是充分的论证。因为，按照这个说法，资本家只该获得他实际创造的那部分价值，而非全部剩余价值。

撇开上述经济学问题不谈，依照马克思这里的看法，只要是符合价值规律的，就符合正义，这体现出一种倾向，即不能超越既定的生产方式来

---

① 《马克思恩格斯全集》第十九卷，人民出版社，1965，第428页。重点号是原有的。
② 《马克思恩格斯全集》第十九卷，人民出版社，1965，第401页。关于资本家作为管理者（即所谓帮助创造可供剥取的东西）所起的作用，《资本论》里曾有以下论述："随着许多雇佣工人的协作，资本的指挥发展成为劳动过程本身的进行所必要的条件，成为实际的生产条件。现在在生产场所不能缺少资本家的命令，就象在战场上不能缺少将军的命令一样。"《马克思恩格斯全集》第二十三卷，人民出版社，1972，第367页。
③ 笔者曾经系统地讨论了马克思经济学中劳动力价值这一概念的弱点，参见孟捷《劳动力价值再定义与剩余价值论的重构》，《政治经济学评论》2015年第4期。

第七章 资本占有剩余价值在什么意义上是符合（或不符合）正义的

谈论正义。这种看法鲜明地体现在《资本论》第三卷的一处论述中，从中我们读到：

> **生产当事人之间进行的交易的正义性在于：这种交易是从生产关系中作为自然结果产生出来的**。这种经济交易作为当事人的意志行为，作为他们的共同意志的表示，作为可以由国家强加给立约双方的契约，表现在法律形式上，这些法律形式作为单纯的形式，是不能决定这个内容本身的。这些形式只是表示这个内容。**这个内容，只要与生产方式相适应，相一致，就是正义的；只要与生产方式相矛盾，就是非正义的**。在资本主义生产方式的基础上，奴隶制是非正义的；在商品质量上弄虚作假也是非正义的。①

这段引文表明：第一，正义、公平等价值是作为既定生产方式的不可避免的结果而形成的，并与该生产方式相适应的，换言之，正义是具有功能性的相对价值；第二，在既定的生产方式中，个别当事人行为的正义性，应该立足于该生产方式整体的再生产来判定。弄虚作假尽管符合个别资本主义当事人的利益，但违反了资本家阶级的利益。依此推论，垄断符合个别大资本的利益，但有违资本家阶级的利益，因而需要借助于反垄断法来纠正，等等。

段忠桥教授曾对马克思上段论述的译文提出了意见，认为编译局的译文并未恰当地反映甚至歪曲了马克思的正义观。② 然而，在笔者看来，段忠桥教授对编译局译文的批评并不那么令人信服，这体现在：第一，他的改动和原译文相比，差异并不如他想象得那么明显；第二，笔者查阅了企鹅版

---

① 马克思：《资本论》第三卷，载《马克思恩格斯全集》第二十五卷，人民出版社，1974，第379页。引文中的着重号为笔者所加。
② 段忠桥：《马克思认为"与生产方式相适应，相一致就是正义的"吗？——对中央编译局〈资本论〉第三卷一段译文的质疑与重译》，《马克思主义与现实》2010年第6期。

《资本论》的英译文，其文义和编译局的中译文是基本一致的；第三，马克思的相关思想不仅存于《资本论》第三卷的引文中，而且在马克思对瓦格纳教科书的评述中，同样可以看到类似的倾向。因此，段忠桥教授想要从马克思那里一劳永逸地清除类似观点，在我们看来是不可能的，也是不必要的。[①]

可以预先指出的是，在马克思的文本里，我们其实可以找到三种不同的正义概念。上文讨论的可以称作马克思的第一种正义概念，这一概念所内含的功能主义色彩，意味着它事实上是对现存生产方式中人的选择和行为的辩护，是对现存生产关系的辩护。不难想象，单纯采纳这种正义观，势必会将剩余价值论还原为一种纯粹的实然性理论，资本占有剩余价值也就成为一个和价值判断全然无关的事实性命题。为此，也就难怪以塔克（或译塔克尔）和伍德等人为代表的国外学者，认为马克思没有为我们提供一种正义理论。他们的观点，被称作"塔克－伍德命题"，在马克思主义者中间产生了相当大的影响。[②] 值得一提的是，这类思想其实可以追溯到恩格斯，后者就曾把剩余价值论的核心观点，即剩余价值是由工人的无酬劳动构成的，看作与道德评判无涉的"简单的事实"。[③]

第二节　超越历史的正义三原则

如果说马克思经济学里的第一种正义概念，是把正义问题限定在既存

[①] 中央编译局的译文："在资本主义生产方式的基础上，奴隶制是非正义的"，若改译为"基于资本主义生产方式的奴隶制，是非正义的"，可能更贴切些。马克思在此应该是指19世纪北美南部各州的蓄奴制。段忠桥教授将"奴隶制"改译为"奴隶般的劳动"，是不准确的。

[②] 参见 Tucker, R., *Philosophy and Myth in Karl Marx*（CUP, 1961）；伍德：《马克思对正义的批判》，载李惠斌、李义天编《马克思与正义理论》，中国人民大学出版社，2010；尼尔森：《马克思论正义：对塔克－伍德命题的重新审视》，载李惠斌、李义天编《马克思与正义理论》，中国人民大学出版社，2010。

[③] 恩格斯晚年这样写道："他（指马克思——引者按）只说了剩余价值由无酬劳动构成这个简单的事实。"恩格斯：《马克思和洛贝尔图斯．〈哲学的贫困〉德文版序言》，载《马克思恩格斯全集》第二十一卷，人民出版社，1965，第209页。恩格斯的上述观点包含在一段很长的论述中，后文对这段重要论述还将有进一步的评论。

第七章　资本占有剩余价值在什么意义上是符合（或不符合）正义的

的生产方式之内，那么在第二种概念中，正义就成为对既存生产方式本身的诘问。恩格斯晚年在评论马克思对李嘉图派社会主义者的态度时涉猎了这个问题，他写道：

> 李嘉图理论的上述应用，——认为全部社会产品，即工人的产品属于唯一的、真正的生产者，即工人，——直接引导到共产主义。但是，马克思在上述地方也指出，这种应用在经济学的形式上是错误的，因为这只不过是把道德运用于经济学而已。按照资产阶级经济学的规律，产品的绝大部分不是属于生产这些产品的工人。**如果我们说：这是不公平的，不应该这样，那么这句话同经济学没有什么直接的关系。我们不过是说，这些经济事实同我们的道德感有矛盾。所以马克思从来不把他的共产主义要求建立在这样的基础上，而是建立在资本主义生产方式的必然的、我们眼见一天甚于一天的崩溃上；他只说了剩余价值由无酬劳动构成的简单的事实。**但是，在经济学的形式上是错误的东西，在世界历史上却可以是正确的。如果群众的道德意识宣布某一经济事实，如当年的奴隶制或徭役制，是不公正的，这就证明这一经济事实本身已经过时，其他经济事实已经出现，因而原来的事实已经变得不能忍受和不能维持了。因此，在经济学的形式的谬误后面，可能隐藏着非常真实的经济内容。不过这里不是详细探讨剩余价值理论的意义和历史的地方。[①]

恩格斯虽然认可对一种生产方式本身的正义性的诘问，但在这里，他显然把这种诘问看作纯粹道义上的，而不是经济学意义上的。换言之，在他那里，马克思的剩余价值论似乎并不涉及对于资本主义生产方式是否合

[①] 恩格斯：《马克思和洛贝尔图斯。〈哲学的贫困〉德文版序言》，载《马克思恩格斯全集》第二十一卷，人民出版社，1965，第209页（重点标识为引者所加）。

乎正义的论证，而只限于陈述所谓"简单的事实"。这种观点，即认为马克思的剩余价值论甚至马克思经济学是价值中立的，自然令人难以苟同，而且也不符合马克思经济学的实际。为了论证这一点，我们想从《1857～1858年经济学手稿》和《资本论》的文本中选取一个例子，这便是马克思针对商品生产所有权规律向资本主义占有规律转变的论述。

所谓商品生产的所有权规律具有两重含义：第一，它指的是洛克式的以劳动为基础的财产所有权；第二，它指的是在这种所有权基础上实现的等价物交换的规律。所谓资本主义占有规律，则是指资本家凭借着占有生产资料，占有劳动力在一定时间内的支配权，进而占有剩余价值。马克思首先指出，"资本主义占有规律"是在"商品生产所有权规律"的基础上发生的。单从交换的角度看，剩余价值归资本家占有，是在劳动力和资本之间的等价交换的前提下产生的。在此意义上，资本占有剩余价值是合乎第一种正义的。然而，马克思接着又指出，商品生产的所有权规律向资本主义占有规律的转变，源于这样一个前提，即在生产过程中，资本家**不经过交换**就占有了他人劳动；而且，在再生产中，资本家用没有支付任何等价物就占有的过去的物化劳动，去交换他人的活劳动。交换中的形式平等在此变成了假象。资本同劳动力之间的等价交换，其实只是"在形式上"的交换，或者"只是表面上进行了交换"，"因为同活劳动能力相交换的那一部分资本，第一，本身是没有支付等价物而被占有的他人的劳动，第二，它必须由劳动能力附加一个剩余额来偿还，也就是说，这一部分资本实际上并没有交出去，而只是从一种形式变为另一种形式。可见，交换的关系完全不存在了，或者说，成了纯粹的假象"。①

在以上论述中，马克思不再从交易的正义（第一种概念）来看待问题，而把目光转移到生产的正义（这指向马克思的第二种正义概念）。在马克思的经济学著作中，我们可以找到大量段落，其中采用了诸如"盗

---

① 《马克思恩格斯全集》第四十六卷上册，人民出版社，1979，第455页。

第七章 资本占有剩余价值在什么意义上是符合（或不符合）正义的

窃""窃取""抢劫""掠夺"等用语，以表达对资本主义占有规律的谴责。正如一些学者强调的，马克思的剩余价值理论并不只是一个实然的理论，它同时也包含着对于资本主义生产方式的非正义性的批判。[1] 现在的问题是，马克思在做出这种批判时所依据的标准或原则是什么呢？

在这个问题上，我们赞同英国马克思主义者杰拉斯的观点，即马克思对资本主义生产方式的批判，是以所谓"超越历史的原则"（transhistorical principles）为前提的；这些超越历史的原则，和马克思经常批判的自然权利观念其实颇为近似。杰拉斯结合马克思在《资本论》第三卷对资本主义土地私有制的批判，以及对一种理想的人与土地的关系的描述，指出了这种近似性。[2] 我们还可以补充一个例证，在《资本论》第二卷的一处论述中，马克思同样表达了洛克式的自然法观点，即财产权应该以自身的劳动为基础。马克思在那里谈到，为了维护机器，工人往往在休息时进行擦洗机器的劳动，他写道："在真正的工业中，这种擦洗劳动，是工人利用休息时间无偿地完成的，正因为这样，也往往是在生产过程中进行的，这就成了大多数事故的根源。这种劳动不计算在产品的价格中。从这个意义上说，消费者是无代价地得到了它。另一方面，资本家也由此节省了机器的维持费用。这种费用是由工人用自己的身体来支付的，这是资本自我维持的秘密之一。事实上，这些秘密构成工人对于机器的法律要求权，甚至从资产阶级的法律观点看，也使工人成为机器的共有者。"[3]

---

[1] 段忠桥：《当前中国的贫富差距为什么是不正义的?》，《中国人民大学学报》2013年第1期。Geras, N., "The Controversy about Marx and Justice", *New Left Review*, 1985, I/150, March-April, pp. 56 – 58.

[2] Geras, N., "The Controversy about Marx and Justice", *New Left Review*, 1985, I/150, March-April, p. 77. 马克思在《资本论》里写道："从一个较高级的社会经济形态的角度来看，个别人对土地的私有权，和一个人对另一个人的私有权一样，是十分荒谬的。甚至整个社会，一个民族，以至一切同时存在的社会加在一起，都不是土地的所有者。他们只是土地的占有者，土地的利用者，并且他们必须象好家长那样，把土地改良后传给后代。"《马克思恩格斯全集》第二十五卷，人民出版社，1974，第875页。

[3] 《马克思恩格斯全集》第二十四卷，人民出版社，1972，第194页。

在笔者看来，马克思在谴责资本主义时所依据的"超越历史的"规范性原则大致可以归纳为以下三种。

第一，以劳动为基础的财产权原则，即生产条件和产品的所有应该以劳动为基础，生产条件的所有和劳动应该相互统一，劳动的客观条件和主观条件应该相互统一。在《资本论》里，马克思把在废除资本主义私有制的基础上建立起来的这种统一，称作"重新建立个人所有制"。

什么是重建个人所有制？这在学术界一直是个争论不休的问题。在马克思那里，"重新建立个人所有制"是以"协作和对土地及靠劳动本身生产的生产资料的共同占有"为前提的。① 非常有趣的是，在这里同时出现了占有和所有制（或译所有）这两个含义接近但又有微妙差别的概念。根据韩立新教授的诠释，占有（besitz）指的是使用权，它不同于所有（eigentum）。在《资本论》（法文版）问世前，德文《资本论》里一直采用的是"共同所有"。而在马克思亲自修订的法文版《资本论》里，"共同所有"被改成了"共同占有"。后来，恩格斯根据马克思的指示，在现在通用的《资本论》（德文第四版）中也将"共同所有"改成了"共同占有"。韩立新认为，这个改动避免了在一句话里同时出现"共同所有"和"个人所有"在逻辑上造成的矛盾，因而属于纠错的性质。② 和这种诠释不同，笔者认为，同时使用"共同所有"和"个人所有"这两个看似矛盾的概念，并不一定就是笔误。一个旁证是，除了个人所有制，马克思还使用过"公有制"（或译社会所有制）或"联合起来的社会个人的所有制"这样的概念来描述未来社会的所有制形态，例如他说：

> 这一对立形式（指财产占有的资本主义形式——引者注）一旦消除，结果就会是他们（指工人——引者注）**社会地**占有而不是作

---

① 《马克思恩格斯全集》第二十三卷，人民出版社，1972，第832页。
② 韩立新：《关于个人所有制解释的几个问题》，《马克思主义与现实》2009年第2期，第25~26页。

第七章 资本占有剩余价值在什么意义上是符合（或不符合）正义的

为各个**私的个人**占有这些生产资料。资本主义所有制只是生产资料的这种公有制的对立的表现，即单个人对生产条件的所有制（从而产品的所有制，因为产品不断转化为生产条件）遭到否定的对立的表现。……西斯蒙第为之痛哭的所有制和劳动的这种分离，是生产条件的所有制转化为公有制的必要过渡阶段。如果单个工人作为**单独的人**要再恢复对生产条件的所有制，那只有将生产力和大规模劳动发展分离开来才有可能。资本家对这种劳动的**异己的所有制**，只有通过他的所有制改造为非孤立的单个人的所有制，也就是改造为**联合起来的社会个人**的所有制，才可能被消灭。①

个人所有制和公有制之所以能同时并用，在于个人和社会之间围绕生产条件的所有而生发的矛盾在未来社会已经得到消解，这种消解自《1844年经济学哲学手稿》以来，一直是马克思对未来社会基本特征的看法。② 因此，马克思才又有了"**联合起来的社会个人**的所有制"这样的提法。问题的重点是，马克思提出"重新建立个人所有制"，并不是要清晰地界定一种经验形态的产权，而只是借由所有制这样的经济学术语表达一种和正义相关的价值，即以生产资料的共同所有或共同占有为中介，使每个劳动者的劳动的主观条件和客观条件相统一（或者使劳动和生产条件的所有相统一），从而使每个劳动者得以自主地支配其劳动。

尽管个人所有制或公有制表达的只是一种价值，但在这一概念里，所有制一词是在其本来的意义上使用的，即指的是对劳动的支配权。将重建个人所有制诠释为一种价值，有助于我们理解《反杜林论》留下的一段公案。杜林曾对马克思重建个人所有制的思想提出了尖锐的批判，认为个

---

① 《马克思恩格斯全集》第四十八卷，第21页（重点标识是原有的）。
② 马克思："这种共产主义……是人和自然界之间、人和人之间的矛盾的真正解决，是……个体和类之间的斗争的真正解决。"《1844年经济学哲学手稿》，人民出版社，1985，第77页。

人所有制（以及马克思还使用过的社会所有制或公有制）的概念是"马克思让他的信徒们自己去解的深奥的辩证法之谜"。为了回应杜林的诘难，恩格斯提出，社会所有制涉及的对象是土地和其他生产资料，个人所有制涉及的则是消费品，因此同时并提这两个概念，并无任何矛盾。① 应予指出的是，恩格斯对个人所有制的这个解释完全是为了服从当时党派斗争的需要而仓促地提出来的。虽然这样解释可能有利于把问题暂时掩盖住，但将个人所有制解释为对消费品的所有，在概念上有违所有制一词的本义，大多数马克思主义者今天也都不会接受恩格斯的这个解释。不过，恩格斯的这一解释虽然并不成立，却间接地表明，个人所有制根本不可能是一种在经验上可操作的所有制形态，如果我们还要保留这一概念，出路只有一个，即把它（和社会所有制一道）理解为一种价值。②

重建个人所有制所蕴含的这种价值理念，和马克思对人的自由的理解是紧密联系的。早在《1844 年经济学哲学手稿》里，马克思就对人的本质或本性做了如下规定，他说："正是在改造对象世界中，人才真正地证明自己是**类存在物**。这种生产是人的能动的类生活。通过这种生产，自然界才表现为**他的**作品和他的现实。""人的类特性恰恰就是自由的有意识的活动。"③ 在《1857～1858 年经济学手稿》里他又说：在劳动中，被设定的目的"被看作个人自我提出的目的，因而被看作自我的实现，主体的物化，也就是实在的自由——而这种自由见之于活动恰恰就是劳动"。④ 因

---

① 恩格斯：《反杜林论》，载《马克思恩格斯选集》第三卷，人民出版社，1995，第 473～474 页。
② 前南斯拉夫理论家卡德尔曾利用重建个人所有制的思想批判苏联式的国有制，并借此为南斯拉夫当时引入的工人合作型企业寻找理论依据。卡德尔反对将国有制直接等同于公有制，在理论上是正确的。但他同时又把工人合作型企业直接等同于个人所有制，从而把后者理解成一种经验上可操作的产权形态，这在实践上被证明也是错误的。（参照卡德尔：《公有制在当代社会主义实践中的矛盾》，王森译，中国社会科学出版社，1980）在笔者看来，无论是国有制企业还是工人合作型企业，都在某种程度上体现了个人所有制或社会所有制所代表的价值，但又不能直接等同于个人所有制或社会所有制。
③ 马克思：《1844 年经济学哲学手稿》，人民出版社，1985，第 53～54 页。
④ 《马克思恩格斯全集》第四十六卷下册，人民出版社，1980，第 112 页。

第七章　资本占有剩余价值在什么意义上是符合（或不符合）正义的

此，通过自主的、自觉的劳动才能实现人的自由，是马克思的一以贯之的思想。在人类历史各阶段占据了主导地位的一切所有制形态中，直接生产者的劳动都要受他人的支配和控制，都是异化了的劳动。只有在马克思所眺望的这种未来社会里，才实现了生产者对自身劳动的自主的、自觉的支配。

第二，"需要的原则"，这是杰拉斯采用的术语，他以此来概括《哥达纲领批判》中关于"各尽所能，按需分配"的设想。依照需要的原则，在人的能力或禀赋的差异与产品分配之间，不应存在任何必然的联系。正如杰拉斯所指出的，早在《德意志意识形态》里，马克思和恩格斯就接受了这个来自空想共产主义的观点：

> 共产主义的最重要的不同于一切反动社会主义的原则之一就是下面这个以研究人的本性为基础的实际信念，即人们的头脑和智力的差别，根本不应引起胃和肉体需要的差别；由此可见，"按能力计报酬"这个以我们目前的制度为基础的不正确的原理应当——因为这个原理是仅就狭义的消费而言——变为"按需分配"这样一个原理，换句话说：活动上，劳动上的差别不会引起在占有和消费方面的任何不平等，任何特权。[①]

这些思想和《哥达纲领批判》的观点显然是完全一致的。值得注意的是，正如杰拉斯所看到的，在写作《德意志意识形态》时，按需分配已成为空想共产主义的流行观点，而非马克思、恩格斯的独创。而且，按照这里的说法，按需分配的提出是"以研究人的本性为基础的"，换言之，马克思、恩格斯并没有在这部标志着历史唯物主义正式诞生的著作里抛弃"人的本性"的概念，反而把这些概念作为批判现实时所参照的价值原则来看待。

---

① 马克思、恩格斯：《德意志意识形态》，人民出版社，1982，第627页。

在《哥达纲领批判》中，马克思认为，和按需分配的原则相比，按劳分配包含了不平等，"因为它默认，劳动者的不同等的个人天赋，从而不同等的工作能力，是天然特权"①。可是，正如杰拉斯指出的，若从另一种标准看，按需分配同样可能包含着不平等。譬如，尽管付出了相同的劳动，却未必取得与之匹配的产品或收入份额。而且，一般而言，只要采用一种正义或平等的实质性原则，就会包含某种不平等。因此，问题不在于实现绝对意义上的平等，问题在于在诸多可能的标准中究竟采纳何种标准来衡量平等，以及为什么要把这个标准放在首位。在《哥达纲领批判》中，马克思显然是把需要原则置于其他标准之上来看待的。②

早在《1844年经济学哲学手稿》中，马克思就谈到"在社会主义的前提下，人的需要的丰富性"③。在这些需要中，居于首位的是人的自我实现即对自由的需要。杰拉斯指出，马克思的需要原则事实上和下文将要谈到的自由原则是相联系的，并包含了后者。④ 与按劳分配相比，按需分配的原则尊重每个人的特殊性，尊重每个人的自我发展的需要，这是马克思在谈论未来社会的分配原则时把需要原则置于首位的原因。

第三，自由或自我实现的原则，也就是《共产党宣言》里所说的："每个人的自由发展是一切人的自由发展的条件。"在一些学者看来，马克思的确以自由为名谴责了资本主义，但问题是，自由作为价值范畴并不属于分配正义。换言之，马克思的确谴责了资本主义，但并非在正义的原则下谴责了资本主义。杰拉斯在其论文详细讨论了这个问题，他在文本引证的基础上指出，在马克思那里，分配正义并不限于产品或收入的分配，而具有拓展的含义。在马克思看来，在产品分配之前，首先是生产条件的

---

① 《马克思恩格斯选集》第三卷，人民出版社，1995，第305页。
② Geras, N., "The Controversy about Marx and Justice", *New Left Review*, 1985, I/150, March-April, pp. 80 – 81.
③ 马克思：《1844年经济学哲学手稿》，人民出版社，1985，第89页。
④ Geras, N., "The Controversy about Marx and Justice", *New Left Review*, 1985, I/150, March-April, p. 82.

第七章　资本占有剩余价值在什么意义上是符合（或不符合）正义的

分配，在资本主义生产方式中，生产条件的分配是非正义的。此外，自由或人的自我实现，依赖于个人所能支配的自由时间。而每个人所支配的自由时间的长短，一方面取决于缩短工作日，另一方面也取决于劳动时间在全社会的平等分配，换言之，在自由和人的自我实现中包含着分配的维度。[①] 马克思"基于自由和自我实现［对资本主义］的批判，其本身在某种程度上就是基于分配正义的概念所做的批判"。[②]

在以上各项原则中，前两项原则都蕴含了第三项原则，并以第三项原则为依归。只有在劳动的主观条件和客观条件相统一的基础上，才可能谈论按需分配，只有在按需分配的原则下，才可能真正实现人的全面自由的发展。而自由原则，可以看作前两项原则的总结。这三项原则作为一个整体，构成了马克思的第二种正义概念。

在杰拉斯看来，马克思的第二种正义概念是"超越历史的"。他的意思是，这些正义原则与第一种正义不同，并不是隶属于特定生产方式的、相对的正义概念，而是用来评判历史上各种不同生产方式的一般性原则。[③] 进一步的问题是，这些"超越历史的"原则是如何形成的？它们是否与历史本身的发展无关，纯属理论家抽象的思辨？杰拉斯似乎没有研究这些问题。在我们看来，上述原则并不是毫无历史根据的想象，而是以历史经验为基础，经过思想家的进一步加工和提炼而形成的。例如，就"按需分配"，或切断能力与需要的满足之间的联系而言，这在原始共产

[①] 杰拉斯在其论证中特地引述了马克思的下段论述："在劳动强度和劳动生产力已定的情况下，劳动在一切有劳动能力的社会成员之间分配得越平均，一个社会阶层把劳动的自然必然性从自身上解脱下来而转嫁给另一个社会阶层的可能性越小，社会工作日中必须用于物质生产的部分就越小，从而个人从事自由活动，脑力活动和社会活动的时间部分就越大。从这一方面来说，工作日的缩短的绝对界限就是劳动的普遍化。在资本主义社会里，一个阶级享有自由时间，是由于群众的全部生活时间都转化为劳动时间了。"《马克思恩格斯全集》第二十三卷，人民出版社，1972，第579页。

[②] Geras, N., "The Controversy about Marx and Justice", *New Left Review*, 1985, I/150, March-April, pp. 71–74, p. 80.

[③] Geras, N., "Bringing Marx to Justice: An Addendum and Rejoinder", 1992, p. 37.

主义部落，或人类家庭组织之中事实上是广泛存在的。再以重建个人所有制为例，在提出这个构想时，马克思明确指出，历史上曾经存在过两种类型的个人所有制，他们是未来社会个人所有制的"幼稚的"形式。他写道：

> 劳动者和生产条件之间原有的统一……有两种主要形式：亚洲村社（原始共产主义）和这种或那种类型的小家庭农业（与此相结合的是家庭工业）。这两种形式都是幼稚的形式，都同样不适合于把劳动发展为社会劳动，不适合于提高社会劳动的生产力。因此，劳动和所有权（后者应理解为对于生产条件的所有权）之间的分离、破裂和对立就成为必要的了。这种破裂的最极端的形式（在这种形式下社会劳动的生产力同时会得到最有力的发展）就是资本的形式。原有的统一的恢复，只有在资本创造的物质基础上，并且只有通过工人阶级和整个社会在这个创造过程中经历的革命，才有可能实现。①

在马克思看来，这些"幼稚的"个人所有制限制了生产力的发展，因而在历史上最终瓦解了。但这种所有制所体现的劳动的主观条件和客观条件相统一的原则，有利于生产者在一定程度上的自主发展。因此，在提出未来社会要重建个人所有制时，马克思参照了这些"幼稚的"个人所有制形式，肯定了其中所包含的某些原则，但又指出了它们的局限，即限制了社会劳动的生产力的发展。

需要指出的是，这个关键思想，即第二种正义原则的实现要以生产力的发展为前提，是马克思一以贯之的思想，并且构成了他和李嘉图派社会主义者之间的重大区别。在马克思那里，财产权虽然应该以劳动为基础，但这种财产权不应该排斥生产的社会化和生产力的发展。资本主义占有规

---

① 《马克思恩格斯全集》第二十六卷Ⅲ，人民出版社，1974，第465～466页。

第七章　资本占有剩余价值在什么意义上是符合（或不符合）正义的

律之所以能在商品生产所有权规律的基础上产生，是因为和小私有制相比，以资本主义占有规律为核心的资本主义生产关系有力地推动了社会生产力的进步。而在未来社会，在马克思所瞩望的自由人联合体中，劳动和财产权的重新统一（即所谓重建个人所有制）仍要以"资本主义时代的成就"，即"协作和对土地及靠劳动本身生产的生产资料的共同占有"为基础。在《哥达纲领批判》谈论按需分配的场合，马克思也提出，这种分配原则只有"在随着个人的全面发展，他们的生产力也增长起来，而集体财富的一切源泉都充分涌流之后"才能实现。[①]

马克思和李嘉图派社会主义者的上述区别意味着，在马克思那里，作为价值合理性的第二种正义概念最终还要在生产力的发展中找到其历史正当性的基础。这样一来，我们就过渡到马克思的第三种正义概念，即以一种生产方式在多大程度上推动了生产力发展，来判定该生产方式的正义性。在我们看来，马克思的第三种正义概念，似乎可以起到沟通另外两种正义概念的桥梁的作用。

第三节　基于历史唯物主义的第三种正义

在讨论马克思的第三种正义概念之前，需要先行明确一点：为了引入这一概念，我们是否混淆了历史正当性和正义这两个不同的范畴，从而混淆了事实判断和价值判断呢？值得一提的是，恩格斯在论及马克思看待剥削的态度时曾以如下方式运用了历史正当性的概念：

> 马克思了解古代奴隶主，中世纪封建主等等的**历史必然性**，因而了解他们的**历史正当性**，承认他们在一定限度的历史时期内是**人类发展的杠杆**；因而马克思也承认剥削，即占有他人劳动产品的暂时的**历**

[①] 马克思：《哥达纲领批判》，载《马克思恩格斯选集》第三卷，人民出版社，1995，第305页。

史正当性。[1]

段忠桥教授在其论文中引征过这段论述，按照他的诠释，恩格斯在此所说的历史正当性，属于纯粹的事实判断，与正义概念毫无关联。[2] 而笔者认为，这种解读未必符合恩格斯的本意。对剥削的历史正当性的判断，仍然需要以特定的标准为参照系。就在这段话里，恩格斯提到，剥削阶级存在的历史正当性源自"他们在一定限度的历史时期内是人类发展的杠杆"，换言之，人类本身的发展这个终极目标，在此是判断历史正当性的依据。在这个意义上，历史正当性概念事实上也包含着价值判断，而不是纯粹的事实判断。准此而论，问题就在于明确，恩格斯在此所谈的"人类发展的杠杆"是何含义。根据前一节的讨论，在马克思、恩格斯那里，人类发展的最终目标是自由原则的实现；而所谓杠杆归根结底是社会生产力的发展。

在许多人心目中，生产力概念所指涉的也是纯粹的事实，不包含任何价值属性。笔者则乐于指出，问题其实并不那么简单。在这里，关键是采纳什么标准来衡量生产力发展——是以促进资本的价值增殖来衡量生产力发展，还是以某种社会标准来衡量生产力发展？如果是前者，那么牺牲生产者以发展生产力，也是符合生产力标准的，进而也是符合正义的。这显然是不可接受的，而且也不是马克思自己的观点。因此，必须明确的是，所谓生产力标准（或效率标准），并不是完全价值中立的。在资本主义生产方式中，新的生产力只有在增加赢利能力的前提下才有可能被引入。在一些情况下，提高赢利能力和提高效率是一致的。但也经常出现这样的情况，有利可图的东西不总是有效率的，反之亦然。美国学者鲍尔斯等人讨论了

---

[1] 恩格斯：《法学家的社会主义》，载《马克思恩格斯全集》第二十一卷，人民出版社，1965，第557~558页（重点为引者所加）。
[2] 段忠桥：《当前中国的贫富差距为什么是不正义的?》，《中国人民大学学报》2013年第1期。

第七章　资本占有剩余价值在什么意义上是符合（或不符合）正义的

这些问题，他们指出，效率的增进意味着生产过程的产出和生产中使用的每一种投入量的比率都有所提高。这些投入包括劳动时间、劳动的实际付出、自然环境、中间产品、资本品等。他们写道："如果装配线增加了每小时的产出，而无需强度更高或更快的劳动，同时劳动过程中的其他一切都保持不变，技术变革无疑就是**更有效率的**。"但是，如果"装配线的引进使雇主可以提高劳动速度，而且新的生产过程需要按比例地增加至少一种投入，即劳动付出（e），以便实现产出（z）的增长。既然 e 增加的比 z 多，且没有其它条件的变化，装配线的引进就是一项缺乏效率的技术变革，尽管它增加了盈利能力"[1]。与此类似，如果增加产出是在其他条件不变，消耗更多自然资源的前提下实现的，那也属于缺乏效率的技术变革。

上述研讨也表明，技术效率或生产力标准并非纯然是一个脱离社会关系的范畴，而是和某些隶属于"类"的价值相关联的。用马克思的话来说，资本主义生产的目的事实上是"发展人类的生产力，也就是发展人类天性的财富这种目的本身"[2]。"人类的生产力"不同于《资本论》里经常采用的"资本的生产力"。在马克思那里，"人类的生产力""人类的天性的财富"，归根结底是增加全社会的自由时间。在笔者看来，由于马克思持有"发展人类的生产力"这样的看法，他才在剩余价值理论中不时流露出对资本主义生产方式及其技术变革的道德批判，谴责资本在追求技术进步时往往牺牲生产者的利益，"像狼一样"追逐剩余价值。

从是否促进生产力发展来解释资本占有剩余价值的正义性，还需和马克思经济学的一个核心理论，即相对剩余价值生产理论联系起来。当马克思提出，生产剩余价值的主要方法不是绝对剩余价值生产，而是相对剩余

---

[1] 鲍尔斯等：《理解资本主义》，中国人民大学出版社，2010，第294页。在《理解资本主义》一书中（见其第三章），依此界定的效率和公平、民主一起，构成了政治经济学的三个最基本的价值范畴。

[2] 《马克思恩格斯全集》第二十六卷Ⅱ，人民出版社，1973，第124页。

价值生产时，他事实上强调了这样一点：在资本主义生产方式中，剩余价值的增长和劳动生产率的进步是互为前提、彼此重合的。透过这种彼此重合的关系，马克思事实上定义了他心目中的资本主义，并为资本主义生产方式的历史正当性做了一个历史唯物主义解释。

美国学者布伦纳继承了马克思的这些思想，并对其做了独到的发挥。布伦纳提出了资本主义起源于农业的理论。按照他的观点，在16~17世纪的西欧，只有英国出现了"地主－资本主义佃农－农业雇佣工人"这样的阶级结构。资本主义佃农作为大片土地的租赁者，实际上是乡里的资本家。为了在竞争中生存下来，这些佃农必须引进新的生产方法，以具有竞争性的成本出售其产品。布伦纳写道："资本主义佃农的成本如果低于平均水平，作为其采纳落后生产方法的后果，他将面临双重的压力。一方面，如果他试图按现行水平交纳地租，利润率将落在平均水平以下，他的积累资金就会减少，在市场的地位也会进一步被削弱。另一方面，如果他试图交纳的租金偏低，他就会受到地主的惩罚，后者将转而寻求更有能力从事必要的改良的新佃农，以便在市场上开展竞争。"① "概而言之，"布伦纳这样写道："资本主义唯独在西欧得到成功的发展，这是由阶级制度、产权制度、剩余榨取制度决定的，在这种制度下，剩余榨取者为了增加剩余而被迫采用的方法，在前所未有的程度上——尽管并不完美——与发展生产力的需要相适应。把资本主义与前资本主义生产方式区别开来的，在于资本主义要求那些控制了生产的人主要通过增加所谓相对的、而非只是绝对的剩余劳动，来提高他们的'利润'（剩余）。"②

从相对剩余价值生产理论可以看到，资本家占有更多的剩余价值，是

---

① Brenner, R., "The Origins of Capitalist Development: a Critique of Neo-Smithian Marxism", in *New Left Review*, 1977, No. 104, July-August, p. 76.

② Brenner, R., "The Origins of Capitalist Development: a Critique of Neo-Smithian Marxism", in *New Left Review*, 1977, No. 104, July-August, p. 78, p. 68.

第七章　资本占有剩余价值在什么意义上是符合（或不符合）正义的

在劳动生产率进步的基础上实现的。而生产率进步，又是把剩余价值或利润投资于生产性投资和创新的结果。因此，这种对资本占有剩余价值的历史正当性的论证，是依据剩余价值或利润的用途得出来的。资本主义生产关系的确立，造成了竞争的强制性，迫使资本家将剩余价值或利润用于生产性投资和创新。用《共产党宣言》里的话来说："资产阶级除非对生产工具……不断地进行革命，否则就不能生存下去。反之，原封不动地保持旧的生产方式，却是过去一切工业阶级生存的首要条件。生产的不断变革，一切社会状况不停的动荡，永远的不安定和变动，这就是资产阶级时代不同于过去一切时代的地方。"[1] 美国社会积累结构学派的代表鲍尔斯等人在他们撰写的政治经济学教科书《理解资本主义》一书里，也着力强调了马克思经济学的这一核心思想，他们写道："资本主义是第一个这样的经济制度，其精英阶层的成员必须将剩余进行投资——进而是生产的革命化——以求生存并保持他们的精英地位。"[2] 在这个意义上，资本家可以定义为受社会委托承担了积累职能的那部分人。马克思本人也曾采用过"委托人"的提法，他写道："在资产阶级社会里，这些资本家是生产资料的委托人，并享受从这种委托中得到的全部果实。"[3]

一个有趣的问题是，如果我们假设资本家完美地为社会承担了积累的职能（这同时意味着资本家将其消费限制在一定的范围），或者干脆像明斯基那样假设，资本家作为积累的机器，竟至于不消费[4]，那我们就可以将马克思设想的流行于未来社会第一阶段的按劳分配原则，运用于资本主义生产方式。《哥达纲领批判》在描述按劳分配原则的时候提出，在未来社会，每个生产者"除了自己的劳动，谁都不能（为社会）提供其他任

---

[1] 马克思、恩格斯：《共产党宣言》，载《马克思恩格斯选集》第一卷，第2版，人民出版社，1995，第275页。
[2] 鲍尔斯等：《理解资本主义》，中国人民大学出版社，2010，第135页。
[3] 《马克思恩格斯全集》第二十六卷Ⅲ，人民出版社，1974，第469页。
[4] Minsky, H., *Stabilizing an Unstable Economy* (New Haven and London: Yale University Press, 1986), pp. 144–147.

何东西"。每个生产者根据他给予社会的劳动量，从社会领回耗费了同等劳动量的消费品。与此同时，社会还要从全部社会总产品中为全社会的利益进行各项扣除，其中最关键的一项扣除就是"用来扩大生产的追加部分"，也就是积累。在未来社会由社会公共机关负责的这种积累，在资本主义生产方式中是由资本家进行的。如果资本家完成了社会的委托，妥善地承担了积累，那么在马克思构想的未来社会第一阶段和资本主义生产方式之间，就存在着某种可比性。在一个由两阶级构成的资本主义经济模型中，生产者也是在自身提供的劳动时间的基础上，取得其劳动力再生产所需的消费品的（这体现在工资率这样的概念上）。如果说个别生产者此时并没有取得其劳动的全部果实，那么即便在未来社会的第一阶段，情况也是如此，用马克思的话说，在未来社会，"除了个人的消费材料，没有任何东西可以转为个人的财产"。在笔者看来，上述可比性的存在意味着，按劳分配同样可以作为资本主义生产方式中的分配原则，或分配正义的衡量标准。而且，也许正是由于这种可比性，马克思才把按劳分配所体现的平等权利同时称作"资产阶级权利"。[1] 在前文引自《德意志意识形态》的那段论述中，更是直截了当地将"按能力计报酬"称作资产阶级社会的分配原则。

　　资本主义生产方式能在多大程度上将剩余价值的增长和生产率进步结合在一起，从而证实自己的历史正当性或正义性，取决于特定历史阶段资本积累基本矛盾的发展和科学技术知识存量的增长。需要立即指出的是，资本主义生产方式存在着体制性的缺陷，使资本家往往成为不合格的积累当事人。这体现在，由于资本积累基本矛盾的深化，剩余价值往往难以充分用于积累。在概念上，马克思把用于积累的剩余价值占全部剩余价值的

---

[1] 本段来自《哥达纲领批判》的引文均见《马克思恩格斯选集》第三卷，人民出版社，1995，第304页。

第七章 资本占有剩余价值在什么意义上是符合（或不符合）正义的

比率称作积累率。① 在资本积累基本矛盾的作用下，利润率的周期性下降会相应地降低积累率的水平。除此之外，在某些历史时期，利润率和积累率之间还会出现以下背离：一方面是利润率的增长，另一方面则是积累率的持续低迷。这种背离关系意味着，尽管资本家占有了大量剩余价值或利润，却没有充分地履行积累的职能，而是把利润大量投入非生产性领域，甚至用于投机。在这种情况下，资本主义发展的核心机制，即占有剩余价值并进行生产性投资和创新，就遭到了破坏。

两位马克思主义经济学家巴基尔和坎贝尔在图7-1中描绘了美国自"二战"结束以来积累率和利润率的长期变化关系。图中显示，1979年是前后两个不同时期的转折点，在此之前，即在战后"黄金年代"，积累率和利润率的变化是大体一致的。而在新自由主义崛起后，两条变化轨迹之间出现了明显的背离。在1980~1997这十七年间，利润率处于回升阶段，但在这期间的头十二年里，积累率一直呈下降趋势。1992年以后，利润率在股市繁荣的驱动下强劲增长，积累率也从谷底摆脱出来，并和利润率一同攀升。在1998~2000年间，积累率伴随着股市泡沫继续增长，利润率却先行下降，预示了接踵而来的互联网泡沫的破灭。2001年后，利润率又转而上升，积累率则跌至战后以来的新低。巴基尔和坎贝尔计算了美国非金融类企业部门的积累率在税后利润率中所占的份额，用以表示有多少利润被用于（或未被用于）积累。1948~1979年，该比率为0.61；1980~2007年，该比率下降为0.43。他们指出，在新自由主义时期，那些未用于积累即生产性投资的利润，很多变成了红利，加入了金融资本的循环。② 美国资本主义经济的这种结构性变化，构成了2008年金融-经济危机得以形成的深层原因。

---

① 笔者认为，如果我们要建立一个经验指标体系作为度量分配性正义的尺度的话，积累率自然应该入选，其次才是不同类型的基尼系数。
② E. Bakir, and A. Campbell. "Neoliberalism, the Rate of Profit and the Rate of Accumulation", *Science and Society*, 2009, Vol. 74, No. 3, pp. 328-329.

图 7−1　1946～2008 年美国非金融类企业部门税后利润率和积累率

资料来源：E. Bakir, and A. Campbell, "Neoliberalism, the Rate of Profit and the Rate of Accumulation", *Science and Society*, 2009, Vol. 74, No. 3, p. 328, Figure 1.

第四节　剩余价值占有的主体与正义

资本占有剩余价值还有一个主体的问题：由谁来占有剩余价值？这个问题也关涉到占有剩余价值是否合乎正义。在马克思那里，这个主体笼统地归于资本。从古典经济学到马克思，资本一直有着两重含义：第一，资本是自行增殖的价值；第二，资本是在占有生产资料的基础上支配他人劳动的权力。这样的资本概念可以对应于不同的资本主义企业组织。在《资本论》里，马克思虽然研究了现代意义的股份公司，但在第一卷的剩余价值理论中，他所考虑的，实际上是业主型资本主义企业（entrepreneurial firm）。业主型企业的特点在于，资本家可以身兼几种不同的职能：①他是企业家，懂得业务、了解市场、有能力应对不确定性；②他是管理者或经理，负责管理企业；③他是提供资本的人，即占有生产资料；④他还从事非管理性劳动，因而也是工人。在企业的总收入中，一旦扣除了对其他生产要素所有者的偿付，剩下来的便是利润。在这里，利润是由不同要素组成的，分别对应于业主的不同职能：①作为管理劳动和

第七章 资本占有剩余价值在什么意义上是符合（或不符合）正义的

非管理劳动的报酬的工资；②因提供资本而取得的利息；③作为企业家活动而取得的纯利润。[①]

与业主型企业不同的另一企业类型，是经理型企业（managerial firm）或现代公司。企业家和经理的职能被合并为支取薪水的管理团队的职能。公司本身，作为一个法律实体，是生产资料的所有者。值得注意的是，利润此时不再只是个别当事人（譬如股东）的报酬，而以下述三种形式分配：股东以红利的形式取得一部分利润；雇员通过激励方案分享一部分利润；最后剩下的利润进行再投资即积累。正如一位作者指出的："在大公司的场合，利润自身有着一种'非人格性'；而在小企业中，企业家与其公司收入的关系的确是极其密切的。简而言之，在概念上小企业的利润归于个人，而大企业的利润则属于公司。"[②]

在利润占有的主体结构上所发生的这种变化，相当程度上切断了货币资本提供者和利润之间的专属的联系。在特定治理结构下，利润主要归于公司而非作为要素所有者的个人，体现出利润以及资本主义企业的某种集体性或社会性。这种社会性意味着，企业就像巴黎或阿姆斯特丹这些城市一样，不应归属任何个人所有。这种变化体现了生产的社会化对资本主义私有制的扬弃。

美国学者拉佐尼克，曾结合创新对利润归于企业而非个人的必要性做了探讨。[③] 他指出，在理论上可以设想，各种生产要素的所有者通过工资、利息、红利等形式把企业的全部净收入据为己有。可是，倘若真的这样，作为生产性组织的企业就会丧失在开发和利用资源上的特殊优势，丧失在竞争和创新中的优势。企业之所以成功，是因为在追求企业的目标时把所有利益相关者的利益和动机纳入了集体的利益和动机。个别生产要素

---

① 对业主性企业以及下述经理型企业特点的比较分析，可参见 Aglietta, M., and A. Reberioux, *Corporate Governance Adrift*, Cheltenham（U. K.：Edward Elgar, 2005），p. 33。
② 转引自 Aglietta, M., and A. Reberioux, *Corporate Governance Adrift*, p. 34。
③ Lazonick, W., *Business Organization and the Myth of Market Economy*（Cambridge：CUP, 1991）.

的生产力不能脱离企业的"组织能力"孤立地实现。企业创造的新价值越多,这些新价值越是被看作企业的"组织能力"所带来的结果。新创造的价值归企业占有,是企业持续地获得竞争优势的条件。

拉佐尼克的这些论述,接续了马克思在相对剩余价值理论里提出的观点。尽管企业内部结构或公司治理发生了变化,将利润用于生产性投资和创新仍然是资本主义之为资本主义的核心特征,只不过投资主体不再是业主资本家个人了。在"二战"以后的"黄金年代",美国公司的大部分利润都留给了公司,并由后者进行再投资。拉佐尼克将这一现象概括为"利润留存和再投资战略"。并指出在这一时期,美国经济的生产率和20世纪70年代以后的新自由主义阶段相比有更快的增长。

然而,在进入新自由主义时代后,伴随金融化的出现,以美国为典型的公司治理也发生了根本的变化。拉佐尼克把这一时期的公司战略概括为"大量裁员和将利润分红的战略"。① 在这种战略指引下,股东价值最大化被CEO们奉为圭臬。利润大量被用于红利和利息支付,并进入金融资本循环,结果造成了前文提到的积累率的长期下降。

新自由主义时代出现的上述变化,反映出资本主义生产方式的历史颓势。从历史唯物主义的视野来看,资本占有剩余价值的正义性取决于这种占有制度和发展生产力之间的有机联系。这种联系的任何可能的弱化甚或断裂,将裁定这一制度的历史命运。

第五节　沟通三种正义概念的可能性

正如我们已经看到的,马克思的第一种正义概念和第二种正义概念之间存在着显而易见的冲突。按照第一种概念,资本主义占有规律是合乎正义的,因为它是作为这一生产关系的必然结果而出现的。承认这一点,意

---

① 拉让尼克（又译拉左尼克）、奥苏丽文：《公司治理与产业发展》,人民邮电出版社,2005。

第七章 资本占有剩余价值在什么意义上是符合（或不符合）正义的

味着承认凡是存在的就是合理的。作为革命者的马克思理所当然地批判了这一观念，譬如他说："如果有人说，因为资本家通过由利润中进行'积蓄'来积攒自己的资本，因为他执行积累的职能，所以利润是合理的，那末，这只是说，**资本主义生产方式因为事实上是存在的，所以是合理的**，这种说法对过去和以后的生产方式也同样适用。如果有人说，用其他办法不可能进行积累，那就是忘记了，这个特定的积累方法——通过资本家进行积累——有其发生的特定的历史时期，并且会朝着其消亡的（也是历史的）日期走去。"[①]

把上述引文和《评瓦格纳政治经济学教科书》里的观点相比较，便可立即看到马克思的自相矛盾之处。杰拉斯曾把马克思思想中的这种矛盾表述如下："概而言之，马克思的确根据超越历史的原则谴责了资本主义是非正义的，尽管这样做与他自己［对超越历史的原则］的断然拒绝又是不一致的。"[②]

然而，马克思本人并没有意识到自身的这种矛盾，这就给我们提出了以下问题：有无可能协调马克思的两个正义概念之间的矛盾？第三种正义概念是否有助于我们在理论上达成这种协调？在这个尾论中，笔者限于能力，只能就这些问题粗浅地谈些看法。

初看起来，马克思的第二种正义概念是"超越历史的"，甚至可被看作"先验的"价值。要想协调第二种正义和第一种正义的矛盾，首先需要将第二种正义概念"世俗化"，即使之转化为以生产力发展为前提、并植根于阶级斗争和特定制度型式的相对价值范畴。正如前文提到的，第二种正义概念所包含的各种价值，在历史上都曾不同程度地存在过。更重要的是，那些在历史上连绵不断的各种阶级和人群的抗争，也在实践中界定着什么是（或不是）正义。马克思十分清楚这一点，因此，绝非偶然地，他在论述商品生产所有权规律向资本主义占有规律转化的场

[①] 《马克思恩格斯全集》第二十六卷Ⅲ，人民出版社，1974，第464页。重点为笔者所加。
[②] Geras, N., "Bringing Marx to Justice: an Addendum and Rejoinder", *New Left Review*, 1992, I/195, September/October, p. 37.

合，书写了如下铿锵有力的字句："认识到劳动产品是劳动能力自己的产品，并断定劳动同自己的实现条件的分离是不公平的、强制的，这是了不起的觉悟，这种觉悟是以资本为基础的生产方式的产物，而且也正是为这种生产方式送葬的丧钟，就象当奴隶觉悟到他不能作**第三者的财产**，觉悟到他是一个人的时候，奴隶制度就只能人为地苟延残喘，而不能继续作为生产的基础一样。"[1] 这种觉悟，以及以此为前提而开展的斗争，从实践上参与界定了第二种正义及其转化为相对价值的可能性。如果不是这样，如果第二种正义概念只是理论家在书斋里的构想，那就不可能成为真正意义上的价值。

在资本主义生产方式中，第一种正义概念是符合资产阶级的既得利益的，并在资产阶级的理论即"政治经济学"中得到了论证。而第二种正义则体现为群众在特定历史条件下形成的"觉悟""道德感"或"道德意识"。这两种正义观在实践上也是互相冲突的，恩格斯针对这种冲突有过如下论述："在道德上是公平的甚至在法律上公平的，而从社会上来看很可能是很不公平的。社会的公平或不公平，只能用一种科学来断定，那就是研究生产和交换的物质事实的科学——政治经济学。""政治经济学的公平，既然忠实地表述了支配目前社会的规律，那就是完全偏在一边的、偏在资本一边的公平。"[2]

问题是，在对"社会的公平"的探讨中，马克思主义政治经济学可以说些什么呢？恩格斯没有谈及这个问题，甚至倾向于取消这个问题，因为在他那里，第一，群众的觉悟和斗争，只是经济事实以外的东西；第

---

[1] 《马克思恩格斯全集》第四十六卷上册，人民出版社，1979，第460页。
[2] 恩格斯："做一天公平的工作，得一天公平的工资"，《马克思恩格斯全集》第十九卷，人民出版社，1963，第273、275~276页。需要指出的是，一些国内作者在摘引这段话时存在着误读，他们把这里提到的"政治经济学"理解成了马克思的政治经济学。而事实上，从这篇文章的文义来看，就像马克思在《资本论》的副标题——"政治经济学批判"——中的用法一样，不加任何形容词的"政治经济学"，指的就是资产阶级政治经济学。

第七章 资本占有剩余价值在什么意义上是符合（或不符合）正义的

二，马克思主义政治经济学，既然默认对剩余价值的榨取只是"简单的事实"，在面对"社会的公平或不公平"时似乎除了失语以外并无其他选择。这样一来，群众的道德诉求，就无法从经济理论上得到呼应。

应该承认，如果撇开其他两种正义概念孤立地来看，马克思的第一种正义观和资产阶级政治经济学的正义观几无区别。如果马克思只持有这一种观点，他将毫无疑问沦为资产阶级的辩护士。但是，马克思还有另外两种正义概念，在第三种概念里，他和大部分资产阶级经济学（也许除了古典经济学家李嘉图[①]）基本拉开了距离；至于第二种概念，则是马克思所独有的。要构建隶属于马克思主义政治经济学的正义理论，协调第一种正义和第二种正义的关系，首先要将第二种正义和第三种正义结合起来。

在马克思那里，第二种正义的实现是以客观经济条件的成熟为前提的。《哥达纲领批判》在谈论未来社会的"按需分配"时，没有忘记谈及"按需分配"的实现条件。马克思将这个条件归结为在生产力高度发展的基础上实现的丰裕，用他的话说："在随着个人的全面发展，他们的生产力也增长起来，而集体财富的一切源泉都充分涌流之后"，按需分配才能实现。然而，正如杰拉斯所指出的，生产力的发展其实只是丰裕的必要条件，另一个条件是与"需要"的界定相关联的制度安排。杰拉斯指出，所谓丰裕是以特定的需要概念为前提的；如果个人的需要是毫无节制的，那就不可能存在丰裕，因为这种需要的满足将带来人与人之间的重大冲突，并使需要的满足无法持续下去。因此，丰裕的实现，必定要以某种合理界定的需要为标准。杰拉斯就此写道："需要有一些权威性的社会准

[①] 在李嘉图那里，为了发展生产力可以牺牲资产阶级社会一切阶级的特殊利益，包括资产阶级本身的利益在内。这种观点使其超越了一般资产阶级经济学的眼界，并与马克思的思想有着相通之处。笔者曾模仿经济思想史上所谓"斯密问题"的提法，将李嘉图的这种观点称作"李嘉图问题"。参见孟捷《古典经济学与人道主义》，《社会科学战线》1997年第1期；孟捷《马克思主义经济学的创造性转化》，经济科学出版社，2001，第24页。

则，包括分配的准则，为人们或多或少自愿接受。"① 他还谈道，在未来社会，即便国家已经消失，负责管理公共事务的机构或制度，将决定劳动时间在社会成员之间的分配，以便为全体成员创造属于每个人的更多的自由时间。

依循这样的思路，笔者乐于提出如下观点：即以特定的制度型式为中介，在马克思的第二种正义和第三种正义之间建立起某种契合的关系。在此契合中，第二种正义作为一种超越历史的一般性价值，最终转化成了相对价值，因为它是以生产力的既定水平为参照，经过特定的制度安排而实现的；而作为一种相对价值，最终又与第一种正义达成了沟通的可能。以发达资本主义国家出现的福利国家制度为例，特定的制度型式（即福利国家），作为在给定生产力水平上各个社会阶级或集团之间相互妥协的标志，实现了一种将不同正义概念融汇于其间、作为这三种正义概念的历史性妥协的新的正义。这种正义大致符合如下特点：第一，这是与资本主义生产方式相适应的正义；第二，它在有限的程度上，体现了第二种正义的某些一般性原则，比如需要的原则，即在一定程度上弱化了能力或禀赋与需要的满足之间的联系；第三，这种相对正义是以既定的生产力发展水平为前提，并在此基础上依靠阶级斗争而实现的。

进入21世纪以后，在福利国家的基础上，又逐步兴起了基本收入原则，该原则意味着，以每一个人为基础，无条件地向所有人发放一笔收入。这种收入具有如下特点：第一，它是发放给个人的，而不是发放给家庭的；第二，它的发放无关乎任何其他形式的收入来源；第三，它的发放不要求受付人从事任何劳动或具备接受他人提供的工作的意愿。② 显然，

---

① Geras, N., "The Controversy about Marx and Justice", *New Left Review*, 1985, I/150, March-April, p.83.
② 见基本收入地球网络（BIEN）的网站，http://www.basicincome.org/basic-income，近几十年来，基本收入计划在欧洲已成为流行的公共议题。

第七章 资本占有剩余价值在什么意义上是符合（或不符合）正义的

和福利国家相比，基本收入计划体现了更多第二种正义的特点。在现有的生产力水平上，这一目标是完全可能实现的。但它能否真正实现，将取决于资本主义社会的劳动伦理在多大程度上允许被改变，因而也必然取决于阶级斗争和政治权力格局的变化。

参考文献

英文部分

Aglietta, M., *A Theory of Capitalist Regulation: US Experience* (London: Verso, 1979).

Aglietta, M., and R. Breton, "Financial Systems, Corporate Control and Capital Accumulation", *Economy and Society*, 2001, Vol. 30, No. 4.

Aglietta, M., and A. Reberioux, *Corporate Governance Adrift* (Cheltenham, U. K.: Edward Elgar, 2005).

Amable, B., *The Diversity of Modern Capitalism* (Oxford: OUP, 2003).

Aston, T., and Philipin, C. eds., *The Brenner Debate: Agrarian Class Structure and Economic Development in Pre-industrial Europe* (Cambridge University Press, 1985).

Baran, P., and P. Sweezy, "Some Theoretical Implications", *Monthly Review*, 2012, Vol. 64, Issue 3.

Bowley, M., "Some Aspects of the Treatment of Capital in *the Wealth of Nations*", in Skinner and Wilson eds., *Essays on Adam Smith* (Oxford

University Press, 1975).

Bakir, E., and A. Campbell, "Neoliberalism, the Rate of Profit and the Rate of Accumulation", *Science and Society*, 2009, Vol. 74, No. 3.

Bowles, S., Richard Edwards, and Frank Roosevelt, *Understanding Capitalism* (Oxford: OUP 2004).

Boyer, R., "Technical Change and the Theory of 'Regulation'", in Dosi, G., C. Freeman, R. Nelson, G. Silverberg, and L. Soete, eds., *Technical Change and Economic Theory* (London and New York: Pinter Publishers, 1988).

Brenner, R., "The Origins of Capitalist Development: a Critique of Neo-smithian Marxism", in *New Left Review*, No. 104, July-August, 1977.

Brenner, R., "Agrarian Class Structure and Economic Development in Pre-industrial Europe", in Ashton, T. H., and C. H. E. Philpin, eds., *The Brenner Debate* (Cambridge University Press, 1985).

Brenner, R., "The Agrarian Roots of European Capitalism", in Ashton, T. H., and C. H. E. Philpin, eds., *The Brenner Debate* (Cambridge University Press, 1985).

Brenner, R., and M. Glick, "The Regulation Approach: Theory and History", *New Left Review*, 1991, No. 188.

Bryan, R., "Monopoly in Marxist Method", *Capital and Class*, 26, Summer 1985.

Cohen, G. A., *History, Labour and Freedom* (Oxford: Oxford University Press, 1988).

Crotty, J., "Rethinking Marxian Investment Theory: Keynes-Minsky Instability, Competitive Regime Shifts and Coerced Investment", *Review of Radical Political Economics*, 1993, Vol. 25, No. 1.

Crotty, J., "Structural Contradictions of the Global Neoliberal Regime",

Review of Radical Political Economics, 2000, Vol. 32, No. 3.

Crotty, J., "Why There Is Chronic Excess Capacity", *Challenge*, Nov. – Dec., 2002.

Dosi, G., C. Freeman, R. Nelson, G. Silverberg, and L. Soete, eds., *Technical Change and Economic Theory* (London and New York: Pinter Publishers, 1988).

Dore, R., W. Lazonick and M. O'Sullivan, "Varieties of Capitalism in the Twentieth Century", *Oxford Review of Economic Policy*, 1999, Vol. 15, No. iv.

Druker, P., *The Unseen Revolution: How Pension Fund Socialism Came to America* (Oxford: OUP, 1976).

Fineschi, R. "'Capital in General' and 'Competition' in the Making of *Capital*: The German Debate", *Science & Society*, Vol. 73, No. 1, 2009.

Foley, D. K., *Adam's Fallacy: A Guide to Economic Theology* (Cambridge/London: Harvard University Press, 2008).

Foley, D. K., "The Strange History of the Economic Agent", *The New School Economic Review*, 2004, Vol. 1, No. 1.

Freeman, C., and F. Louçã, *As Time Goes By—from Industrial Revolution to Information Revolution* (Oxford University Press, 2002).

Freeman, C. J. Clark, L. Soete, *Unemployment and Technical Innovation: a Study of Long Waves and Economic Development* (West Port, Connecticut: Green Wood Press, 1982).

Geras, N., "The Controversy about Marx and Justice", *New Left Review*, I/150, March-April, 1985.

Geras, N., "Bringing Marx to Justice: an Addendum and Rejoinder", *New Left Review*, I/195, September/October, 1992.

Georgescu-Roegen, N., "Chamberlin's New Economics and the

Production Unit", in R. Kuenne, ed., *Monopolistic Competition Theory* (New York: Wiley 1967).

Godelier, M., *Rationality and Irrationality* (New York and London: Monthly Review Press, 1972).

Godelier, M., *The Mental and the Material* (English trans., London: Verso, 1986).

Godelier, M., "Infrastructures, Societies and History", *Current Anthropology*, 1978, Vol. 19, No. 4.

Gordon, D. M., Richard Edwards and Michael Reich, *Segmented Work, Divided Worker* (Cambridge University Press, 1982).

Gordon, D. M., "Stages of Accumulation and Long Economic Cycles", in Hopkins, T. K., and I. Wallerstein, eds., *Processes of the World-System* (Sage Publications, Inc., 1980); Reprinted in Bowels, S., and T. E. Weisskopf, eds. *Economics and Social Justice* (Cheltenham, UK: Edward Elgar, 1998).

Granovetter, M., "Economic Action and Social Structure: the Problem of Embeddedness", *American Journal of Sociology*, 1985, Vol. 91, No. 3.

Grey, K., "Labour and the State in China's Passive Revolution", *Capital and Class*, Vol. 34, No. 3.

Hilton, R. H., Introduction, in Ashton T. H. and C. H. E. Philpin eds., *The Brenner Debate* (Cambridge University Press, 1985).

Heinrich, J., "Capital in General and the Structure of Marx's *Capital*: New Insights from Marx's *Economic Manuscripts of 1861 – 63*", *Capital and Class*, Vol. 13, No. 2, 1989.

Henrich, J., R. Boyd, S. Bowles, E, Fehr, and H. Gintis, *Foundations of Human Reciprocity: Economic Experiments and Ethnographic Evidence in 15 Small-scale Societies* (Oxford: Oxford University Press, 2004).

Hodgson, G. M., *Evolution and Institutions: On Evolutionary Economics and the Evolution of Economics* (Cheltenham, UK: Edward Elgar, 1999).

Hodgson, G. M., "Darwinism in Economics: from Analogy to Ontology", *Journal of Evolutionary Economics*, 2002, Vol. 12, Issue 3.

Kleinknecht, A., *Innovation Patterns in Crisis and Prosperity* (London: MacMillan, 1987).

Kotz, D. M., T. McDonough and M. Reich, eds., *Social Structures of Accumulation: the Political Economy of Growth and Crisis* (Cambridge University Press, 1994).

Lazonick, W., *Competitive Advantage on the Shop Floor* (Harvard University Press, 1990).

Lazonick, W., *Business Organization and the Myth of Market Economy* (CUP, 2001).

Lazonick, W., R. Dore and H. W de Jong, *The Corporate Triangle* (Oxford: Blackwell Publishers, 1997).

Lukács, G., *Political Writings, 1919 – 1929: the Question of Parliamentarianism and Other Essays* (New Left Books, 1972).

Lundvall, B-A., B. Johnson, E. S. Anderson, B. Dalum, "National Systems of Production, Innovation, and Competence Building", *Research Policy*, 2002, Vol. 31, Issue 2.

Mandel, E., (1975) *Late Capitalism* (London: Verso, 1999).

Mandel, E., *Long Waves of Capitalist Development* (London: Verso, 2nd revised, 1995).

McDonough, T., M. Reich, D. M. Kotz, eds., *Contemporary Capitalism and Its Crises: Social Structure Theory for the 21st Century* (Cambridge University Press, 2010).

Meng, Jie, "Product Innovation and Capital Accumulation: An Attempt to Introduce Neo-Schumpeterian Insights into Marxian Economics", *Research in Political Economy*, Vol. 28, ed. by Paul Zarembka (Emerald Group Publishing Limited, 2013).

Mensch, G., *Stalemate in Technology: Innovations Overcome the Depression* (English trans., Cambridge, Mass.: Ballinger, 1979).

Mill, J. S., "On the Definition of Political Economy, and on the Method of Investigation Proper to It", *London and Westminster Review*, October 1836.

Mill, J. S., *Essays on Some Unsettled Questions of Political Economy*, 2nd ed. (London: Longmans, Green, Reader & Dyer, 1874).

Minns, R., "The Social Ownership of Capital", *New Left Review*, 1996 Sep./Oct., No. 219.

Minsky, H. P., *Stabilizing an Unstable Economy* (New Haven and London: Yale University Press, 1986).

Mohun, S., "Describing Three Crises in the Short Run, the Medium Run and the Long Run" (paper presented to international conference on 'Global Economic Crisis and Innovation of Economics' organized by KAPE, in Daegu, South Korea 2011).

Moseley, F., "Capital in General and Marx's logical Method: a Response to Heinrich's Critique", *Capital and Class*, 1995, Vol. 19, No. 2.

Nell, E. J., *The General Theory of Transformational Growth* (Cambridge: CUP, 1998).

North, D. C., "Structure and Performance: The Task of Economic History", *Journal of Economic Literature*, 1978, Vol. 16, No. 3.

Nonaka, I., and H. Takeuchi, *The Knowledge-Creating Company* (Oxford University Press 1995).

Paitaridis, D., and L. Tsoulfidis, "The Growth of Unproductive Activities, the Rate of Profit, and the Phase-Change of the U. S. Economy",

Review of Radical Political Economics, 2012, Vol. 44, No. 2.

Perez, C., "Technological Revolutions and Techno-economic Paradigms", *Cambridge Journal of Economics*, 2010, Vol. 34, No. 1.

Perelman, M., "Intellectual Property Rights and the Commodity Form: New Dimensions in the Legislated Transfer of Surplus Value", *Review of Radical Political Economics*, Summer 2003, Vol. 35, No. 3.

Polanyi, M., *Study of Man* (The University of Chicago Press, Chicago, 1958).

Reich, M., "Social Structure of Accumulation Theory: Retrospect and Prospect", *Review of Radical Political Economics*, 1997, Vol. 29, No. 3.

Robbins, L., *An Essay on the Nature and Significance of Economic Science* (London: MacMillan, 1932).

Scott, J., *Corporate Business and Capitalist Classes* (Oxford: OUP, 1997).

Shaikh, A., "Political Economy and Capitalism: Notes on Dobb's Theory of Crisis", *Cambridge Journal of Economics*, 1978, Vol. 2, No. 2.

Shaikh, A., "Marxian Competition Versus Perfect Competition: Further Comments on the So-called Choice of Technique", *Cambridge Journal of Economics*, 1980, Vol. 4, No. 1.

Shionoya, Y., *Schumpeter and the Idea of Social Science* (Cambridge University Press, 1997).

Tucker, R., *Philosophy and Myth in Karl Marx* (Cambridge University Press, 1961).

Van Duijn, J. J., *The Long Wave in Economic Life* (London: George Allen and Unwin, 1983).

Van Parijs, P., "The Falling Rate of Profit Theory of Crisis: A Rational Reconstruction by Way of Obituary", *Review of Radical Political Economics*, 1980, Vol. 12, No. 1.

Vromen, J. J., "Evolutionary Economics: Precursors, Paradigmatic Propositions, Puzzles and Prospects", in Reijnders, J., ed., *Economics and Evolution* (Cheltenham, UK: Edward Elgar, 1997).

Weelock, J., "Competition and Monopoly: A Contribution to Debate", *Capital and Class*, Winter 1985.

Weeks, J., *Capital and Exploitation* (Princeton University Press, 1981).

Winter, S. G., "Economic 'Natural Selection' and the Theory of the Firm", *Yale Economic Essays*, 1964, Vol. 4, No. 1.

Witt, U., Introduction, in Witt, U., ed., *Evolutionary Economics* (Cheltenham, UK: Edward Elgar, 1993).

Wood, E. M., "The Separation of the Economic and the Political in Capitalism", *New Left Review*, 1981, I/No. 127.

中文部分

阿尔贝尔:《资本主义反对资本主义》,杨祖功等译,社会科学文献出版社,1999。

阿尔都塞:《保卫马克思》,顾良译,商务印书馆,1984。

阿尔都塞、巴里巴尔:《读〈资本论〉》,李其庆译,中央编译出版社,2001。

阿尔都塞:《论生产关系对生产力的优先性》,《文景》2013年第1和第2合期。

阿西莫格鲁、罗宾逊:《资本主义一般规律之兴衰——评皮凯蒂〈21世纪资本论〉》,贾拥民译,《新政治经济学评论》2014年第8期。

阿西莫格鲁、约翰逊:《国家为什么会失败》,李增刚译,湖南科学技术出版社,2015。

奥康纳:《自然的理由》,唐正东、臧佩洪译,南京大学出版社,

2003。

巴兰、斯威齐：《垄断资本》，南开大学政治经济学系译，商务印书馆，1977。

巴里巴尔：《关于历史唯物主义的基本概念》，载阿尔都塞、巴里巴尔：《读〈资本论〉》，李其庆译，中央编译出版社，2001。

八木纪一郎：《进化经济学的现在》，孟捷译，《政治经济学评论》2004年第2辑，中国人民大学出版社。

鲍尔斯、爱德华兹、罗斯福：《理解资本主义》，孟捷、赵准、徐华译，中国人民大学出版社，2010。

鲍莫尔：《资本主义的增长奇迹》，彭敬等译，中信出版社，2004。

白云翔：《先秦两汉铁器的考古学研究》，科学出版社，2005。

贝尔纳：《科学的社会功能》，陈体芳译，张今校，商务印书馆，1982。

波兰尼：《大转型》，冯刚、刘阳译，浙江人民出版社，2007。

博兰尼：《巨变》，黄树民、石佳音、廖立文译，远流出版事业股份有限公司，1989。

布雷弗曼：《劳动与垄断资本》，方生、朱基俊等译，张伯健校，商务印书馆，1979。

坎南编《亚当·斯密关于法律、警察、岁入及军备的演讲》，商务印书馆，1962。

柴尔德：《考古学导论》，安志敏、安家瑗译，上海三联书店，2008。

柴尔德：《人类创造了自身》，安家瑗、余敬东译，上海三联书店，2012。

陈劲主编《理解熊彼特》，科学出版社，2012。

陈平：《华盛顿共识的失败和经济学变革的方向》，《文汇报》2005年5月15日。

陈振中：《青铜生产工具与中国奴隶制社会经济》，中国社会科学出版社，2007。

程恩富：《新'经济人'论：海派经济学的一个基本假设》，《教学与研究》2003年第11期。

大河内一男：《过渡时期的经济思想——亚当·斯密与弗·李斯特》，胡企林、沈佩林译，朱绍文校，中国人民大学出版社，2000。

大内力：《国家垄断资本主义结构的破产》，中共中央党校科研办公室内部发行，1986。

多尔：《股票资本主义·福利资本主义》，李岩、李晓桦译，社会科学文献出版社，2002。

段忠桥：《理性的反思与正义的追求》，黑龙江人民出版社，2007。

段忠桥：《马克思认为"与生产方式相适应，相一致就是正义的"吗？——对中央编译局〈资本论〉第三卷一段译文的质疑与重译》，《马克思主义与现实》2010年第6期。

段忠桥：《当前中国的贫富差距为什么是不正义的?》，《中国人民大学学报》2013年第1期。

多普菲主编《演化经济学——纲领与范围》，贾根良等译，高等教育出版社，2004。

多西、弗里曼、纳尔逊、西尔弗伯格、苏蒂主编《技术变革与经济理论》，钟学义等译，经济科学出版社，1991。

董辅礽：《关于生产力的几个问题》，载《论生产力》下册，吉林人民出版社，1980。

董凯忱、范楚玉主编《中国科学技术史——农学卷》，科学出版社，2000。

恩格斯：《反杜林论》，《马克思恩格斯选集》第三卷，人民出版社，1995，第2版。

恩格斯：《国民经济学批判大纲》，《马克思恩格斯全集》第一卷，人民出版社，1965。

恩格斯：《做一天公平的工作，得一天公平的工资》，《马克思恩格斯全集》第十九卷，人民出版社，1963。

恩格斯：《马克思和洛贝尔图斯。〈哲学的贫困〉德文版序言》，《马克思恩格斯全集》第二十一卷，人民出版社，1965。

恩格斯：《法学家的社会主义》，《马克思恩格斯全集》第二十一卷，人民出版社，1965。

恩格斯1894年9月23日致考茨基的信，《马克思恩格斯全集》第三十九卷，人民出版社，1974。

冯天瑜：《"封建"考论》，中国社会科学出版社，2010。

弗里曼、苏特：《工业创新经济学》，华宏勋等译，柳卸林校，北京大学出版社，2004。

弗里曼、卢桑：《光阴似箭：从工业革命到信息革命》，沈宏亮等译，中国人民大学出版社，2007。

弗里德曼：《实证经济学的方法论》，《弗里德曼文萃》，北京经济学院出版社，1991。

富布鲁克编《经济学的危机——经济学改革国际运动600天》，贾根良等译，高等教育出版社，2004。

富兰克林：《富兰克林经济论文选集》，刘学黎译，商务印书馆，1989。

高峰：《发达资本主义经济中的垄断与竞争》，南开大学出版社，1996。

高峰：《产品创新与资本积累》，《当代经济研究》2004年第5期。

高峰：《关于马克思主义竞争理论的几个问题》，《中国人民大学学报》2012年第6期。

高峰：《资本积累与现代资本主义》，社会科学文献出版社，2014，第2版。

高峰、丁为民、何自力：《发达资本主义国家的所有制研究》，清华大学出版社，1998。

戈德曼：《隐藏的上帝》，蔡鸿滨译，百花文艺出版社，1998。

葛兰西：《反〈资本论〉的革命》，《葛兰西文选：1916~1935》，人民出版社，1992。

郭沫若：《奴隶制时代》，中国人民大学出版社，2005。

哈贝马斯：《重建历史唯物主义》，郭官义译，社会科学文献出版社，2000。

哈贝马斯：《交往行为理论》第一卷，曹卫东译，世纪出版集团、上海人民出版社，2004。

哈维：《新帝国主义》，初立忠、沈晓雷译，社会科学文献出版社，2009。

哈耶克：《个人主义与经济秩序》，邓正来译，生活·读书·新知三联书店，2003。

韩立新：《关于个人所有制解释的几个问题》，《马克思主义与现实》2009年第2期。

赫希曼：《欲望与利益》，李新华等译，上海文艺出版社，2003。

胡钧：《论生产力发展的根本动力》，《经济纵横》2011年第3期。

黄现璠：《中国历史没有奴隶社会》，广西师范大学出版社，2015。

霍奇逊：《现代制度主义经济学宣言》，向以斌译，北京大学出版社，1993。

霍奇逊：《演化与制度》，任荣华、张林、洪福海等译，张林、孟捷校，中国人民大学出版社，2007。

霍奇逊、努森：《达尔文猜想：社会与经济演化的一般原理》，王焕祥等译，科学出版社，2013。

基莱：《科学研究的经济定律》，王耀德等译，河北科学技术出版社，2002。

嵇文甫：《中国古代社会的早熟性》，《新建设》1951年第四卷第1

期。

贾根良：《演化经济学——经济学革命的策源地》，山西人民出版社，2004。

金景芳：《中国奴隶社会史》，上海人民出版社，1983。

卡德尔：《公有制在当代社会主义实践中的矛盾》，王森译，中国社会科学出版社，1980。

考茨基：《唯物主义历史观》，上海人民出版社，1964。

科恩：《卡尔·马克思的历史理论：一种辩护》，段忠桥译，高等教育出版社，2008。

科西克：《具体的辩证法》，傅小平译，社会科学文献出版社，1989。

柯兹纳：《市场过程的含义》，冯兴元等译，中国社会科学出版社，2012。

库钦斯基：《生产力的四次革命》，洪佩郁等译，单志澄校，商务印书馆，1984。

拉让尼克、奥苏丽文：《公司治理与产业发展》，人民邮电出版社，2005。

拉佐尼克：《车间的竞争优势》，徐华等译，中国人民大学出版社，2007。

兰德曼：《哲学人类学》，阎嘉译，苏克校，贵州人民出版社，2006，第2版。

李大钊：《我的马克思主义观》，载于《新青年》第6卷，1919年第5、6号。

李根蟠：《耦耕纵横谈》，《农史研究》1983年第1期。

李惠斌、李义天编《马克思与正义理论》，中国人民大学出版社，2010。

李洪林：《只有生产关系才能成为生产力发展的动力》，《光明日报》1957年1月23日。

李学勤:《东周与秦代文明》,上海人民出版社,2007。

李学勤:《走出疑古时代》,长春出版社,2007。

里格比:《马克思主义与历史学》,吴英译,译林出版社,2012。

《历史研究》编辑部编《中国的奴隶制与封建制分期问题论文选集》,三联书店,1956。

列宁:《论我国革命》,《列宁选集》,第四卷,人民出版社,1995。

列宁:《帝国主义是资本主义最高阶段》,《列宁选集》第二卷,人民出版社,1995。

林岗:《马克思主义与经济学》,经济科学出版社,2007。

林岗:《诺思与马克思:关于制度变迁道路理论的比较》,《中国社会科学》2002年第1期。

刘瑞:《社会主义经济分析中没有"经济人"的位置》,《中国人民大学学报》1997年第1期。

卢卡奇:《关于社会存在的本体论》,共两卷,白锡堃、张西平、李秋零等译,重庆出版社,1993。

卢卡奇:《历史与阶级意识》,杜章智译,商务印书馆,1992。

罗宾斯:《经济科学的性质和意义》,朱泱译,商务印书馆,2000。

罗森伯格:《探索黑箱》,王文勇、吕睿译,商务印书馆,2004。

罗素:《论历史》,何兆武等译,广西师范大学出版社,2001。

罗志如、范家骧、厉以宁、胡代光:《当代西方经济学说》上册,北京大学出版社,1989。

洛克:《人类理解论》,关文运译,商务印书馆,1954。

马克思:《费尔巴哈论纲》,《马克思恩格斯选集》第一卷,人民出版社,1995。

马克思:《哲学的贫困》,《马克思恩格斯选集》第一卷,人民出版社,1995。

马克思:《资本论》第一卷法文版,中国社会科学出版社,1983。

马克思：《哥达纲领批判》，《马克思恩格斯选集》第三卷，人民出版社，1995。

马克思：《雇佣劳动与资本》，《马克思恩格斯全集》第六卷，人民出版社，1961。

马克思：《工资》，《马克思恩格斯全集》第六卷，人民出版社，1961。

马克思：《路易·波拿巴的雾月十八日》，《马克思恩格斯全集》第八卷，人民出版社，1961。

马克思：《政治经济学批判》，《马克思恩格斯全集》第十三卷，人民出版社，1962。

马克思：《美国内战》，《马克思恩格斯全集》第十五卷，人民出版社，1965。

马克思：《北美内战》，《马克思恩格斯全集》第十五卷，人民出版社，1965。

马克思：《评阿·瓦格纳的政治经济学教科书》，《马克思恩格斯全集》第十九卷，人民出版社，1965。

马克思：1877年11月给《祖国纪事》杂志编辑部的信，《马克思恩格斯全集》第十九卷，人民出版社，1965。

马克思：《资本论》第一卷，《马克思恩格斯全集》第二十三卷，人民出版社，1972。

马克思：《资本论》第二卷，《马克思恩格斯全集》第二十四卷，人民出版社，1972。

马克思：《资本论》第三卷，《马克思恩格斯全集》第二十五卷，人民出版社，1973。

马克思：《剩余价值理论史》第1册，《马克思恩格斯全集》第二十六卷Ⅰ，人民出版社，1972。

马克思：《剩余价值理论》第2册，《马克思恩格斯全集》第二十六卷Ⅱ，人民出版社，1973。

马克思：《剩余价值理论》第3册，《马克思恩格斯全集》第二十六卷Ⅲ，人民出版社，1974。

马克思：《1844年经济学哲学手稿》，《马克思恩格斯全集》第四十二卷，人民出版社，1979。

马克思：《1857~1858年经济学手稿》，《马克思恩格斯全集》第四十六卷上册，人民出版社，1979。

马克思：《1857~1858年经济学手稿》，《马克思恩格斯全集》，第四十六卷下册，人民出版社，1979。

马克思：《1861~1863年经济学手稿》，《马克思恩格斯全集》第四十七卷，人民出版社，1979。

马克思：《1861~1863年经济学手稿》，《马克思恩格斯全集》第四十八卷，人民出版社，1985。

马克思：《直接生产过程的结果》，《马克思恩格斯全集》第四十九卷，人民出版社，1982。

马克思、恩格斯：《德意志意识形态》，人民出版社，1982。

马克思、恩格斯：《德意志意识形态》，《马克思恩格斯全集》第三卷，人民出版社，1960。

马克思、恩格斯：《共产党宣言》，《马克思恩格斯选集》第一卷，人民出版社，1995，第2版。

马克思、恩格斯：《资本论书信集》，人民出版社，1976。

毛泽东：《矛盾论》，《毛泽东选集》，第一卷，人民出版社，1991。

马家驹、蔺子荣：《生产方式和政治经济学的研究对象》，《经济研究》1980年第6期。

曼：《社会权力的来源》，刘北成、李少军译，上海世纪出版集团，2015。

曼德尔：《论马克思主义经济学》下卷，廉佩直译，商务印书馆，

1979。

曼德尔：《权力与货币：马克思主义的官僚理论》，孟捷、李民骐译，中央编译出版社，2002。

梅特卡夫：《演化经济学与创造性毁灭》，冯健译，中国人民大学出版社，2007。

梅特卡夫：《个体群思维的演化方法与增长和发展问题》，收于多普菲主编《演化经济学——纲领与范围》，贾根良等译，高等教育出版社，2004。

孟捷：《重农主义和〈国富论〉体系的本体论批判》，《中国社会科学季刊》1995年总第11期（夏季卷）。

孟捷：《古典经济学与人道主义》，《社会科学战线》1997年第1期。

孟捷：《马克思主义经济学的创造性转化》，经济科学出版社，2001。

孟捷：《产品创新与马克思主义资本积累理论》，收入张宇、孟捷、卢荻主编《高级政治经济学》，经济科学出版社，2002。

孟捷：《熊彼特的资本主义演化理论——一个再评价》，《中国人民大学学报》2003年第3期。

孟捷：《劳动价值论与资本主义再生产中的不确定性》，《中国社会科学》2004年第3期。

孟捷：《产品创新与马克思的分工理论——兼答高峰教授》，《当代经济研究》2004年第9期。

孟捷：《劳动与资本在价值创造中的正和关系研究》，《经济研究》2011年第4期。

孟捷：《资本主义经济长期波动的理论——一个批判性评述》，《开放时代》2011年第10期。

孟捷：《新自由主义积累体制与2008年经济－金融危机》，《学术月刊》2012年第8期。

孟捷：《劳动力价值再定义与剩余价值论的重构》，《政治经济学评论》2015年第4期。

孟捷、杨志：《技术创新与政治经济学的研究对象》，《政治经济学评论》2004年第2辑，中国人民大学出版社。

孟捷、向悦文：《竞争与制度：马克思主义经济学的相关分析》，《中国人民大学学报》2012年第6期。

孟捷、向悦文：《克罗蒂和布伦纳的破坏性竞争理论比较研究》，《经济纵横》2013年第5期。

孟捷、李怡乐：《改革以来劳动力商品化和雇佣关系的发展：马克思和波兰尼的视角》，《开放时代》2013年第5期。

孟捷、冯金华：《部门内企业的代谢竞争与价值规律的实现形式》，《经济研究》2015年第1期。

孟扬、孟捷：《默会知识和企业理论》，《经济学动态》2010年第10期。

孟氧：《孟氧学术文选——史学卷》，国家行政学院出版社，2007。

米克：《劳动价值学说的研究》，陈彪如译，商务印书馆，1963。

纳尔森：《经济增长的源泉》，汤光华等译，舒元校，中国经济出版社，2001。

纳尔逊、温特：《经济变迁的演化理论》，胡世凯译，商务印书馆，1997。

奈特：《风险、不确定性和利润》，王宇等译，中国人民大学出版社，2005。

内田弘：《新版〈政治经济学批判大纲〉的研究》，北京师范大学出版社，2011。

尼尔森：《马克思论正义：对塔克-伍德命题的重新审视》，载李惠斌、李义天编《马克思与正义理论》，中国人民大学出版社，2010。

宁南：《向丰田学习管理》，《商务周刊》2006年第1期。

诺思：《经济史上的结构与变革》，厉以平译，商务印书馆，1992。

诺思：《经济史中的结构与变迁》，陈郁等译，上海三联书店，1994。

诺思、托马斯：《西方世界的兴起》，厉以平、蔡磊译，华夏出版社，

2009。

帕勒莫：《发现与创造：奥地利学派市场过程观的含义》，载霍奇逊主编《制度与演化经济学现代文选：关键性概念》，贾根良等译，高等教育出版社，2005。

佩蕾丝：《技术革命与金融资本》，田方萌等译，孟捷审校，中国人民大学出版社，2007。

佩雷曼：《经济学的终结》，石磊等译，经济科学出版社，2000。

平心：《再论生产力的性质》，《学术月刊》1959年第9期。

普列汉诺夫：《论一元论历史观之发展》，博古译，上海三联书店，1961。

萨缪尔森：《经济学》中册，高鸿业译，商务印书馆，1981。

萨缪尔森：《经济学》下册，高鸿业译，商务印书馆，1982。

史正富：《超常增长：1979~2049年的中国经济》，上海人民出版社，2013。

斯蒂格利茨：《社会主义向何处去》，周立群等译，吉林人民出版社，1998。

斯密：《国富论》上卷，郭大力、王亚南译，商务印书馆，1972。

孙伯鍨：《卢卡奇与马克思》，南京大学出版社，1999。

汤在新、张钟朴、成保良主编《〈资本论〉续篇探索》，中国金融出版社，1995。

童书业：《童书业古代社会论集》，中华书局，2006。

汪海波：《必须坚持生产力标准》，《经济学动态》2011年第7期。

王峰明：《历史唯物主义——一种微观透视》，社会科学文献出版社，2014。

王绍光：《大转型：1980年代以来中国的双向运动》，《中国社会科学》2008年第1期。

王荫庭编《普列汉诺夫读本》，中央编译出版社，2008。

王子今：《秦统一原因的技术层面考察》，《社会科学战线》2009年第 9 期。

王玉鹏、冯颜利：《马克思与正义：国外学者观点述评》，《中国人民大学学报》2012 年第 4 期。

卫兴华：《科学把握生产力与生产关系研究中的唯物史观》，《清华政治经济学报》第 2 卷，社会科学文献出版社，2014。

卫兴华：《评机械生产力决定论、唯生产力标准论和唯生产力论——对汪海波先生观点的评析》，《当代经济研究》2015 年第 11 期。

威特：《演化经济学：一个阐释性评述》，收于多普菲主编《演化经济学——纲领与范围》，贾根良等译，高等教育出版社，2004。

伍德：《马克思对正义的批判》，载李惠斌、李义天编《马克思与正义理论》，中国人民大学出版社，2010。

吴江：《吴江文稿》上卷，中央编译出版社，2009。

吴易风：《论政治经济学或经济学的研究对象》，《中国社会科学》1997 年第 2 期。

西斯蒙第：《政治经济学研究》第 2 卷，胡尧步、李直、李玉民译，商务印书馆，1989。

西斯蒙第：《政治经济学新原理》，何钦译，商务印书馆，1964。

熊彼特：《经济发展理论》，何畏、易家详译，商务印书馆，1990。

熊彼特：《资本主义、社会主义与民主》，吴良健译，商务印书馆，1999。

熊彼特：《经济分析史》第一卷，陈锡龄、朱泱、孙鸿敞译，商务印书馆，1991。

休谟：《人性论》下册，关文运译，郑之骧校，商务印书馆，1980。

薛宇峰：《当代中国马克思主义经济学的流派》，《经济纵横》2009 年第 1 期。

杨春学：《经济人的"再生"：对一种新综合的探讨与辩护》，《经济研究》2005 年第 11 期。

杨春学：《经济人与社会经济秩序》，三联书店，1998。

杨宽：《重评1920年关于井田制有无的辩论》，《江海学刊》1982年第3期。

叶山：《古代中国奴隶制的比较历史研究》，《中国史研究》1986年第4期。

野中郁次郎：《知识创新型企业》，《知识管理》（《哈佛商业评论》精粹译丛），杨开峰等译，中国人民大学出版社，2000。

约翰逊：《通产省由与日本奇迹——产业政策的成长（1925~1975）》，金毅等译，吉林出版集团有限公司，2010。

曾启贤：《经济分析中的人》，《经济研究》1989年第5期。

张光直：《中国青铜时代》，三联书店，2013。

张广志：《奴隶社会并非人类历史发展必经阶段研究》，青海人民出版社，1988。

张闻天：《关于生产关系的两重性问题》，《经济研究》1979年第10期。

赵鼎新：《东周战争与儒法国家的诞生》，夏江旗译，华东师范大学出版社，2006。

周新城：《决不能把经济人假设作为经济学研究的前提》，《山西财经大学学报》2005年第4期。

后　　记

　　与本书相关的研究和写作，历时约十二年，但以目前的形式结集出版，却不是任何事先规划的结果。2015年暮春，在阅读2004年发表的一篇旧作时，萌发了重新研究历史唯物主义的欲望，为此，在其后半年多的时间里，除了研读马克思主义相关文献外，还查阅了三十余册有关先秦史、古代农业史和技术史的书籍，最终撰写了近八万字的文稿，形成了本书前三章的内容。这三章是一个统一的整体，在编入本书前，曾以"生产力一元决定论和有机生产方式的变迁：对历史唯物主义核心思想的再解释"为题，单独发表在我和龚刚教授主编的《政治经济学报》第六卷上。伴随这一工作的完成，便萌生了结合几篇旧作辑成一册的想法。这些旧作（它们构成了本书第四章至第七章的主体内容）大体都属于对经济学方法论或经济哲学的探讨。除第六章外，各章均曾作为论文单独发表过，只有第六章由三篇不同的论文中摘选汇编而成。这三篇论文有两篇是与我指导过的博士向悦文合作完成的，另一篇是与冯金华教授合作完成的。在编入本书时，我又对这些旧作进行了程度不等的修改，增添和改正了一些观点，并与前三章做了适当的衔接，其中改动幅度最大的，是第四章第五节、第五章第四节以及第六章第四节。

在前三章成稿后，曾在复旦大学政治经济学研究工作坊、中国人民大学经济史和经济思想史讲座、上海财经大学马克思主义制度分析工作坊、清华大学马克思哲学论坛等场合，向学界同仁做了汇报，汲取了一些专家的批评意见。为此要特别鸣谢复旦大学张晖明教授，上海财经大学马艳教授，清华大学韩立新教授、王峰明教授，中国人民大学王珏副教授、黄淳副教授，安徽大学荣兆梓教授，复旦大学周文教授，南京大学葛扬教授，《中国社会科学》杂志社许建康研究员，中国科学院何祚庥院士，上海社会科学院沈开艳研究员，复旦大学孙承叔教授、韦森教授和高帆副教授等。此外，在私下的交流中，复旦大学史正富教授，中国社会科学院叶坦研究员，北京大学陈平教授，南开大学高峰教授、何自力教授，上海财经大学冯金华教授、李笑野教授，日本岛根县立大学张忠任教授，中国人民大学程农副教授，中国社会科学院胡乐明研究员以及我的学生、曲阜师范大学刘刚副教授等都曾给予我不同程度的教益和启发。我在清华大学指导的硕士研究生马梦挺最早阅读了前三章的初稿，并指出了文中的一处错误。我在中国人民大学指导的博士研究生张雪琴阅读了第四章至第七章的初稿，也为我找出了个别错误和在表述上可以改进的地方。在此一并向他们致谢。

孟捷

2016 年 5 月于京西时雨园

图书在版编目(CIP)数据

历史唯物论与马克思主义经济学/孟捷著.--北京：社会科学文献出版社，2016.6（2024.3 重印）
（政治经济学新连线.学术研究系列）
ISBN 978-7-5097-9392-3

Ⅰ.①历… Ⅱ.①孟… Ⅲ.①历史唯物主义-研究 ②马克思主义政治经济学-研究 Ⅳ.①B03 ②F0-0

中国版本图书馆 CIP 数据核字（2016）第 147364 号

政治经济学新连线·学术研究系列
历史唯物论与马克思主义经济学

著　　者 / 孟　捷

出　版　人 / 冀祥德
项目统筹 / 恽　薇　陈凤玲
责任编辑 / 陈凤玲
责任印制 / 王京美

出　　版 / 社会科学文献出版社·经济与管理分社（010）59367226
　　　　　地址：北京市北三环中路甲29号院华龙大厦　邮编：100029
　　　　　网址：www.ssap.com.cn
发　　行 / 社会科学文献出版社（010）59367028
印　　装 / 唐山玺诚印务有限公司

规　　格 / 开　本：787mm×1092mm　1/16
　　　　　印　张：18.5　字　数：264千字
版　　次 / 2016年6月第1版　2024年3月第5次印刷
书　　号 / ISBN 978-7-5097-9392-3
定　　价 / 85.00元

读者服务电话：4008918866

版权所有　翻印必究